海上絲綢之路基本文獻叢書

高昌館譯書

〔清〕佚名 編

文物出版社

圖書在版編目（CIP）數據

高昌館譯書 / （清）佚名編. -- 北京 : 文物出版社，2022.6
（海上絲綢之路基本文獻叢書）
ISBN 978-7-5010-7519-5

Ⅰ. ①高… Ⅱ. ①佚… Ⅲ. ①回鶻語－古文字－辭彙－彙編 Ⅳ. ① H211.43

中國版本圖書館 CIP 數據核字 (2022) 第 065594 號

海上絲綢之路基本文獻叢書
高昌館譯書

著　　者：〔清〕佚名
策　　划：盛世博閱（北京）文化有限責任公司

封面設計：鞏榮彪
責任編輯：劉永海
責任印製：張　麗

出版發行：文物出版社
社　　址：北京市東城區東直門内北小街 2 號樓
郵　　編：100007
網　　址：http://www.wenwu.com
郵　　箱：web@wenwu.com
經　　銷：新華書店
印　　刷：北京旺都印務有限公司
開　　本：787mm×1092mm　1/16
印　　張：13.375
版　　次：2022 年 6 月第 1 版
印　　次：2022 年 6 月第 1 次印刷
書　　號：ISBN 978-7-5010-7519-5
定　　價：92.00 圓

總緒

海上絲綢之路，一般意義上是指從秦漢至鴉片戰争前中國與世界進行政治、經濟、文化交流的海上通道，主要分爲經由黄海、東海的海路最終抵達日本列島及朝鮮半島的東海航綫和以徐聞、合浦、廣州、泉州爲起點通往東南亞及印度洋地區的南海航綫。

在中國古代文獻中，最早、最詳細記載『海上絲綢之路』航綫的是東漢班固的《漢書·地理志》，詳細記載了西漢黄門譯長率領應募者入海『齎黄金雜繒而往』之事，書中所出現的地理記載與東南亞地區相關，并與實際的地理狀况基本相符。

東漢後，中國進入魏晉南北朝長達三百多年的分裂割據時期，絲路上的交往也走向低谷。這一時期的絲路交往，以法顯的西行最爲著名。法顯作爲從陸路西行到印度，再由海路回國的第一人，根據親身經歷所寫的《佛國記》（又稱《法顯傳》）一書，詳細介紹了古代中亞和印度、巴基斯坦、斯里蘭卡等地的歷史及風土人情，是瞭解和研究海陸絲綢之路的珍貴歷史資料。

隨着隋唐的統一，中國經濟重心的南移，中國與西方交通以海路爲主，海上絲綢之路進入大發展時期。廣州成爲唐朝最大的海外貿易中心，朝廷設立市舶司，專門管理海外貿易。唐代著名的地理學家賈耽（七三〇～八〇五年）的《皇華四達記》記載了從廣州通往阿拉伯地區的海上交通『廣州通夷道』，詳述了從廣州港出發，經越南、馬來半島、蘇門答臘半島至印度、錫蘭，直至波斯灣沿岸各國的航綫及沿途地區的方位、名稱、島礁、山川、民俗等。譯經大師義净西行求法，將沿途見聞寫成著作《大唐西域求法高僧傳》，詳細記載了海上絲綢之路的發展變化，是我們瞭解絲綢之路不可多得的第一手資料。

宋代的造船技術和航海技術顯著提高，指南針廣泛應用於航海，中國商船的遠航能力大大提升。北宋徐兢的《宣和奉使高麗圖經》詳細記述了船舶製造、海洋地理和往來航綫，是研究宋代海外交通史、中朝友好關係史、中朝經濟文化交流史的重要文獻。南宋趙汝適《諸蕃志》記載，南海有五十三個國家和地區與南宋通商貿易，形成了通往日本、高麗、東南亞、印度、波斯、阿拉伯等地的『海上絲綢之路』。宋代爲了加强商貿往來，於北宋神宗元豐三年（一〇八〇年）頒佈了中國歷史上第一部海洋貿易管理條例《廣州市舶條法》，并稱爲宋代貿易管理的制度範本。

元朝在經濟上採用重商主義政策，鼓勵海外貿易，中國與歐洲的聯繫與交往非常頻繁，其中馬可·波羅、伊本·白圖泰等歐洲旅行家來到中國，留下了大量的旅行記，記録元代海上絲綢之路的盛况。元代的汪大淵兩次出海，撰寫出《島夷志略》一書，記録了二百多個國名和地名，其中不少首次見於中國著録，涉及的地理範圍東至菲律賓群島，西至非洲。這些都反映了元朝時中西經濟文化交流的豐富内容。

明、清政府先後多次實施海禁政策，海上絲綢之路的貿易逐漸衰落。但是從明永樂三年至明宣德八年的二十八年裏，鄭和率船隊七下西洋，先後到達的國家多達三十多個，在進行經貿交流的同時，也極大地促進了中外文化的交流，這些都詳見於《西洋蕃國志》《星槎勝覽》《瀛涯勝覽》等典籍中。

關於海上絲綢之路的文獻記述，除上述官員、學者、求法或傳教高僧以及旅行者的著作外，自《漢書》之後，歷代正史大都列有《地理志》《四夷傳》《西域傳》《外國傳》《蠻夷傳》《屬國傳》等篇章，加上唐宋以來衆多的典制類文獻、地方史志文獻，集中反映了歷代王朝對於周邊部族、政權以及西方世界的認識，都是關於海上絲綢之路的原始史料性文獻。

海上絲綢之路概念的形成，經歷了一個演變的過程。十九世紀七十年代德國地理學家費迪南·馮·李希霍芬（Ferdinad Von Richthofen，一八三三～一九〇五），在其《中國：親身旅行和研究成果》第三卷中首次把輸出中國絲綢的東西陸路稱爲『絲綢之路』。有『歐洲漢學泰斗』之稱的法國漢學家沙畹（Édouard Chavannes，一八六五～一九一八），在其一九〇三年著作的《西突厥史料》中提出『絲路有海陸兩道』，蘊涵了海上絲綢之路最初提法。迄今發現最早正式提出『海上絲綢之路』一詞的是日本考古學家三杉隆敏，他在一九六七年出版《中國瓷器之旅：探索海上的絲綢之路》中首次使用『海上絲綢之路』一詞；一九七九年三杉隆敏又出版了《海上絲綢之路》一書，其立意和出發點局限在東西方之間的陶瓷貿易與交流史。

二十世紀八十年代以來，在海外交通史研究中，『海上絲綢之路』一詞逐漸成爲中外學術界廣泛接受的概念。根據姚楠等人研究，饒宗頤先生是華人中最早提出『海上絲綢之路』的人，他的《海道之絲路與昆侖舶》正式提出『海上絲路』的稱謂。選堂先生評價海上絲綢之路是外交、貿易和文化交流作用的通道。此後，大陸學者馮蔚然在一九七八年編寫的《航運史話》中，使用『海上絲綢之路』一詞，這是迄今學界查到的中國大陸最早使用『海上絲綢之路』的人，更多地限於航海活動領域的考察。一九八〇年北京大學陳炎教授提出『海上絲綢之路』研究，并於一九八一年發表《略論海上絲綢之路》一文。他對海上絲綢之路的理解超越以往，且帶有濃厚的愛國主義思想。陳炎教授之後，從事研究海上絲綢之路的學者越來越多，尤其沿海港口城市向聯合國申請海上絲綢之路非物質文化遺産活動，將海上絲綢之路研究推向新高潮。另外，國家把建設『絲綢之路經濟帶』和『二十一世紀海上絲綢之路』作爲對外發展方針，將這一學術課題提升爲國家願景的高度，使海上絲綢之路形成超越學術進入政經層面的熱潮。

與海上絲綢之路學的萬千氣象相對應，海上絲綢之路文獻的整理工作仍顯滯後，遠遠跟不上突飛猛進的研究進展。二〇一八年厦門大學、中山大學等單位聯合發起『海上絲綢之路文獻集成』專案，尚在醞釀當中。我們不揣淺陋，深入調查，廣泛搜集，將有關海上絲綢之路的原始史料文獻和研究文獻，分爲風俗物産、雜史筆記、海防海事、典章檔案等六個類別，彙編成《海上絲綢之路歷史文化叢書》，於二〇二〇年影印出版。此輯面市以來，深受各大圖書館及相關研究者好評。爲讓更多的讀者親近古籍文獻，我們遴選出前編中的菁華，彙編成《海上絲綢之路基本文獻叢書》，以單行本影印出版，以饗讀者，以期爲讀者展現出一幅幅中外經濟文化交流的精美畫卷，爲海上絲綢之路的研究提供歷史借鑑，爲『二十一世紀海上絲綢之路』倡議構想的實踐做好歷史的詮釋和注脚，從而達到『以史爲鑒』『古爲今用』的目的。

凡例

一、本編注重史料的珍稀性，從《海上絲綢之路歷史文化叢書》中遴選出菁華，擬出版百册單行本。

二、本編所選之文獻，其編纂的年代下限至一九四九年。

三、本編排序無嚴格定式，所選之文獻篇幅以二百餘頁爲宜，以便讀者閱讀使用。

四、本編所選文獻，每種前皆注明版本、著者。

五、本編文獻皆爲影印，原始文本掃描之後經過修復處理，仍存原式，少數文獻由於原始底本欠佳，略有模糊之處，不影響閱讀使用。

六、本編原始底本非一時一地之出版物，原書裝幀、開本多有不同，本書彙編之後，統一爲十六開右翻本。

目録

高昌館譯書

高昌館譯書

一卷

〔清〕佚名 編

清初刻本

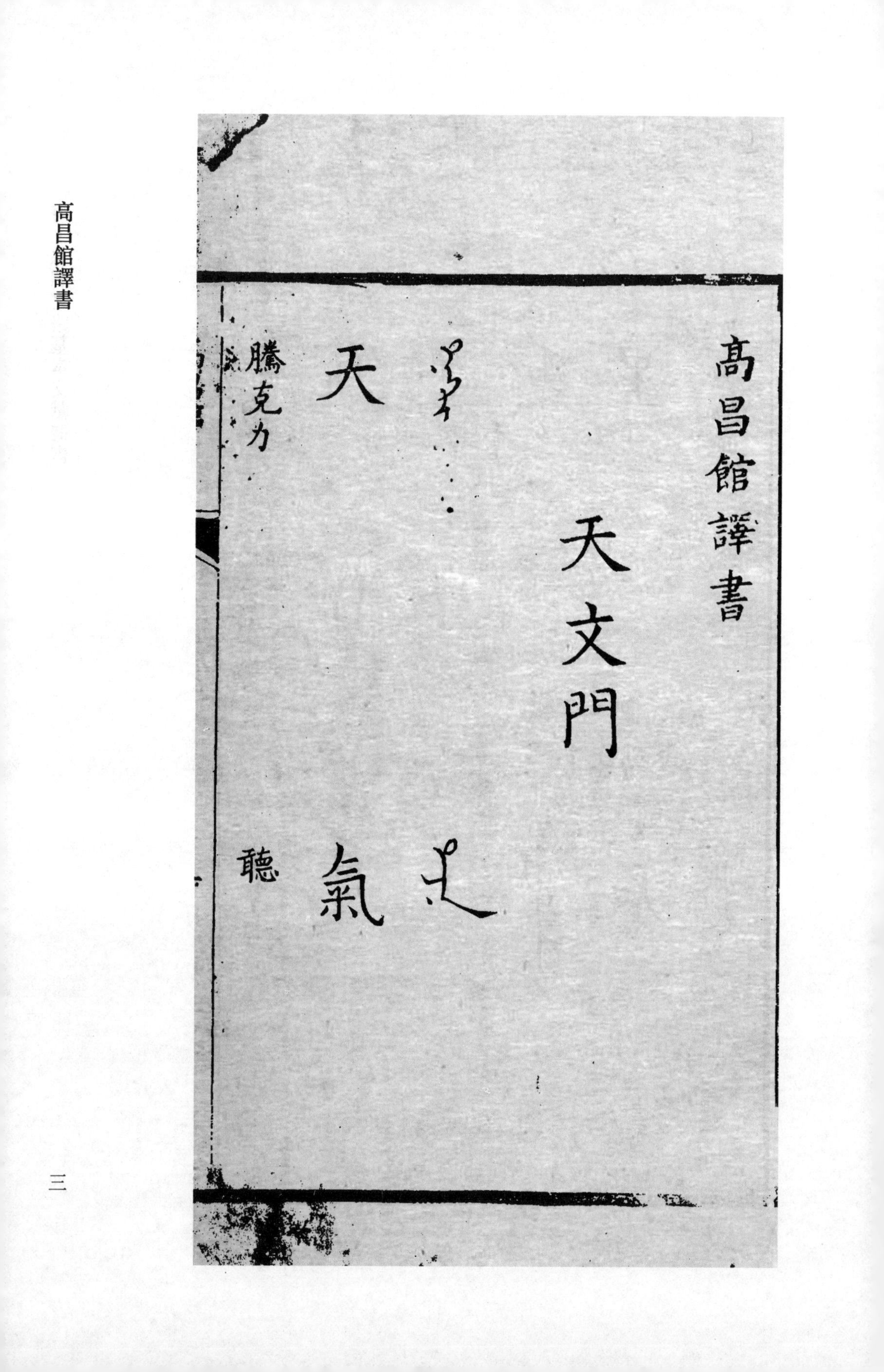

高昌館譯書

天文門

天
騰克力

氣
聽

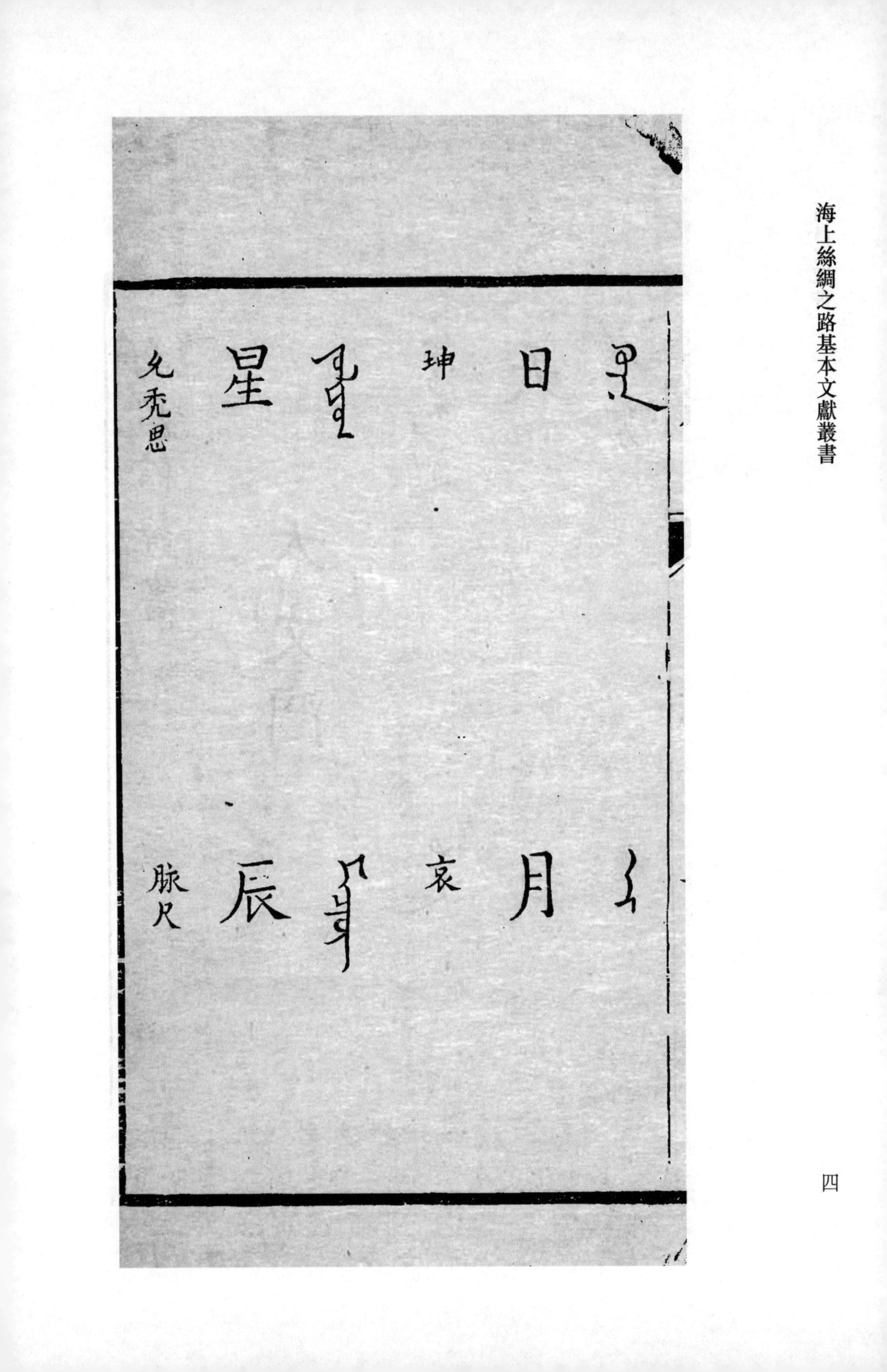

日 坤

月 哀

星 允秃思

辰 脉尺

風
烟

雷
苦兒起列的

雲
卜力

電
傲察恨的

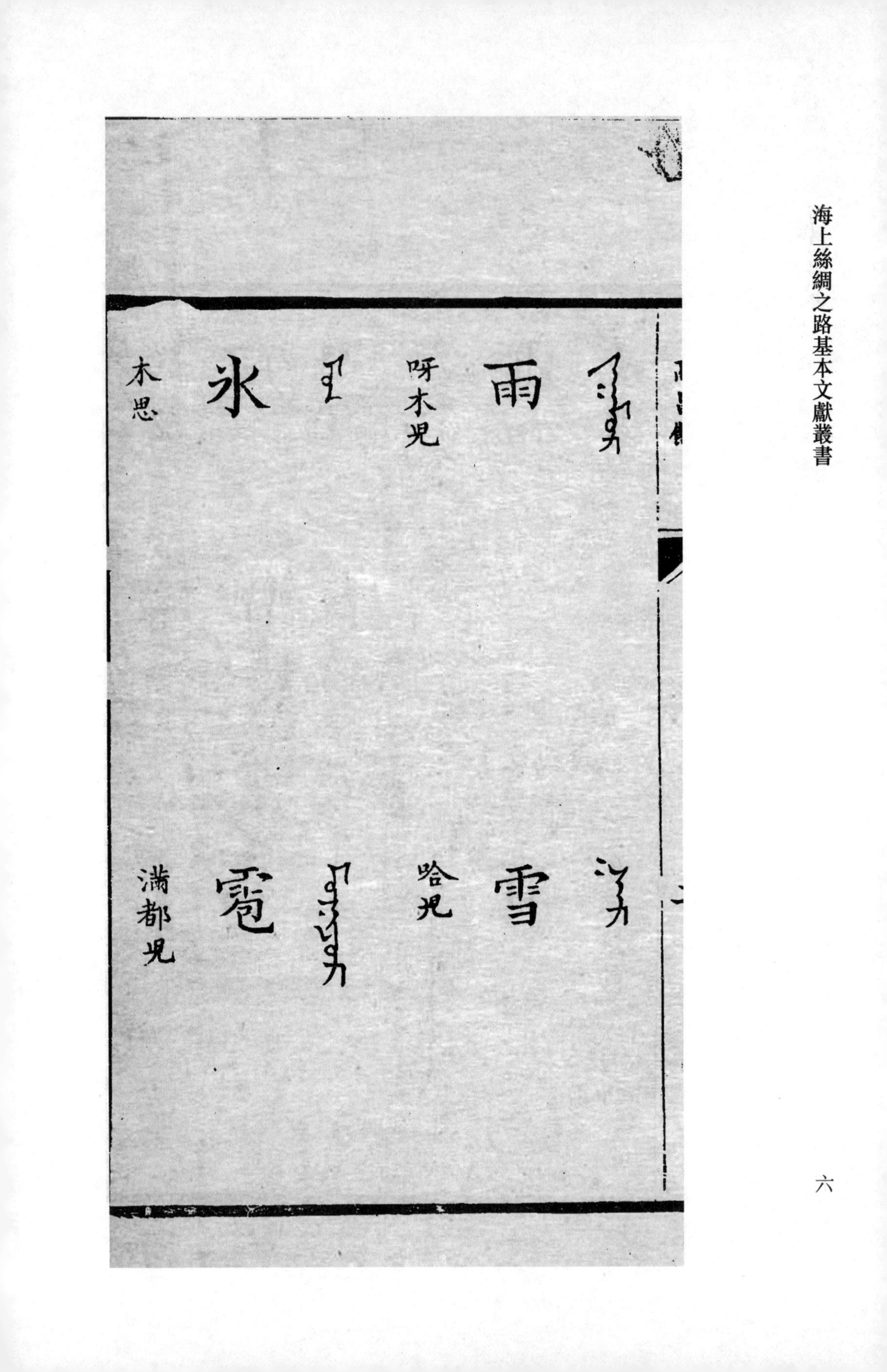

雨
呀木兒

冰
木思

雪
哈兒

雹
滿都兒

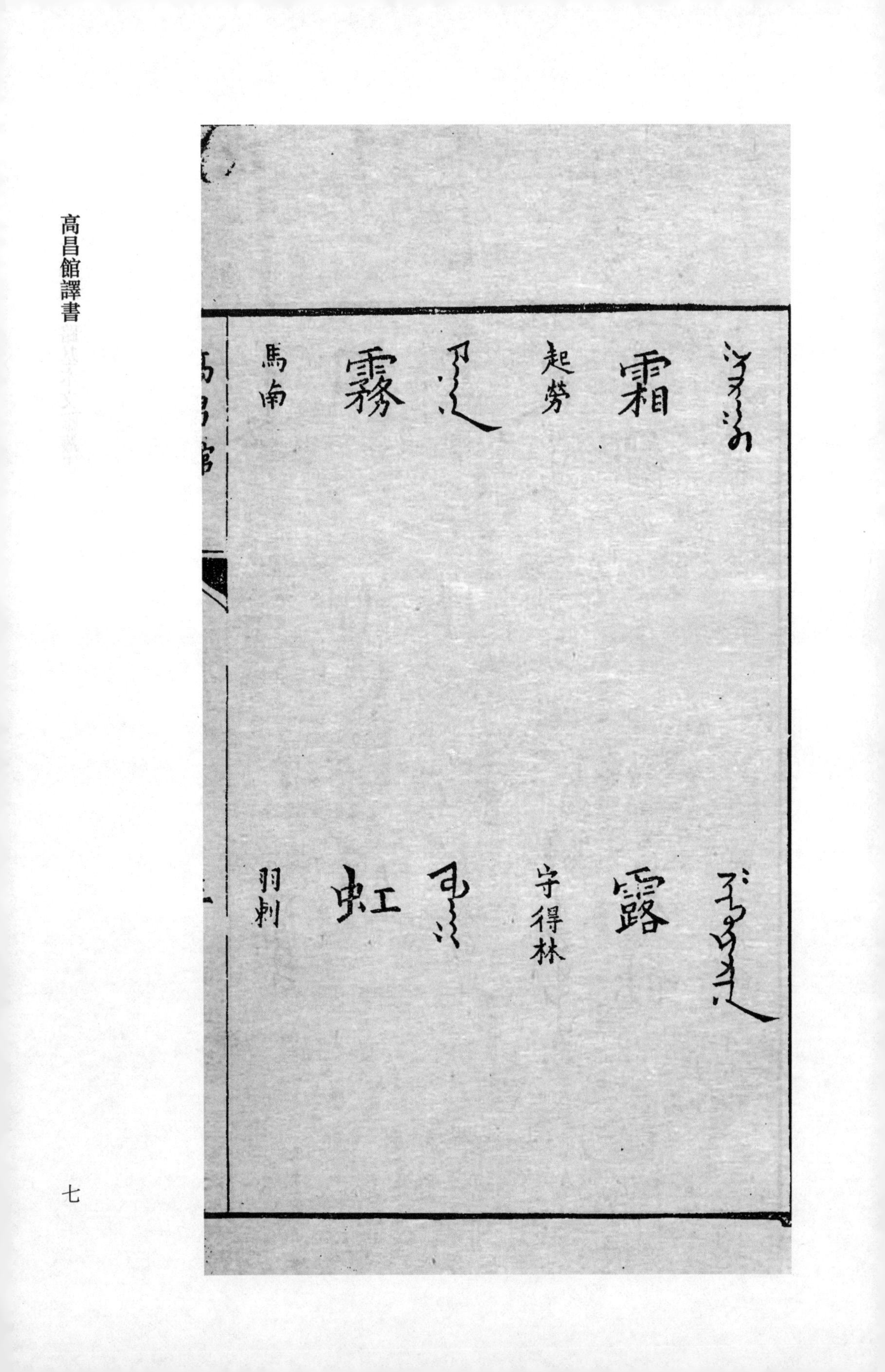

霜
起勞

霧
馬南

露
守得林

虹
羽剌

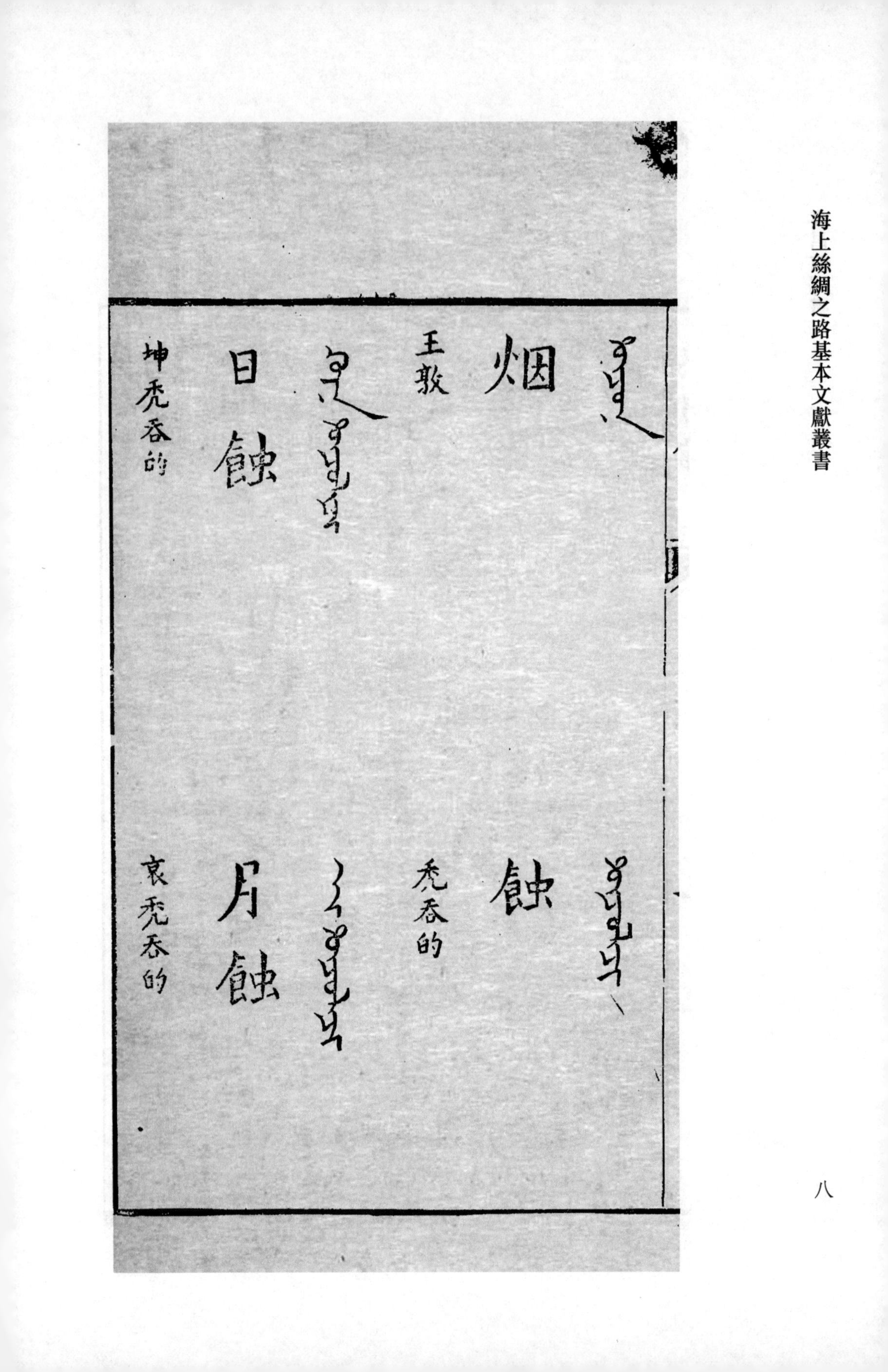

烟 王敦

日蝕 坤秃吞的

蝕 秃吞的

月蝕 哀秃吞的

陰了
卜力板的

燥了
苦兒哈板的

晴了
阿嗔的板的

濕了
灣板的

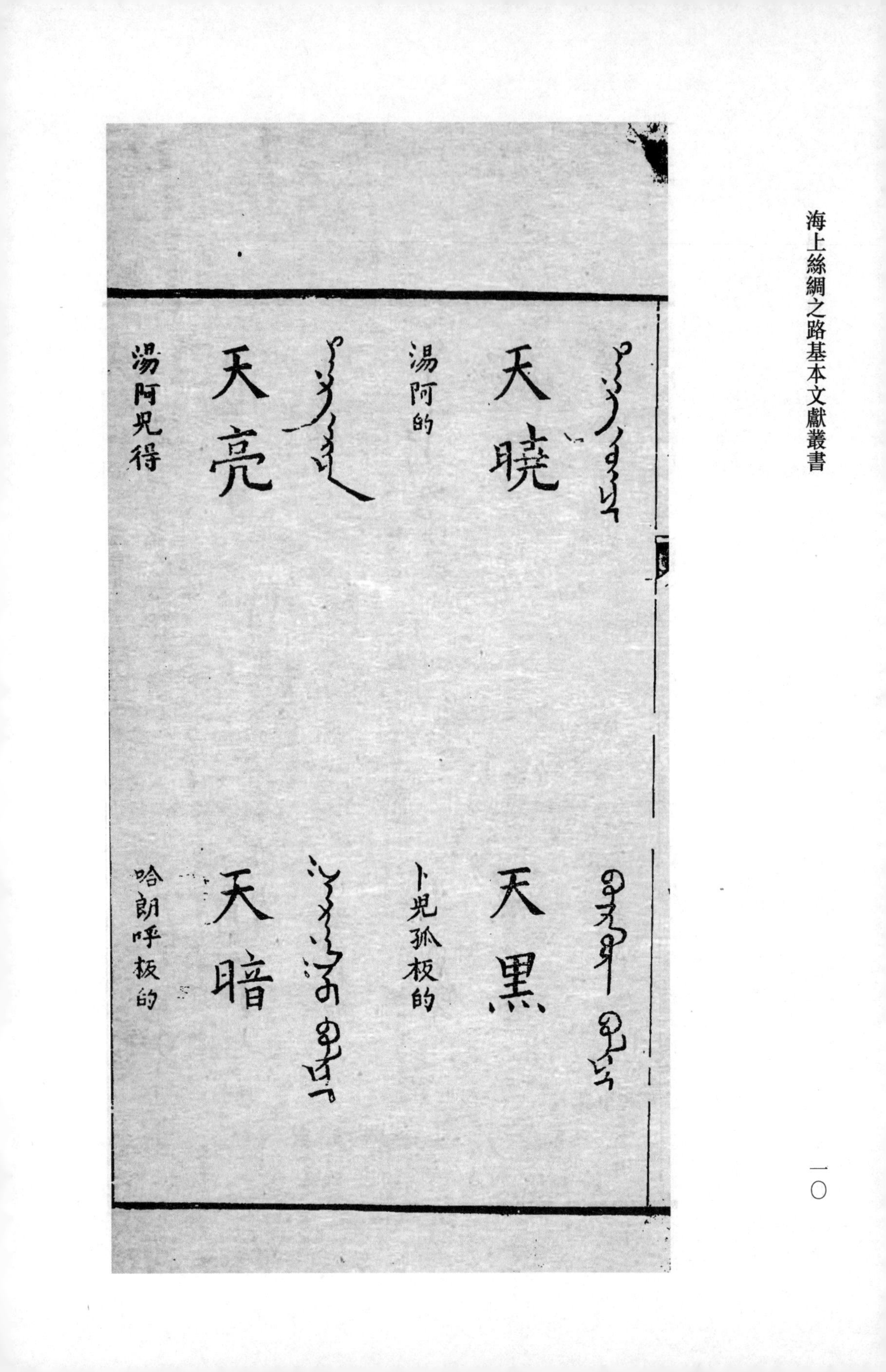

天曉
湯阿的

天亮
湯阿兒得

天黑
卜兒孤板的

天暗
哈朗呼板的

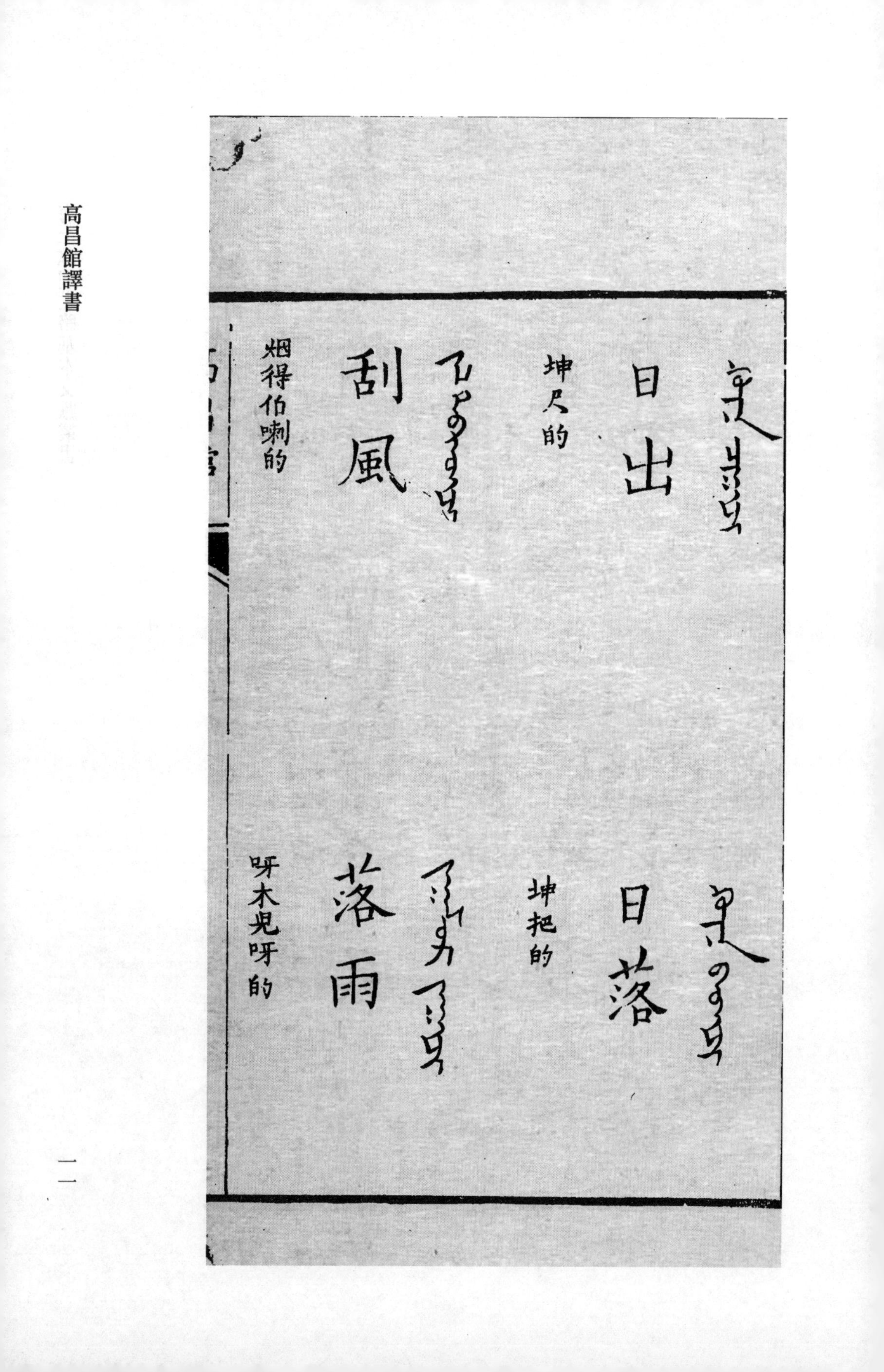

日出
坤尺的

刮風
烟得伯喇的

日落
坤把的

落雨
呀木兒呀的

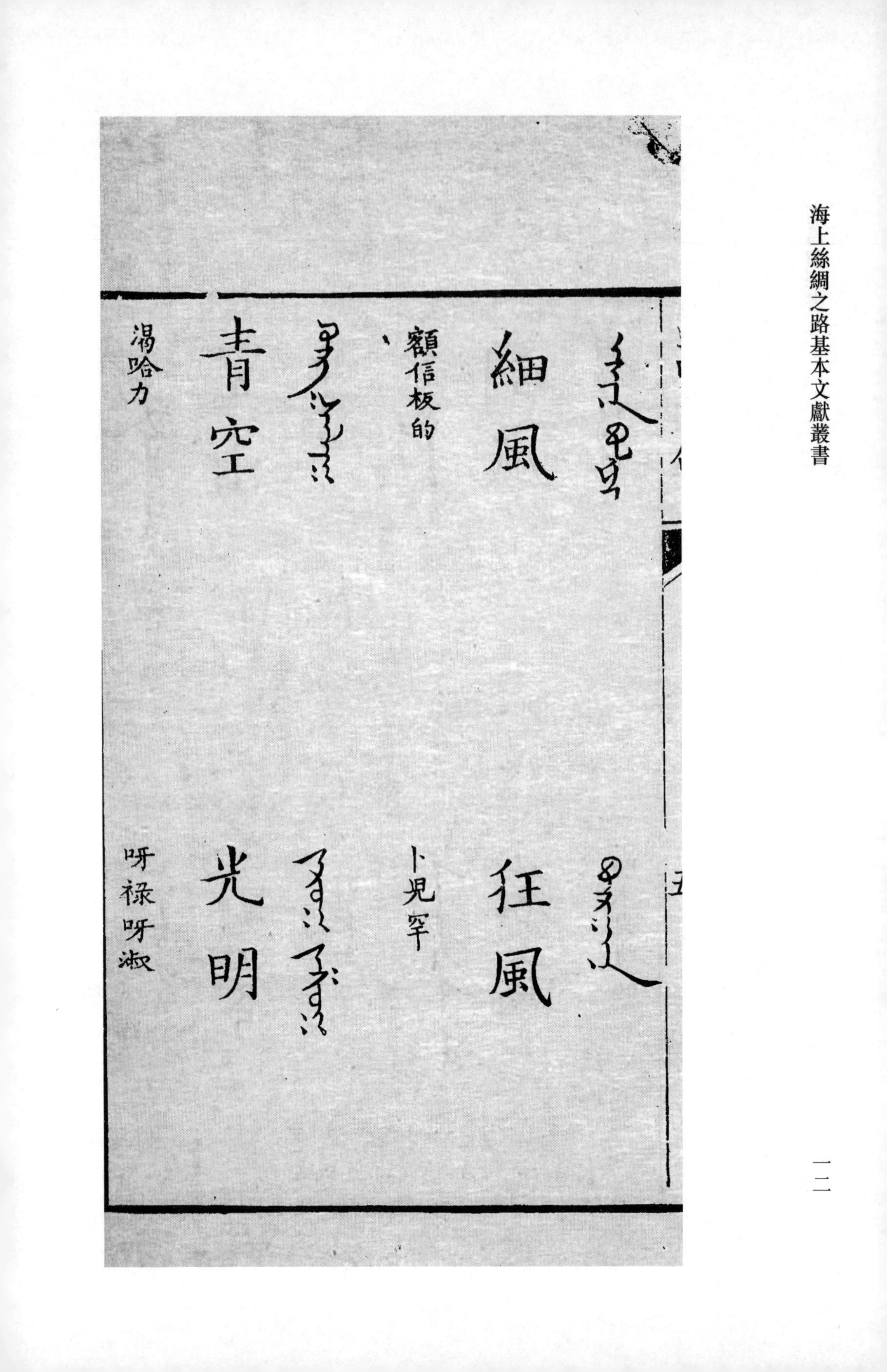

五

細風

額信板的

狂風

卜兒罕

青空

渴哈力

光明

呀祿呀淑

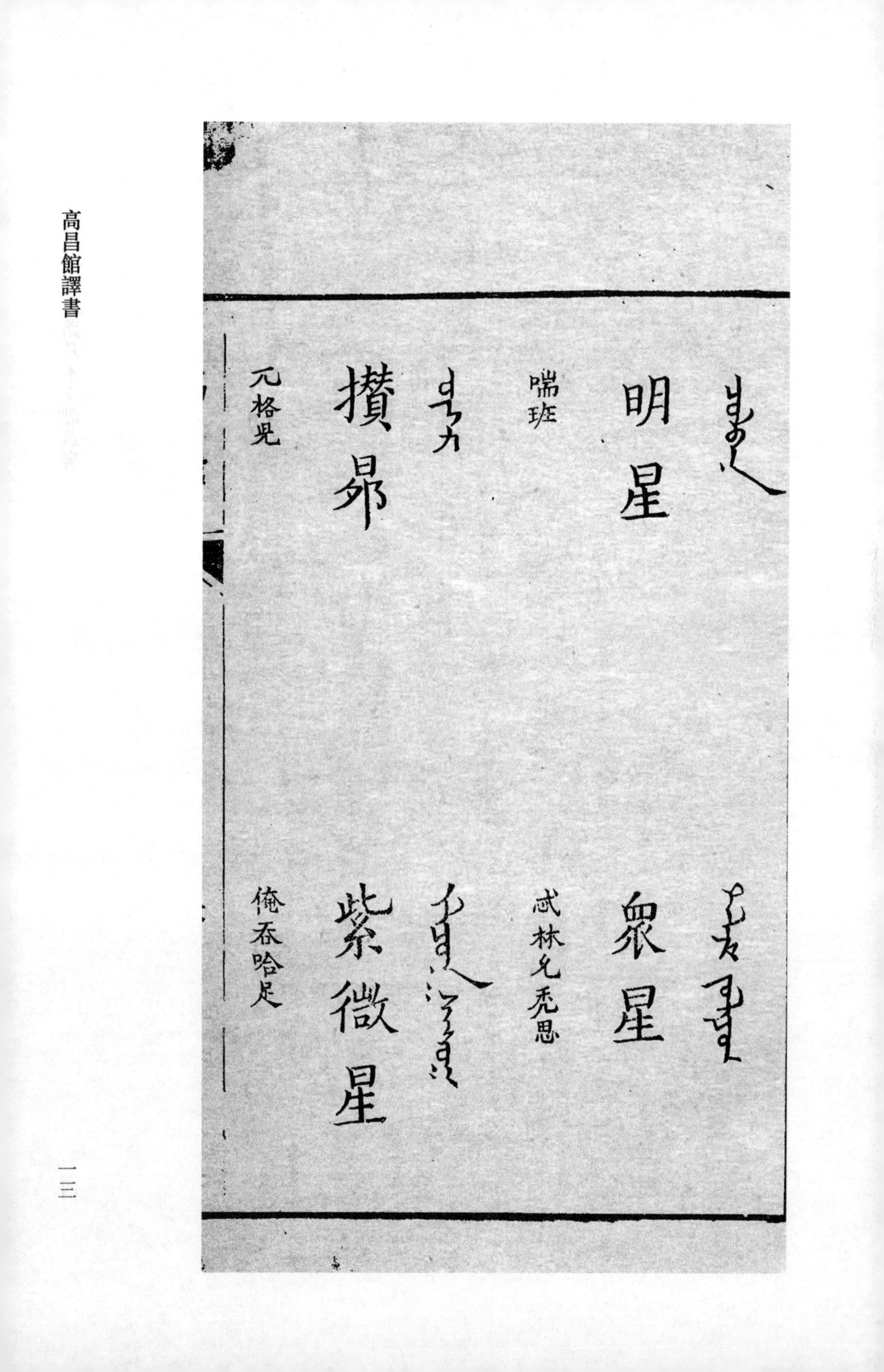

明星
喘班

攢昴
兀格兒

衆星
忒林兀秃思

紫微星
俺吞哈足

地理門

地 葉兒

土 秃伯喇

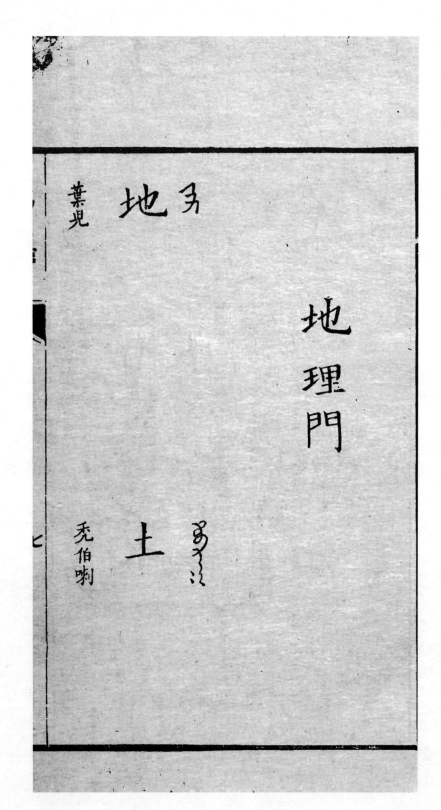

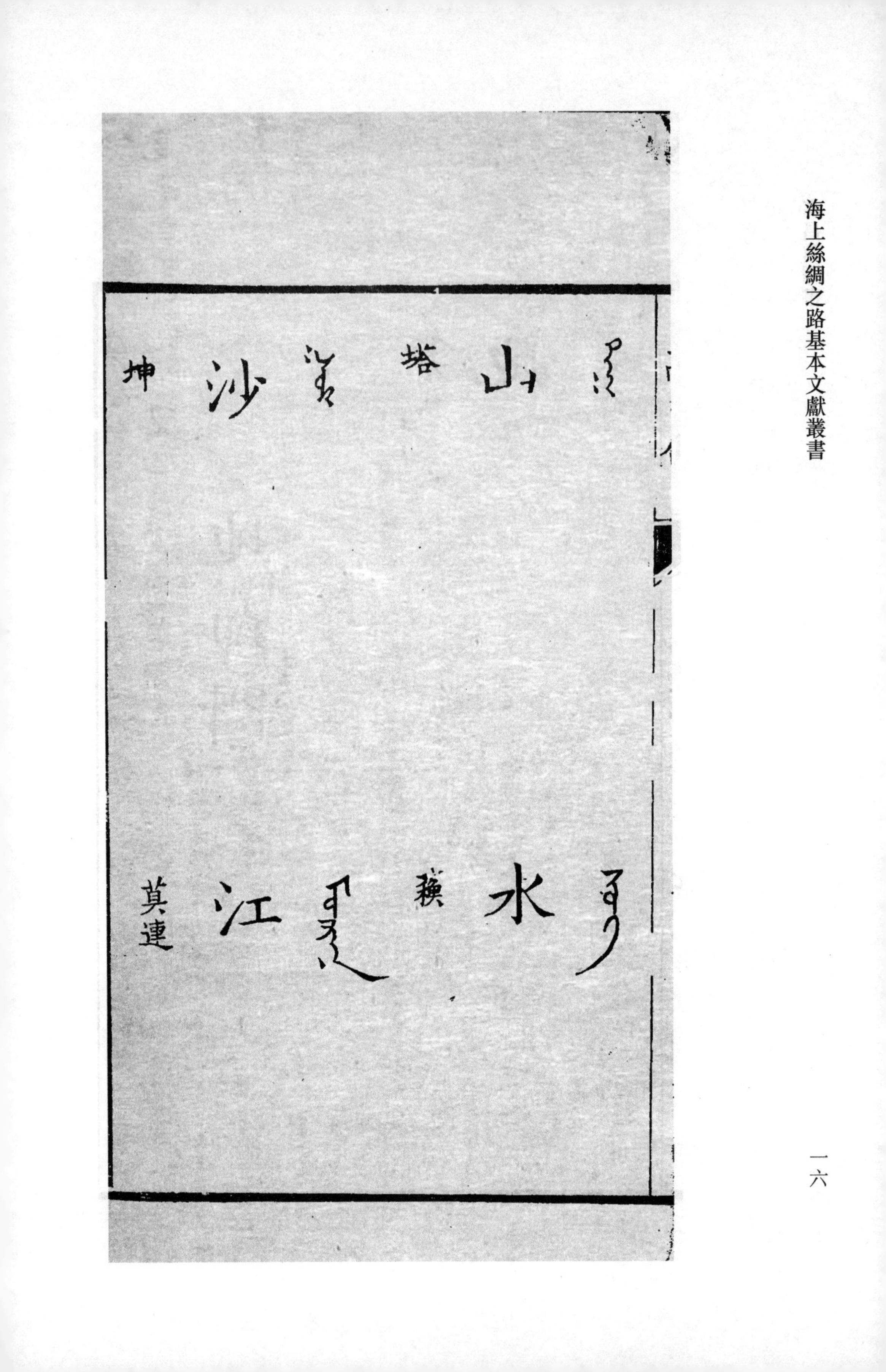

山 塔

沙 坤

水 穫

江 莫連

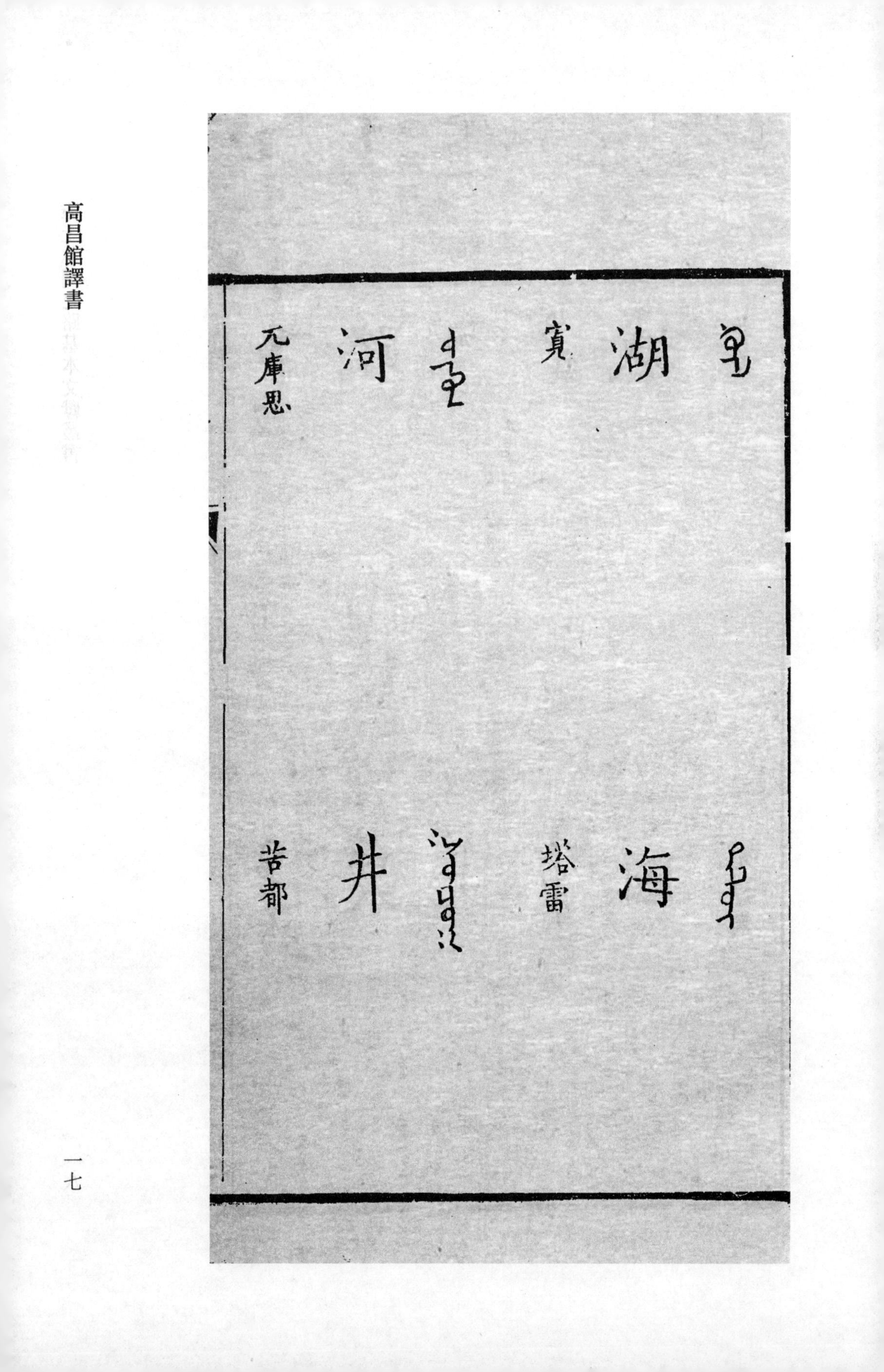

湖 寬

河 兀庫思

海 塔雷

井 苦都

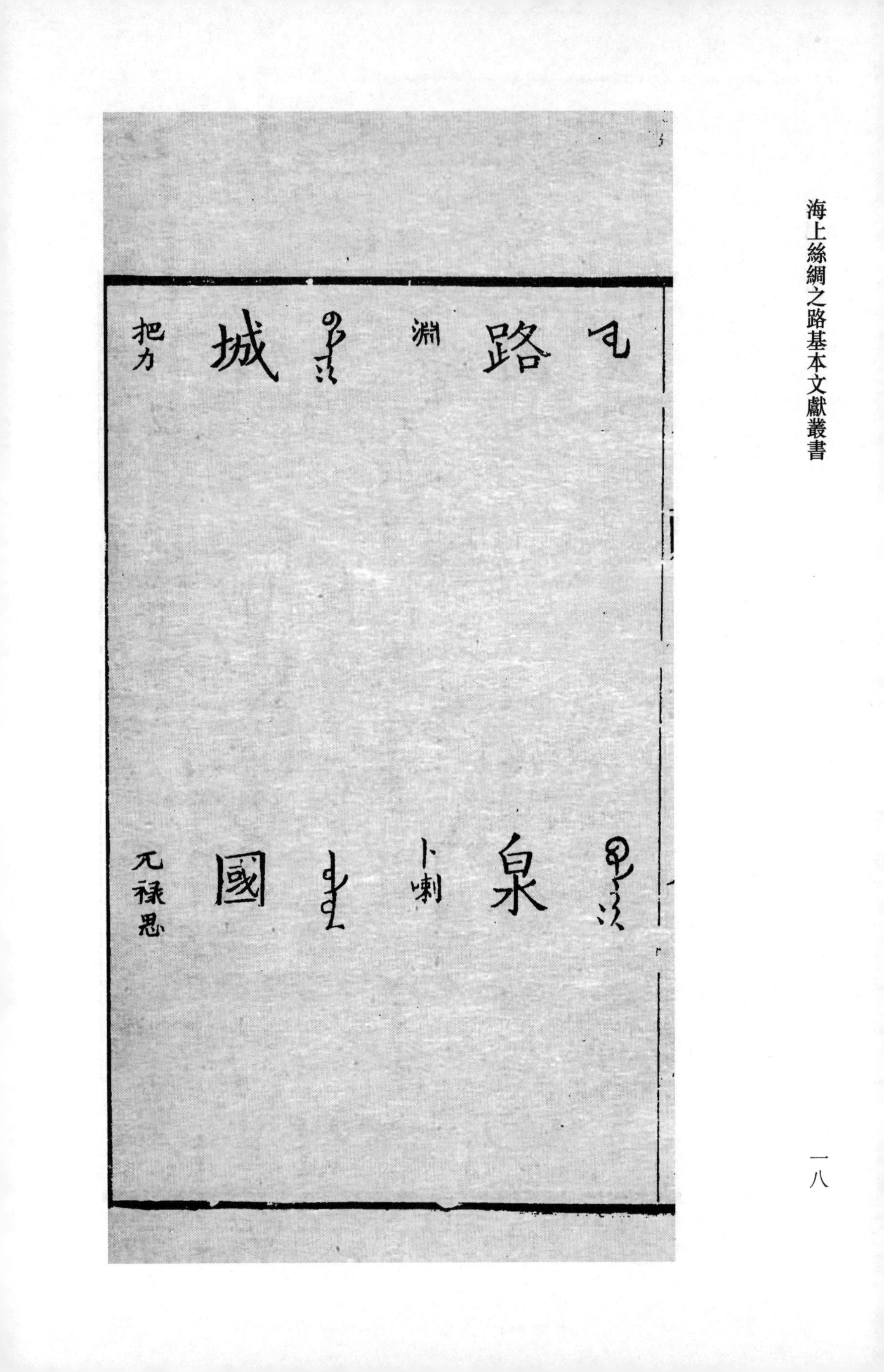

路
渊

城
把力

泉
卜喇

國
兀禄思

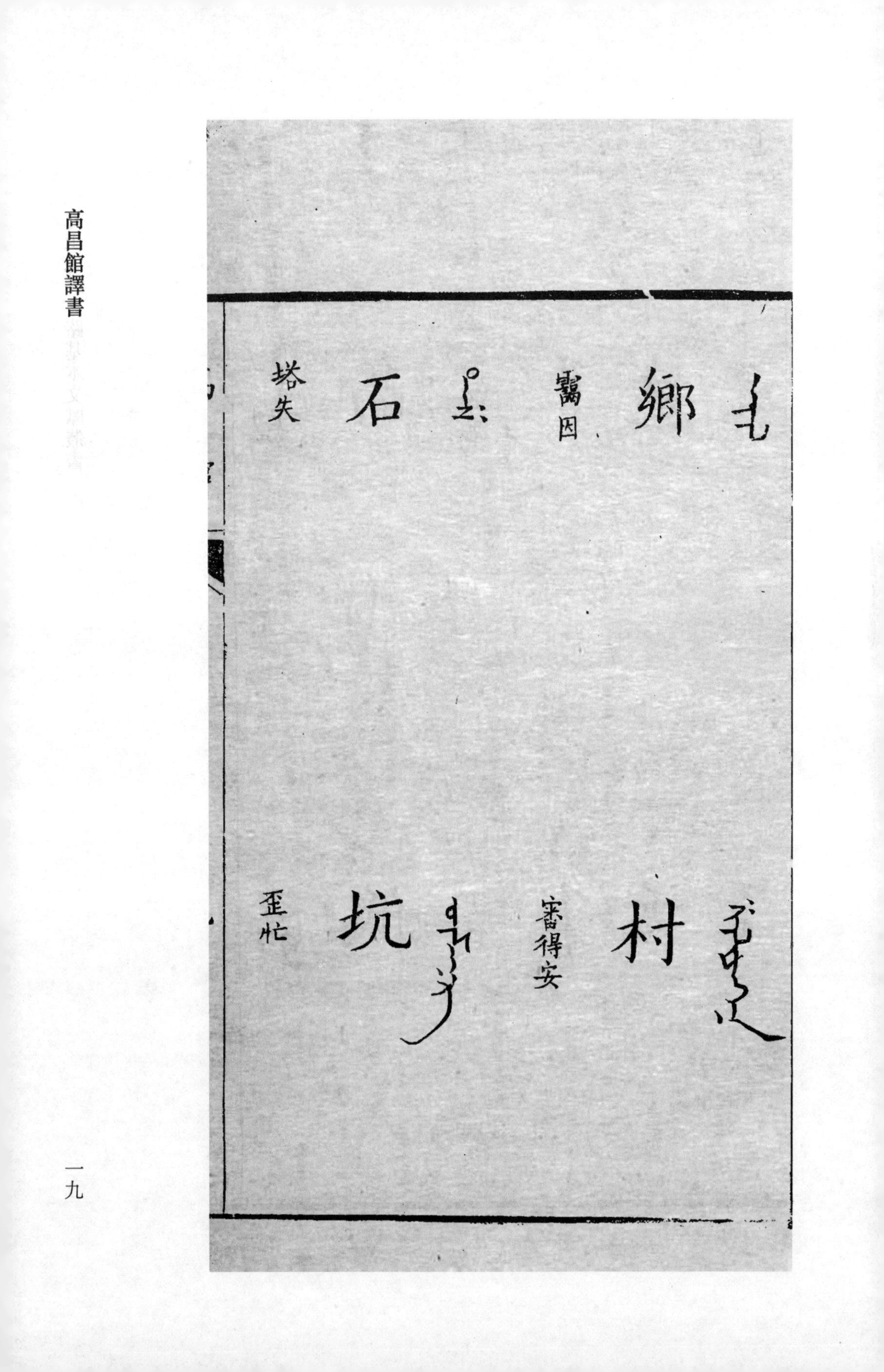

鄉 靄因

石 塔失

村 審得安

坑 歪忙

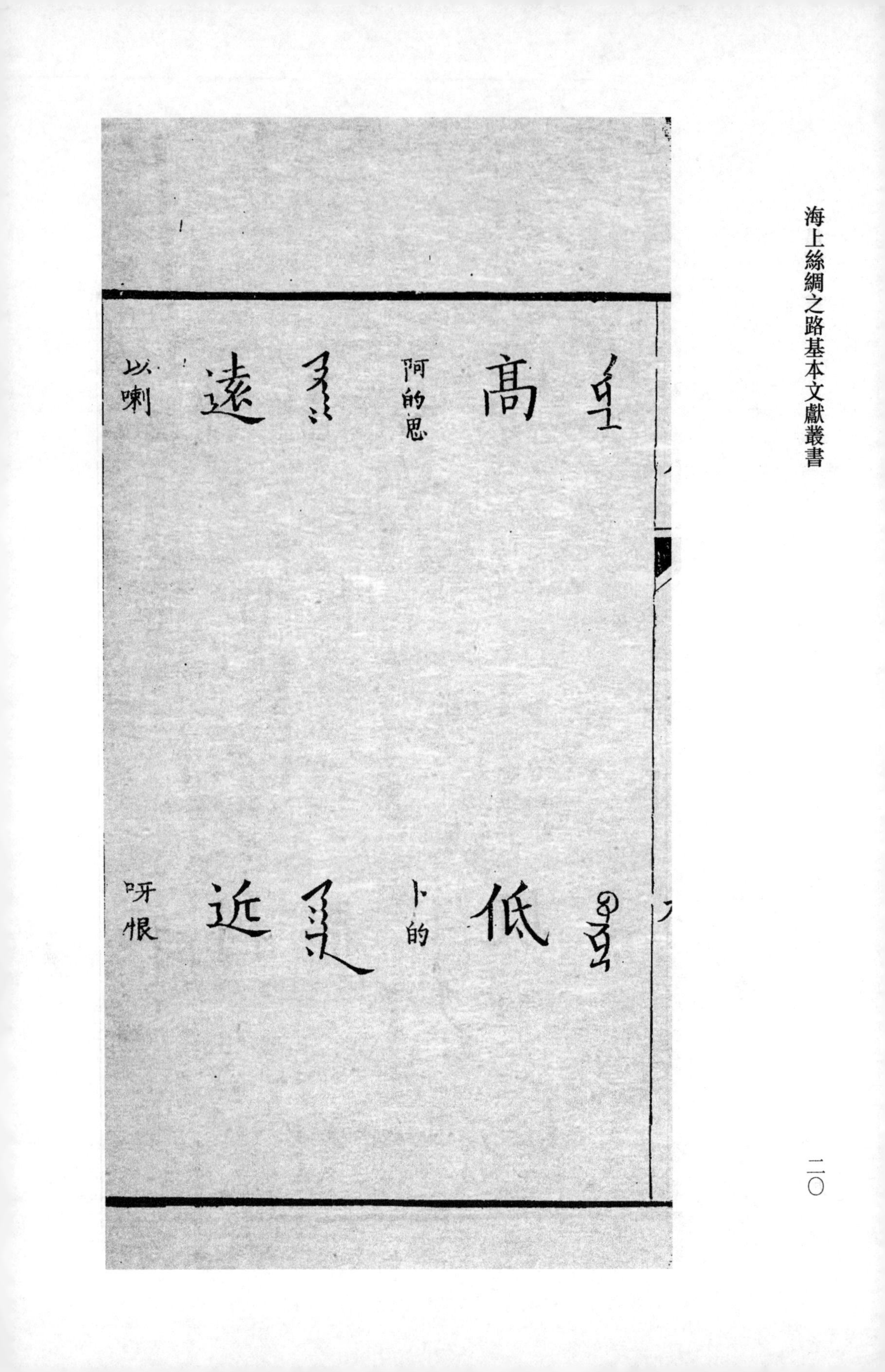

高

阿的思

遠

以喇

低

卜的

近

呀根

塵
秃土鑾

池
訓麻

嶺
塔班

墳
信

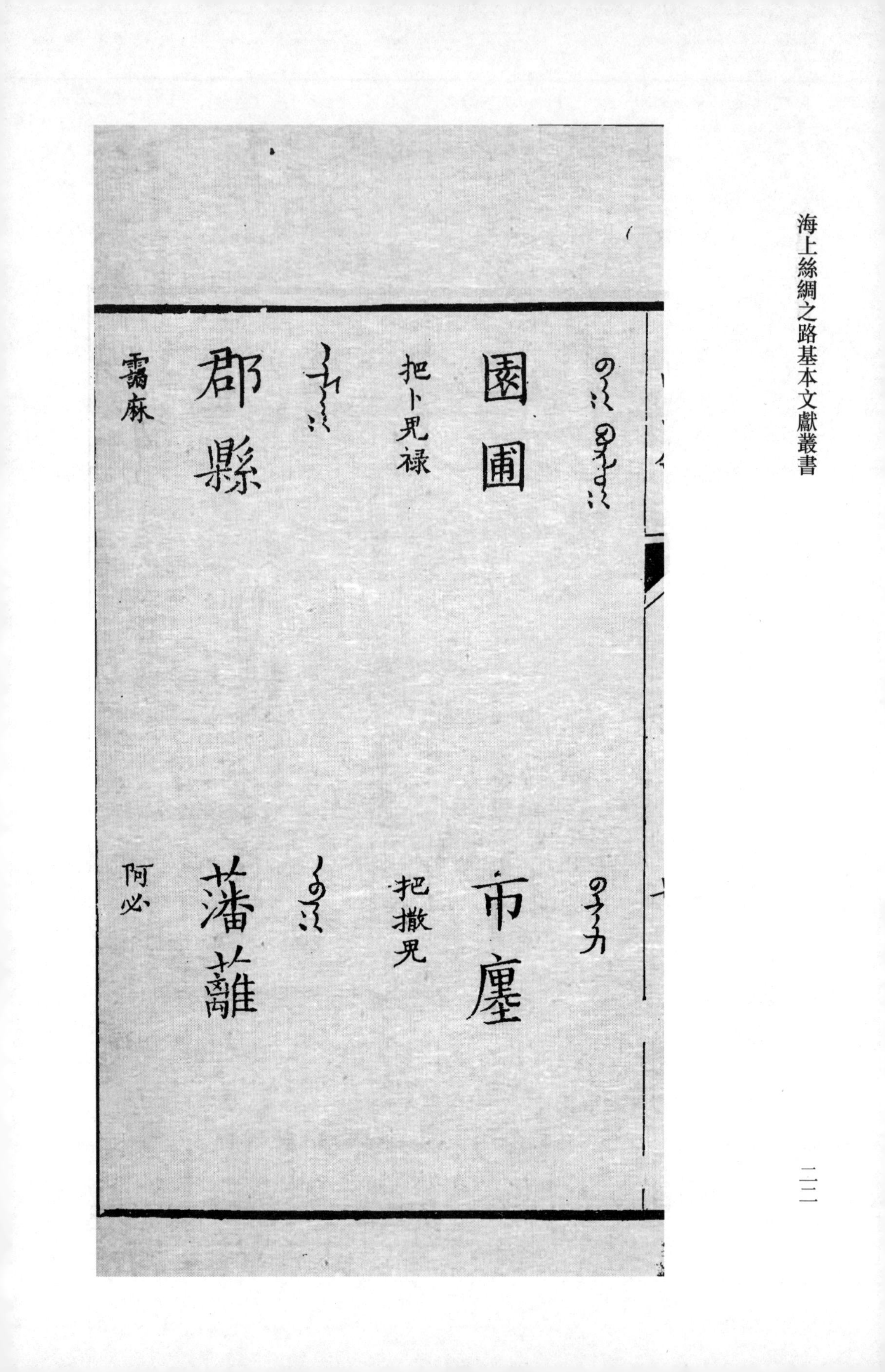

園圃

把卜兒祿

市廛

把撒兒

郡縣

靄麻

藩蘺

阿必

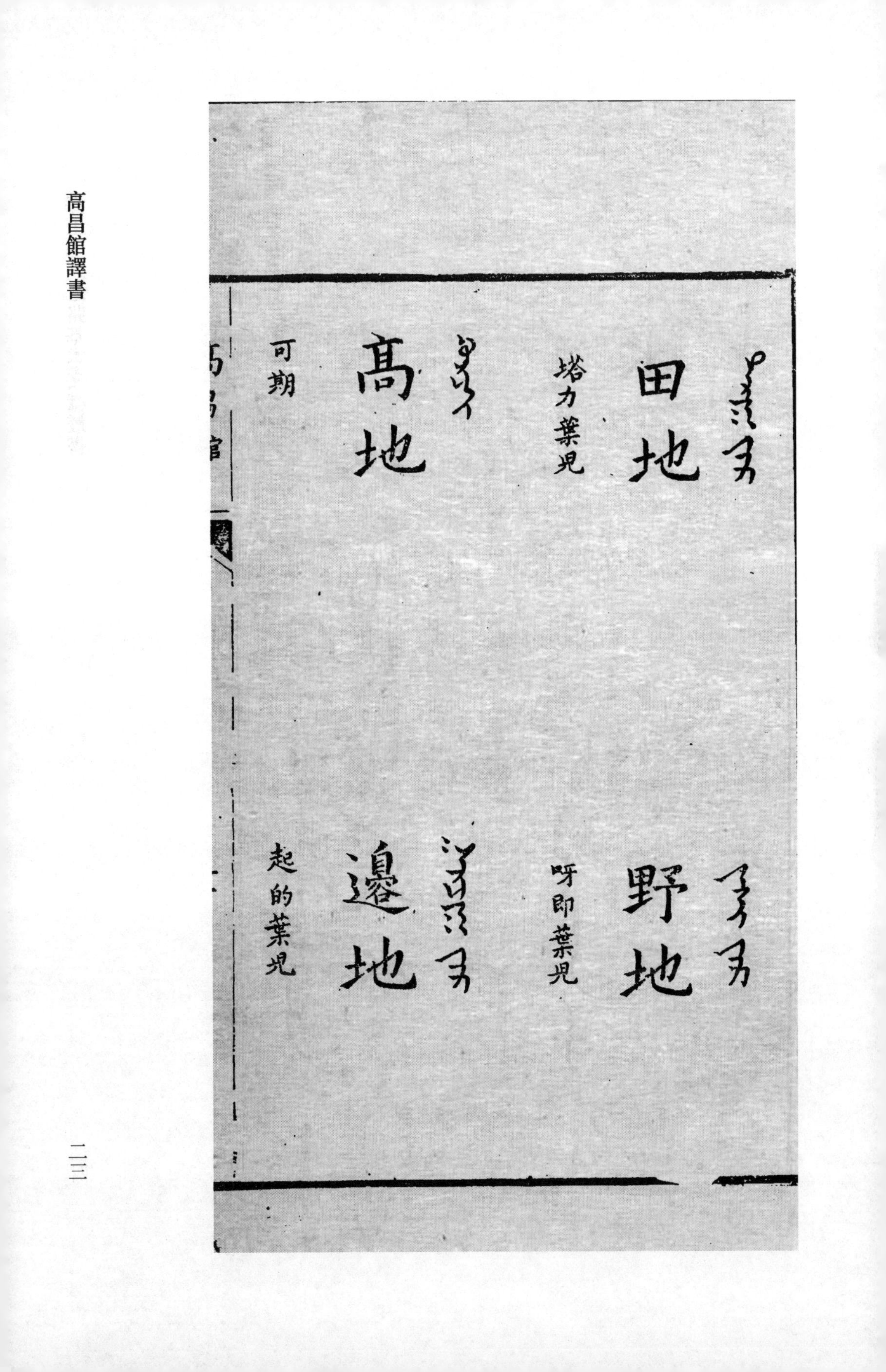

田地
塔力葉兒

高地
可期

野地
呀即葉兒

邊地
起的葉兒

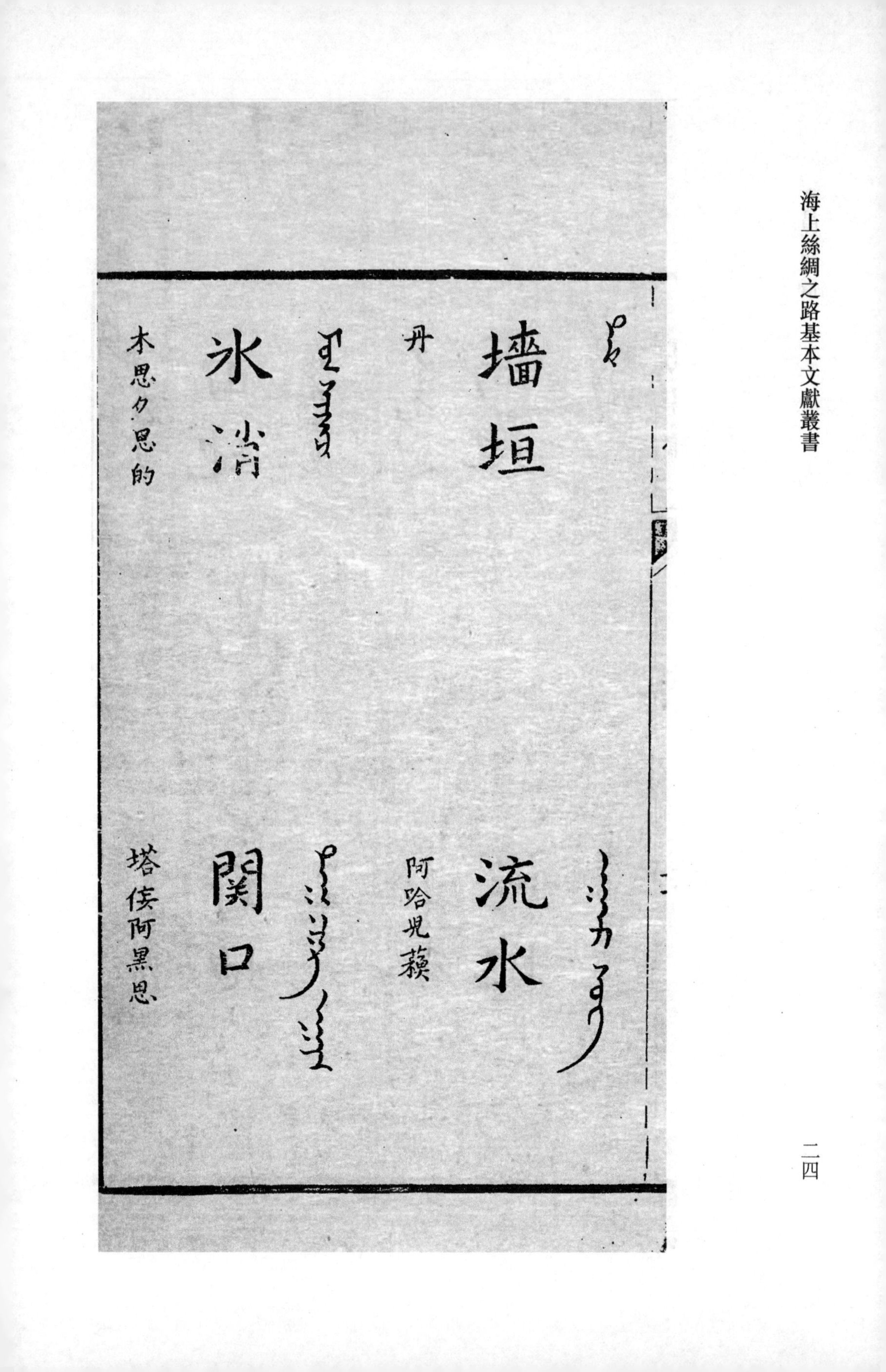

墻垣

丹

冰消

木思夕思的

流水

阿哈兒蘇

関口

塔侯阿黑思

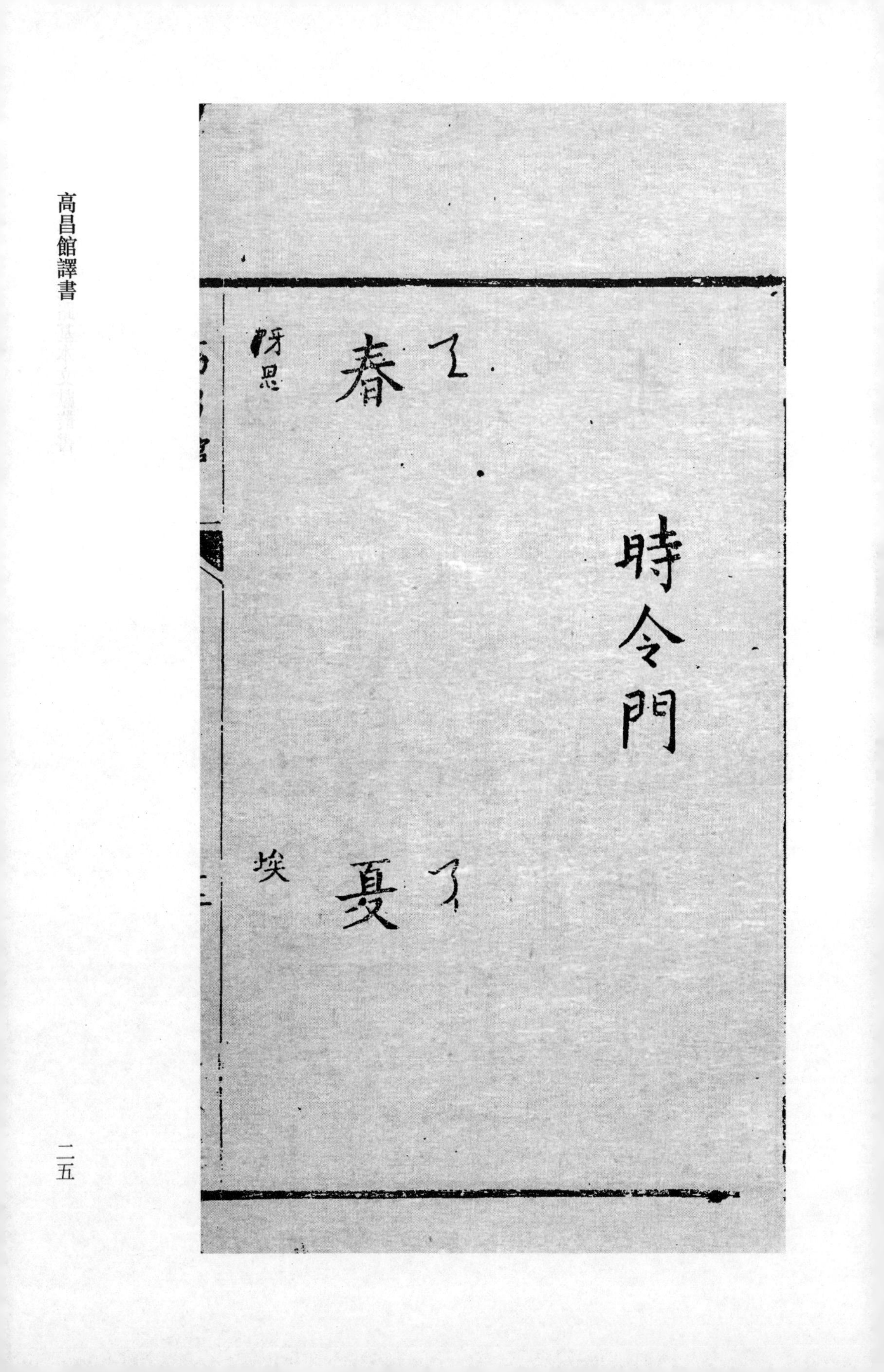

時令門

春
呀思

夏
埃

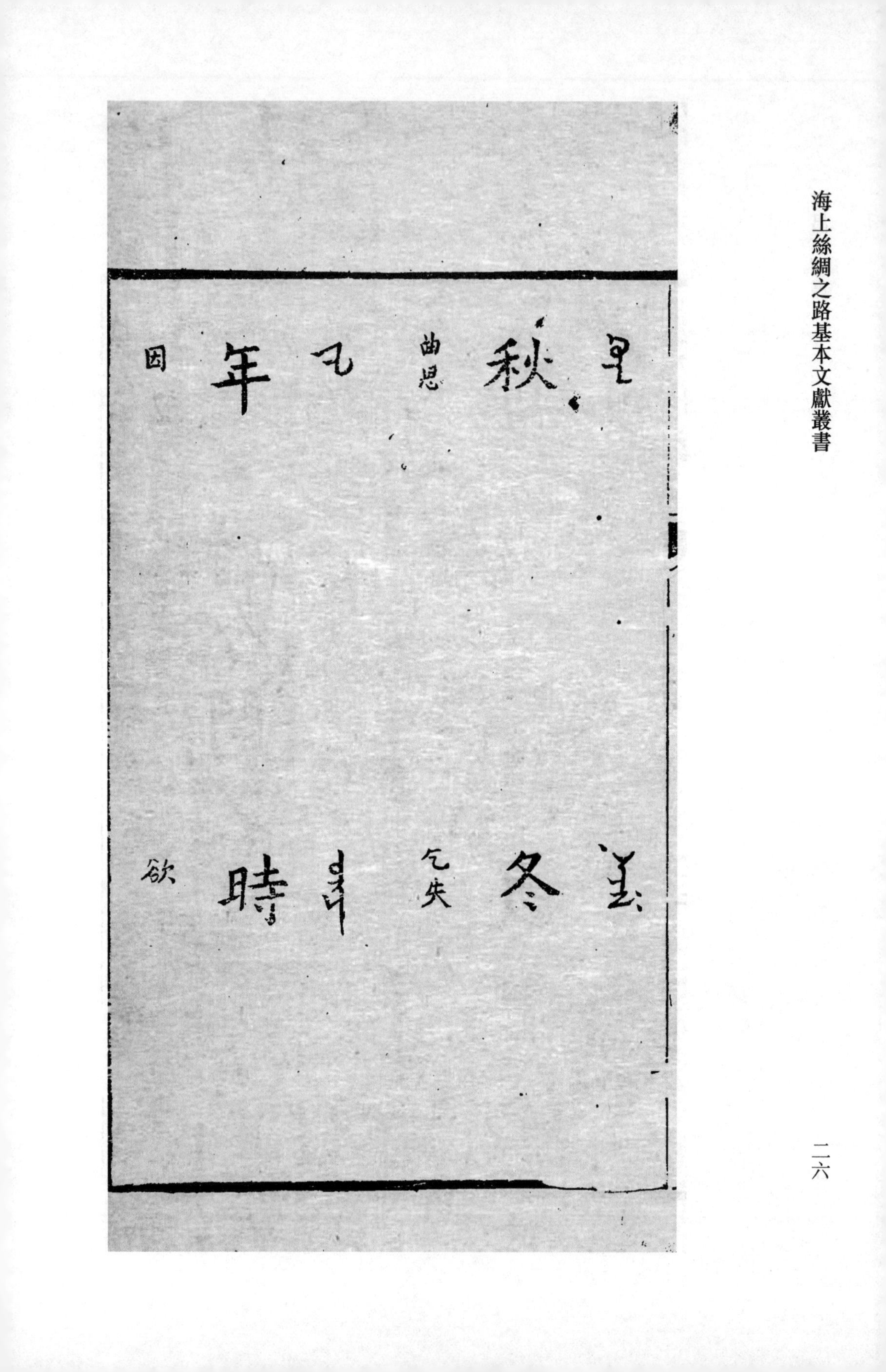

[illegible]　[illegible]
秋　冬
曲思　乞失
飞　[illegible]
年　時
因　欲

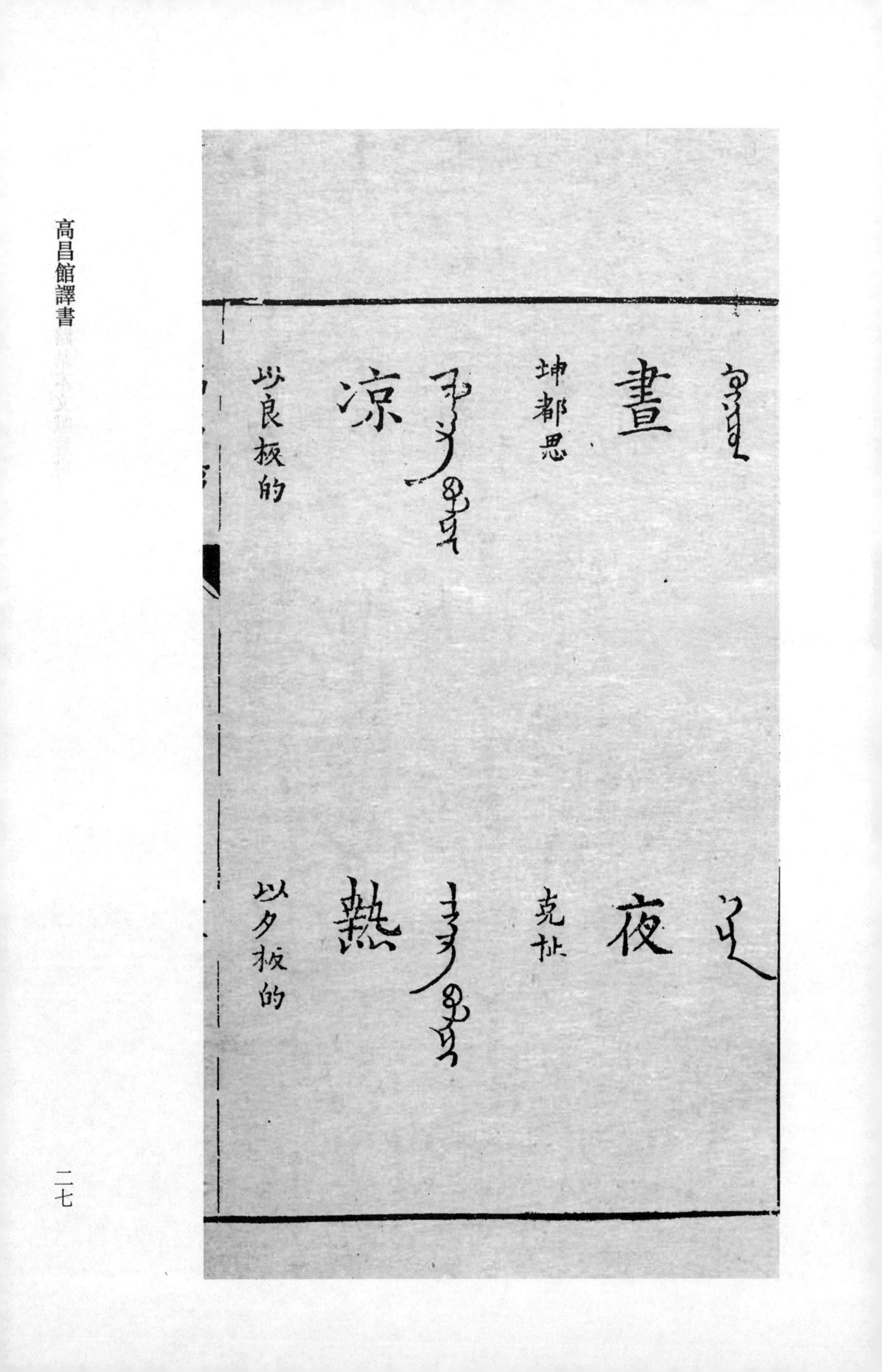

晝 坤都思

夜 克扯

涼 以良板的

熱 以夕板的

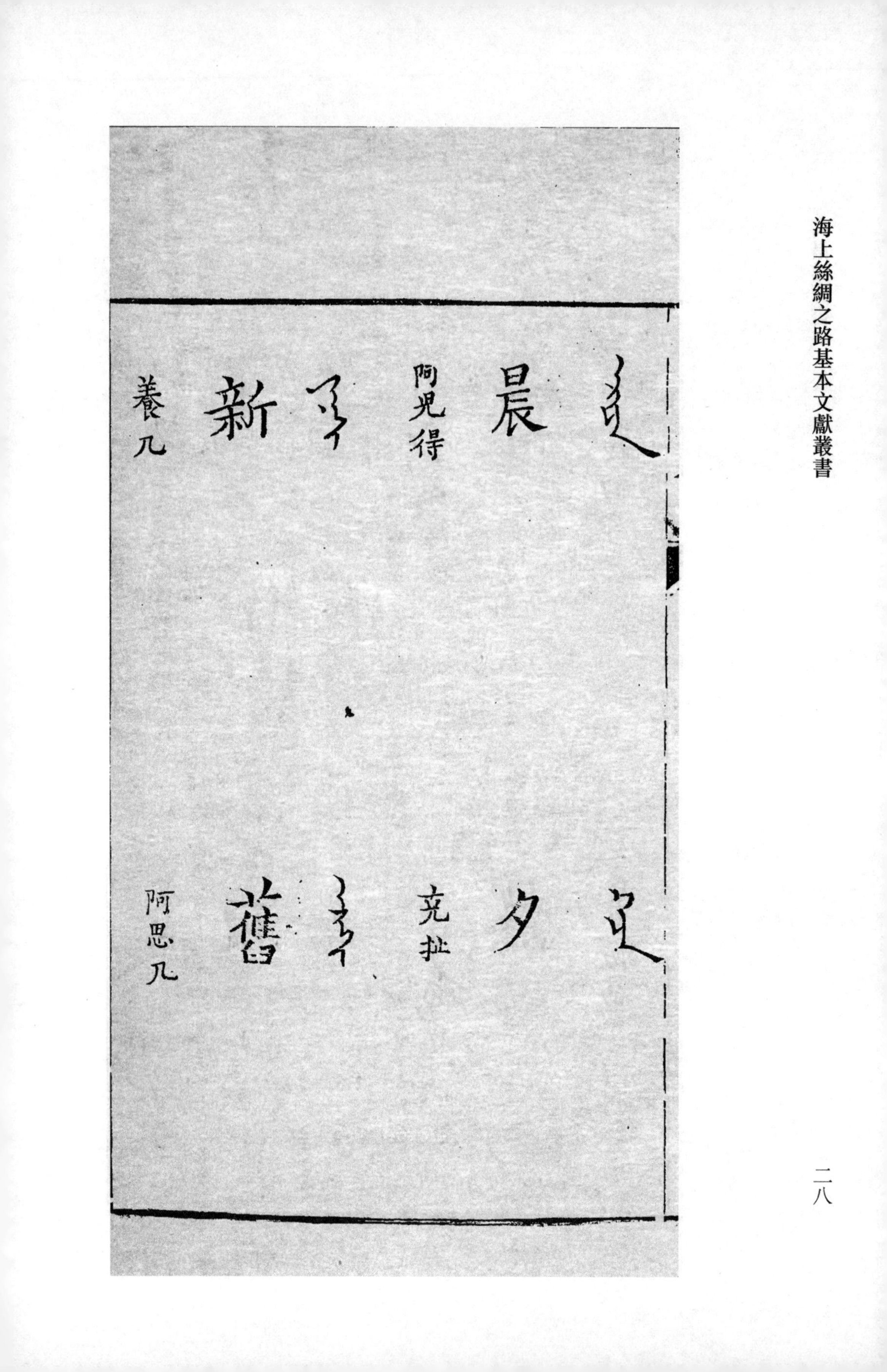

晨
阿兒得

夕
克扯

新
養几

舊
阿思几

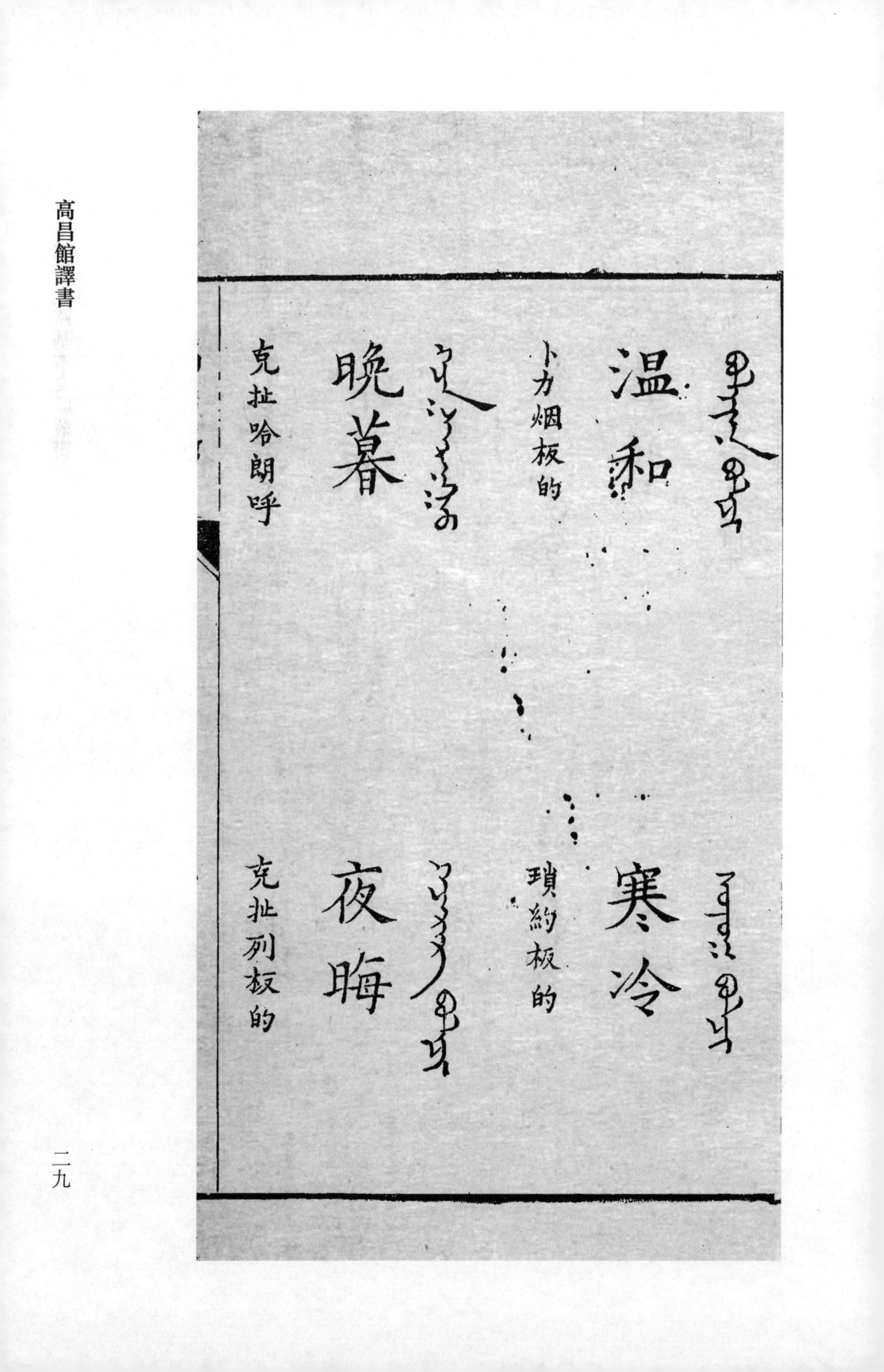

温和
卜力烟板的

晚暮
克扯哈朗呼

寒冷
瑣約板的

夜晦
克扯列板的

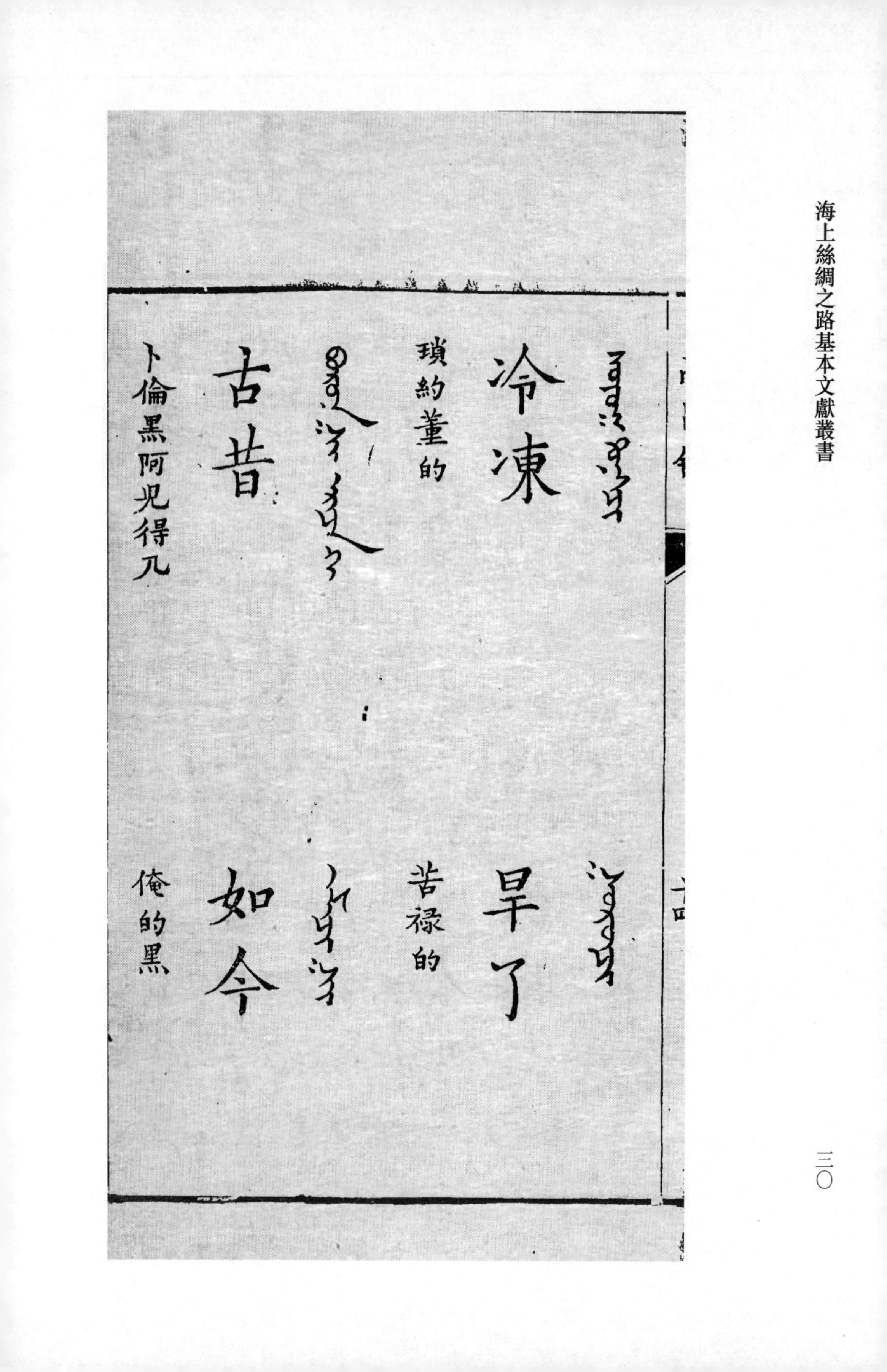

冷凍
瑣約董的

旱了
苦祿的

古昔
卜倫黑阿兒得几

如今
俺的黑

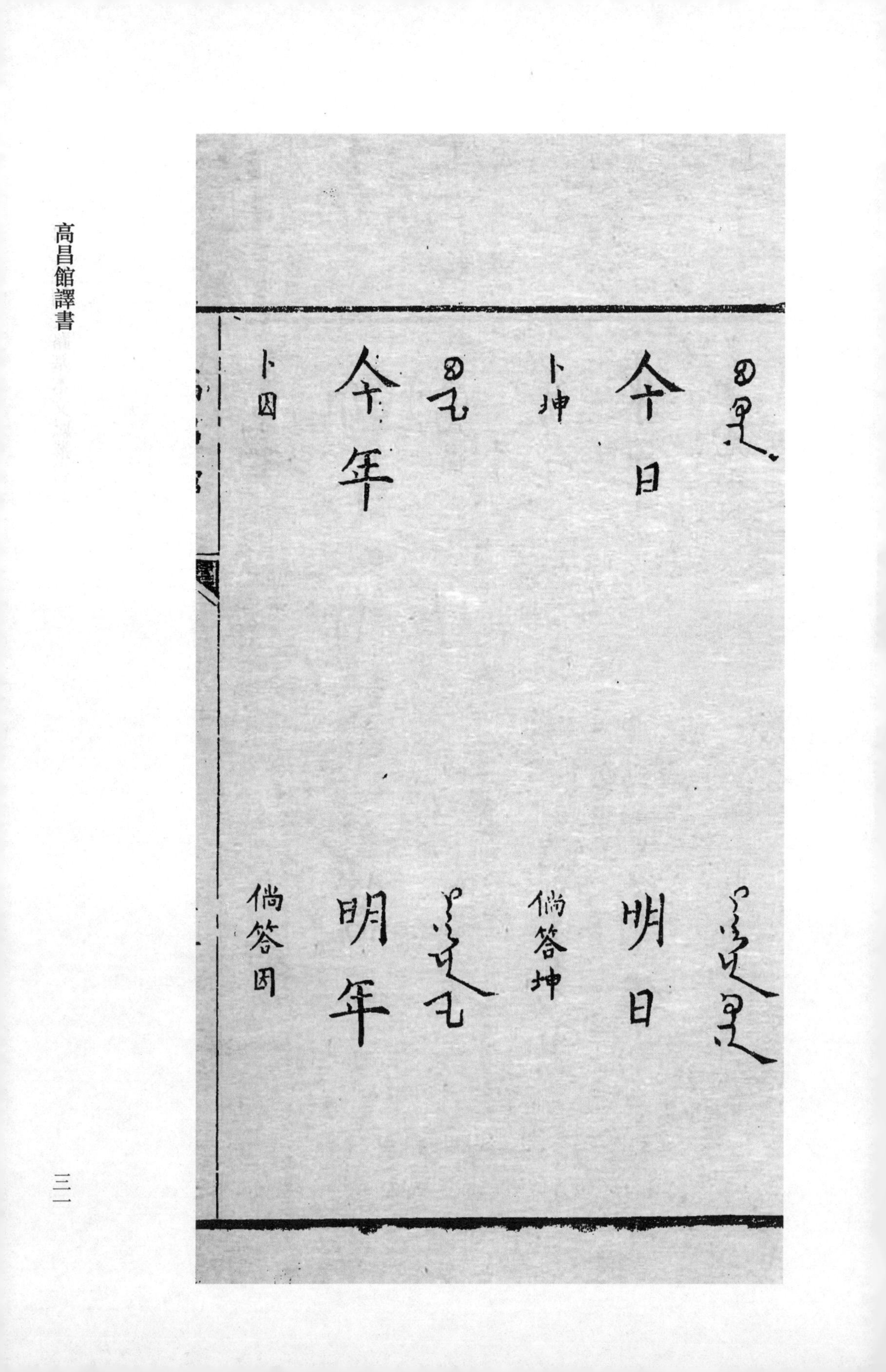

今日
卜坤

今年
卜因

明日
倘答坤

明年
倘答因

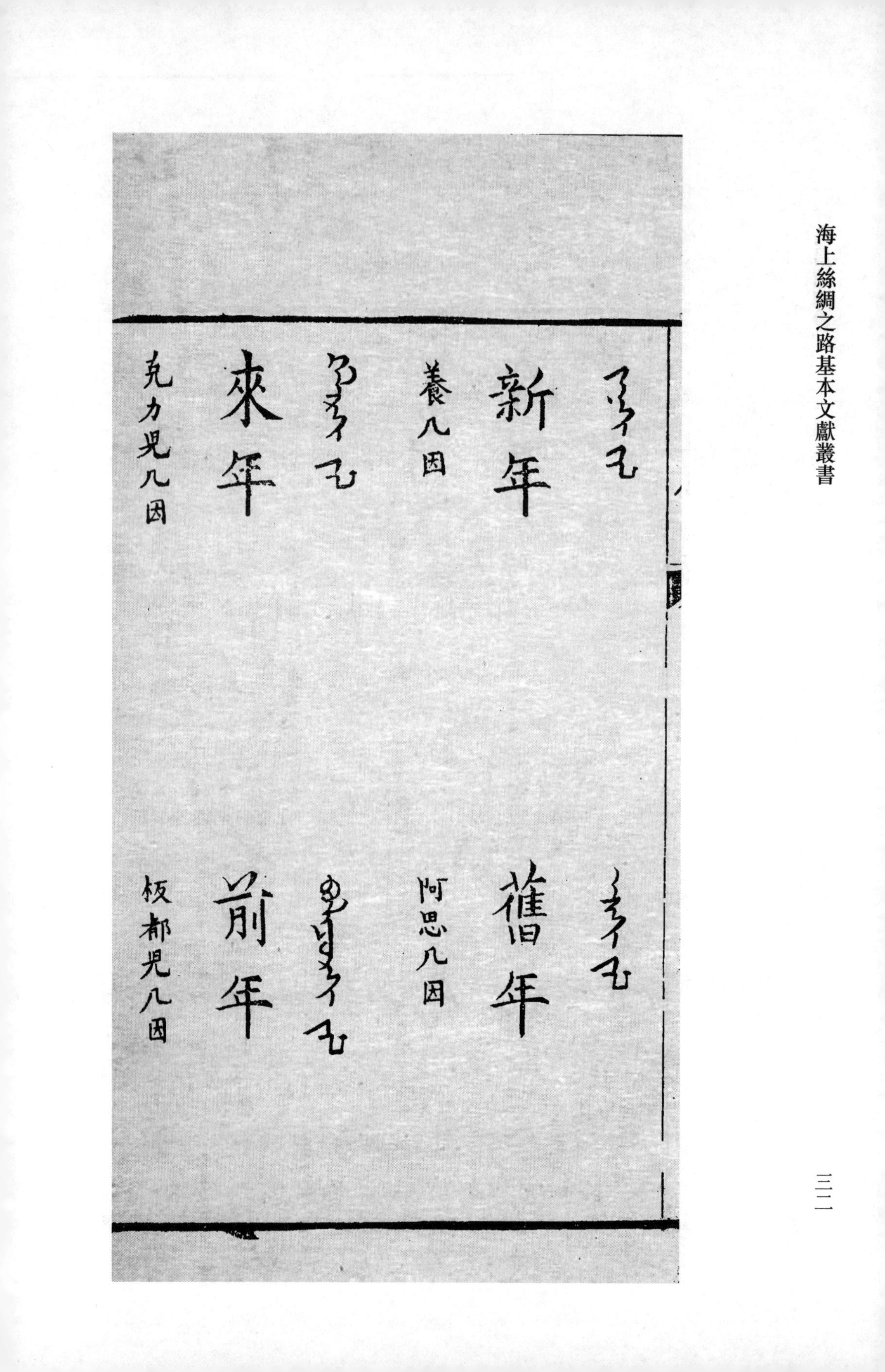

新年
養几因

舊年
阿思几因

來年
克力兒几因

前年
板都兒几因

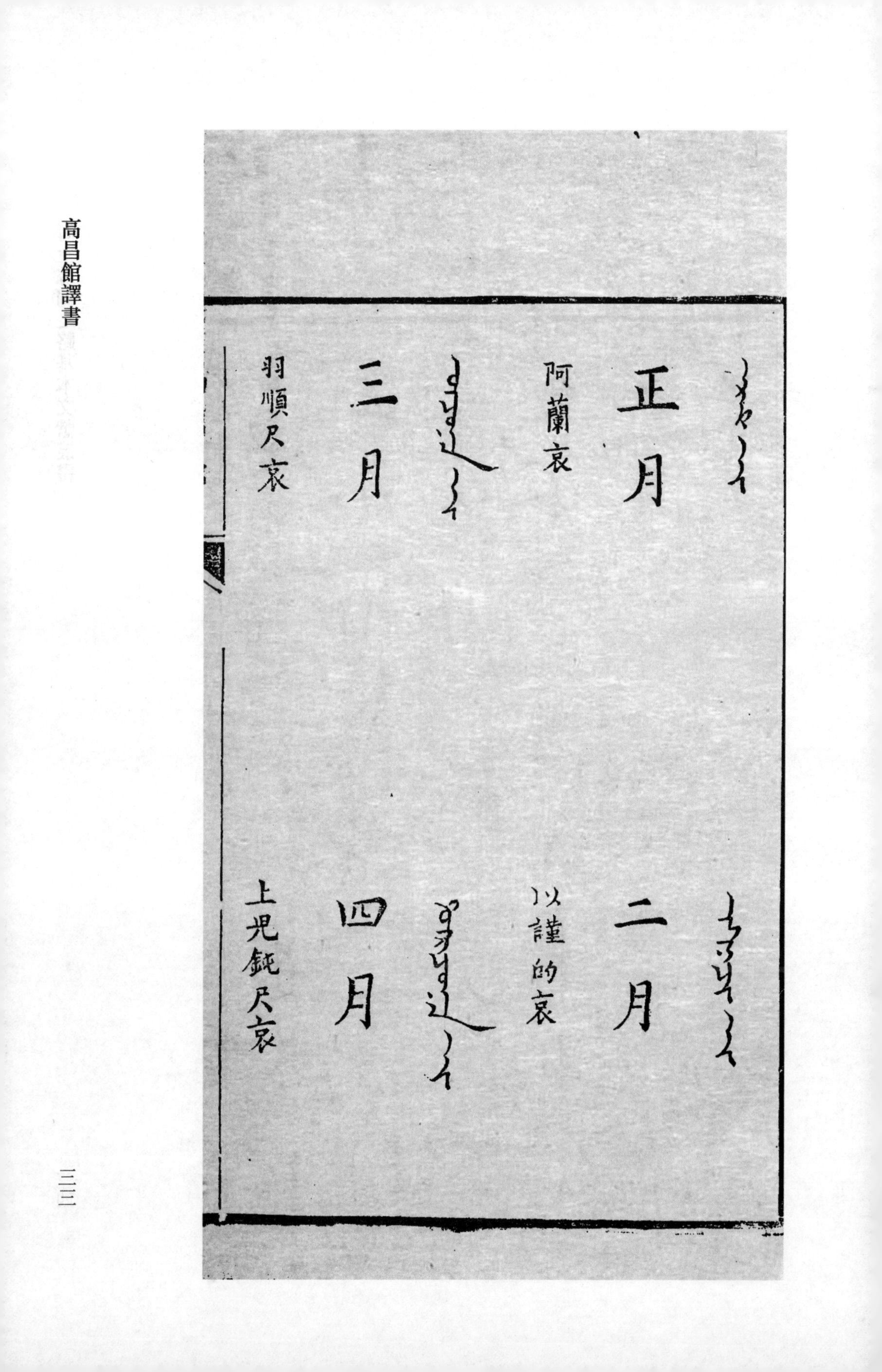

正月
阿蘭哀

二月
以謹的哀

三月
羽順尺哀

四月
上兒鈍尺哀

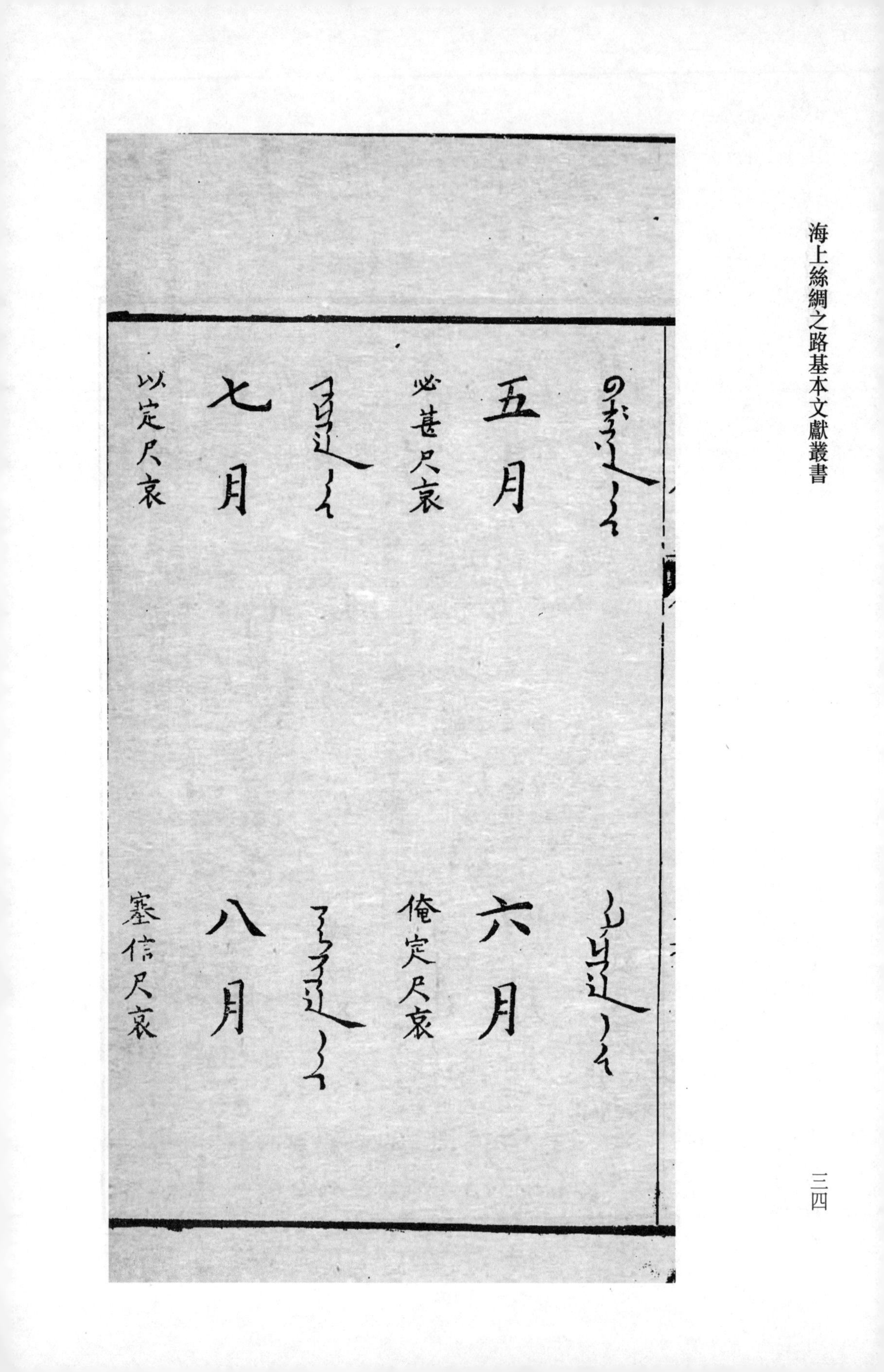

五月
必甚尺哀

六月
俺定尺哀

七月
以定尺哀

八月
塞信尺哀

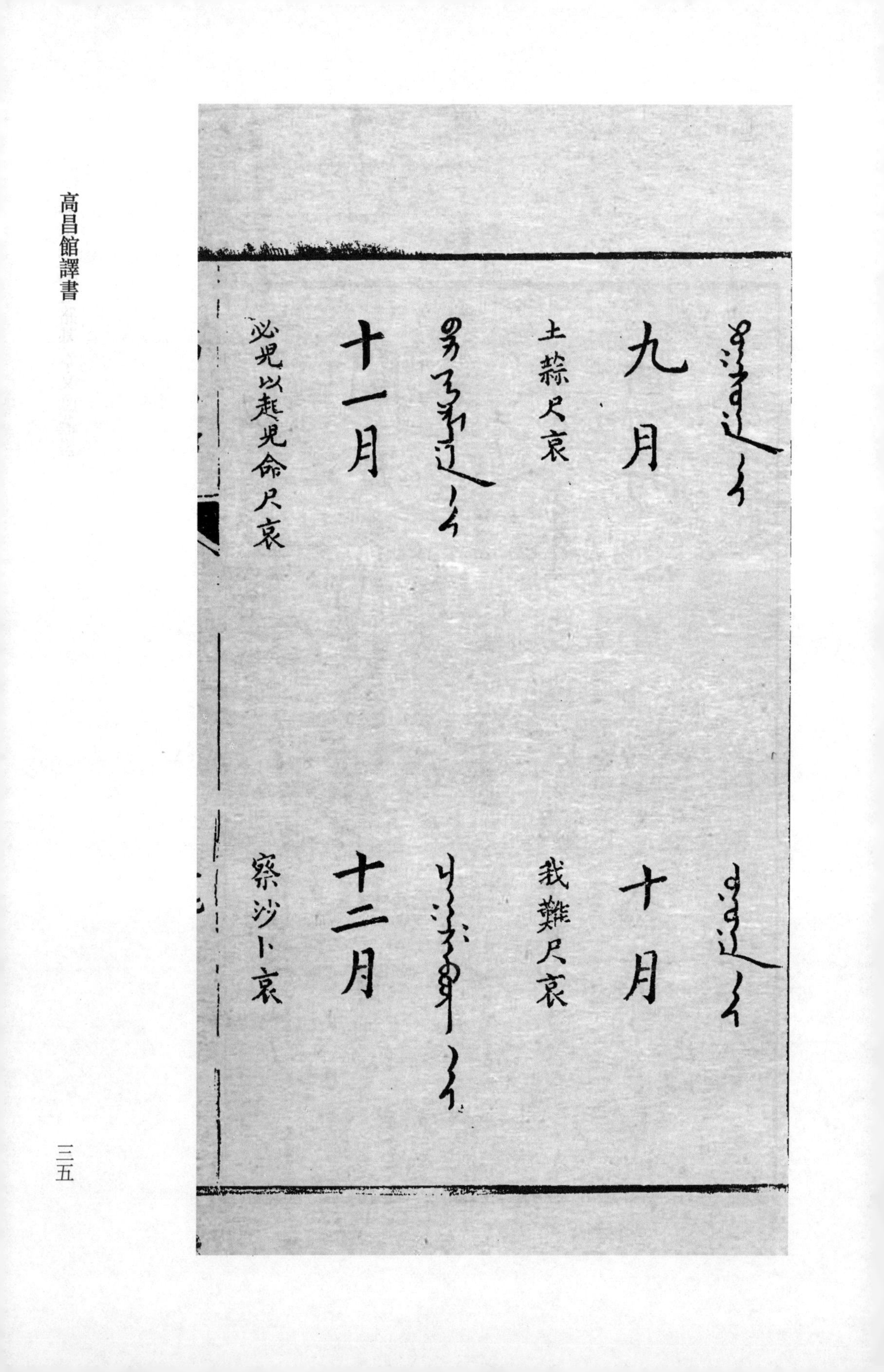

九月

土蒜尺哀

十一月

必兒以起兒命尺哀

十月

我難尺哀

十二月

察沙卜哀

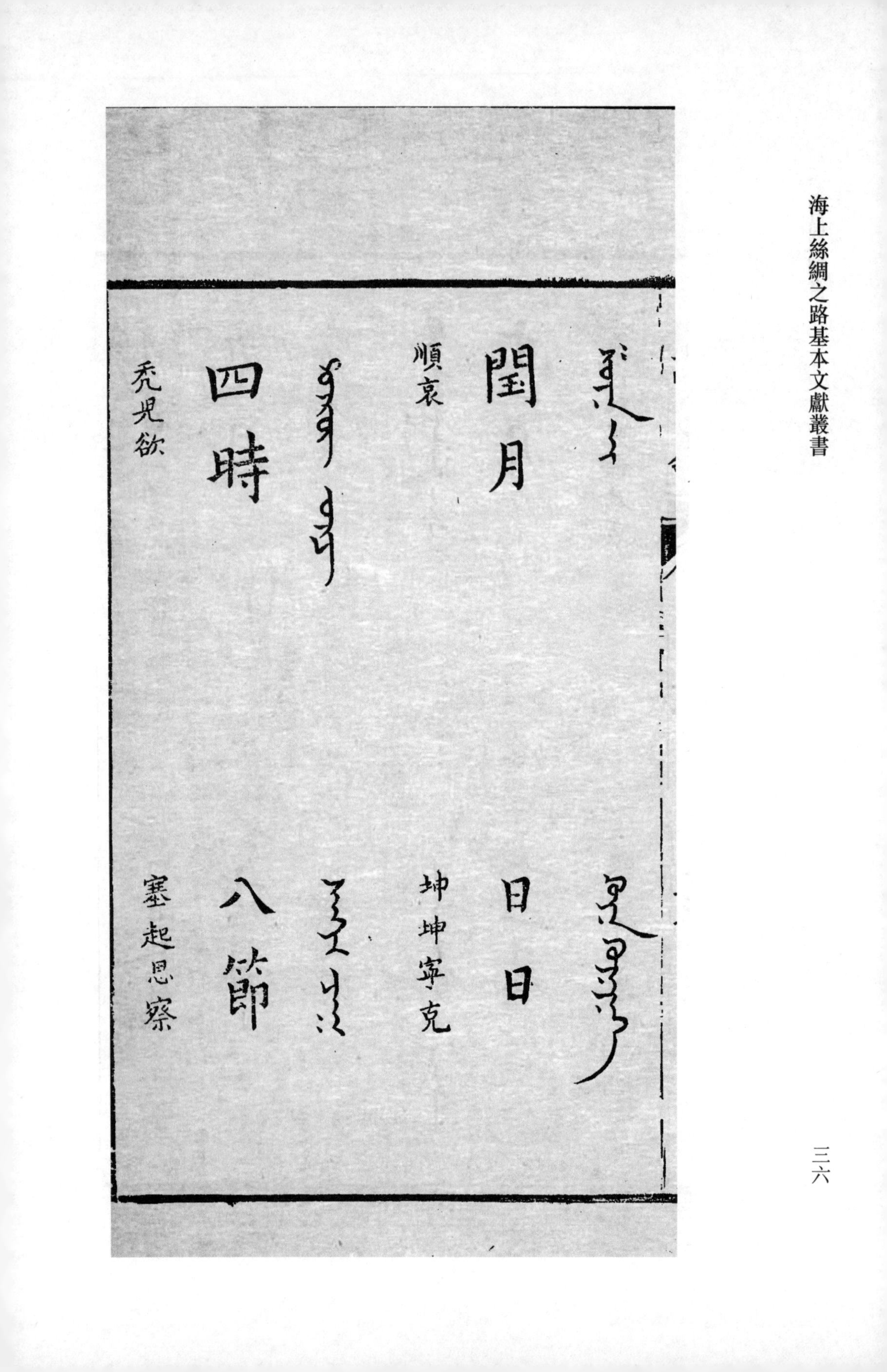

閏月 順哀

日日 坤坤寧克

四時 秃兒欲

八節 塞起恩察

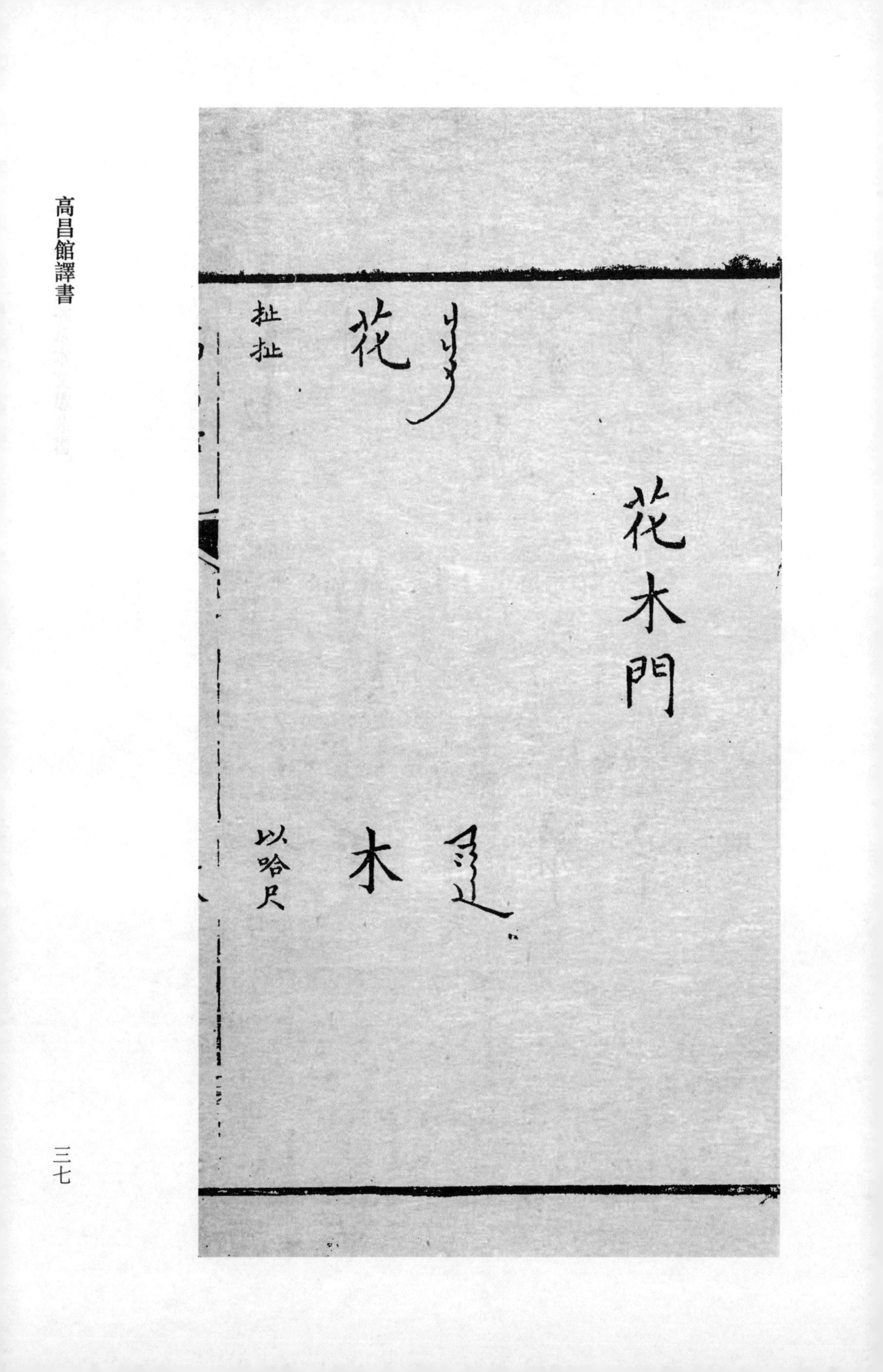

花木門

花 扯扯

木 以哈尺

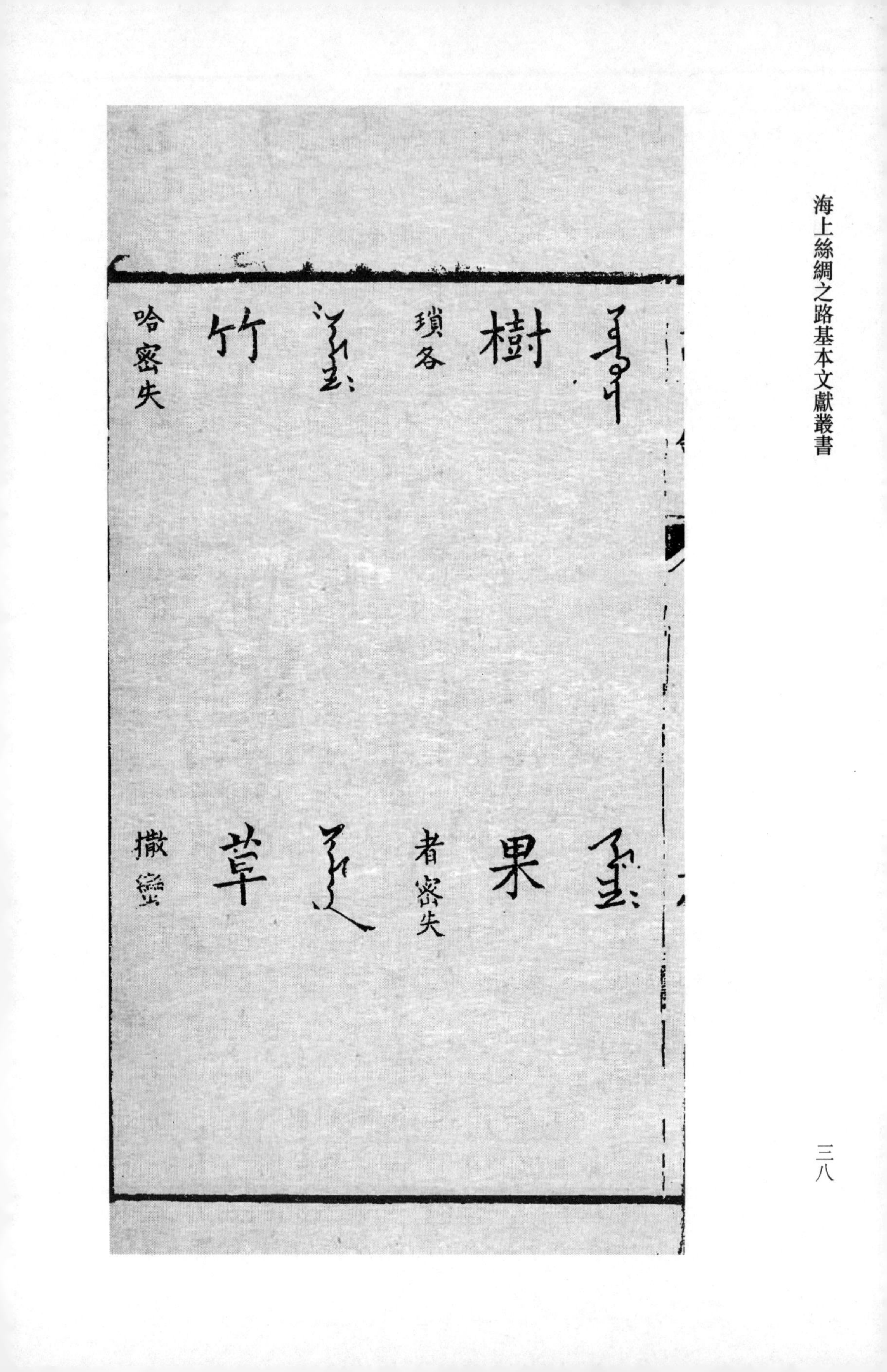

樹
瑣各

竹
哈密失

果
者密失

草
撒蠻

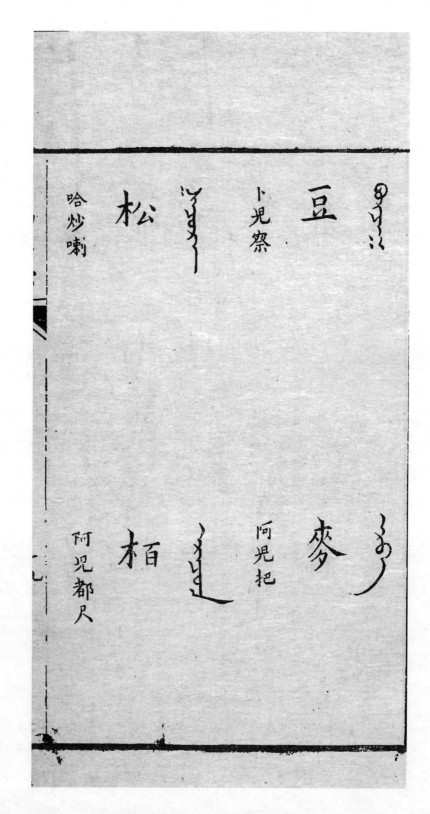

豆 卜兒察

麥 阿兒把

松 哈炒喇

柏 阿兒都尺

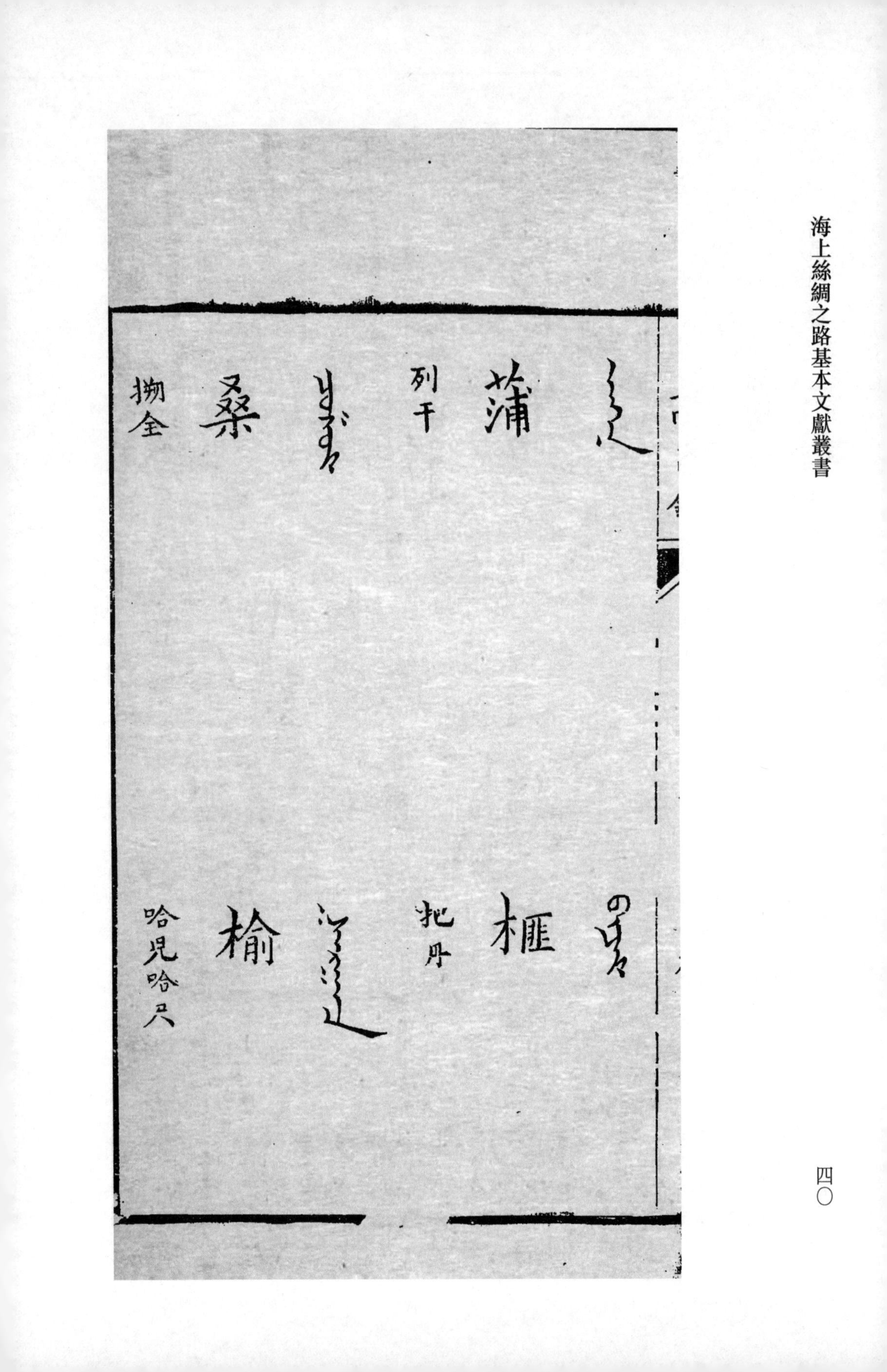

蒲

列干

桑

捌全

榧

把丹

榆

哈兒哈只

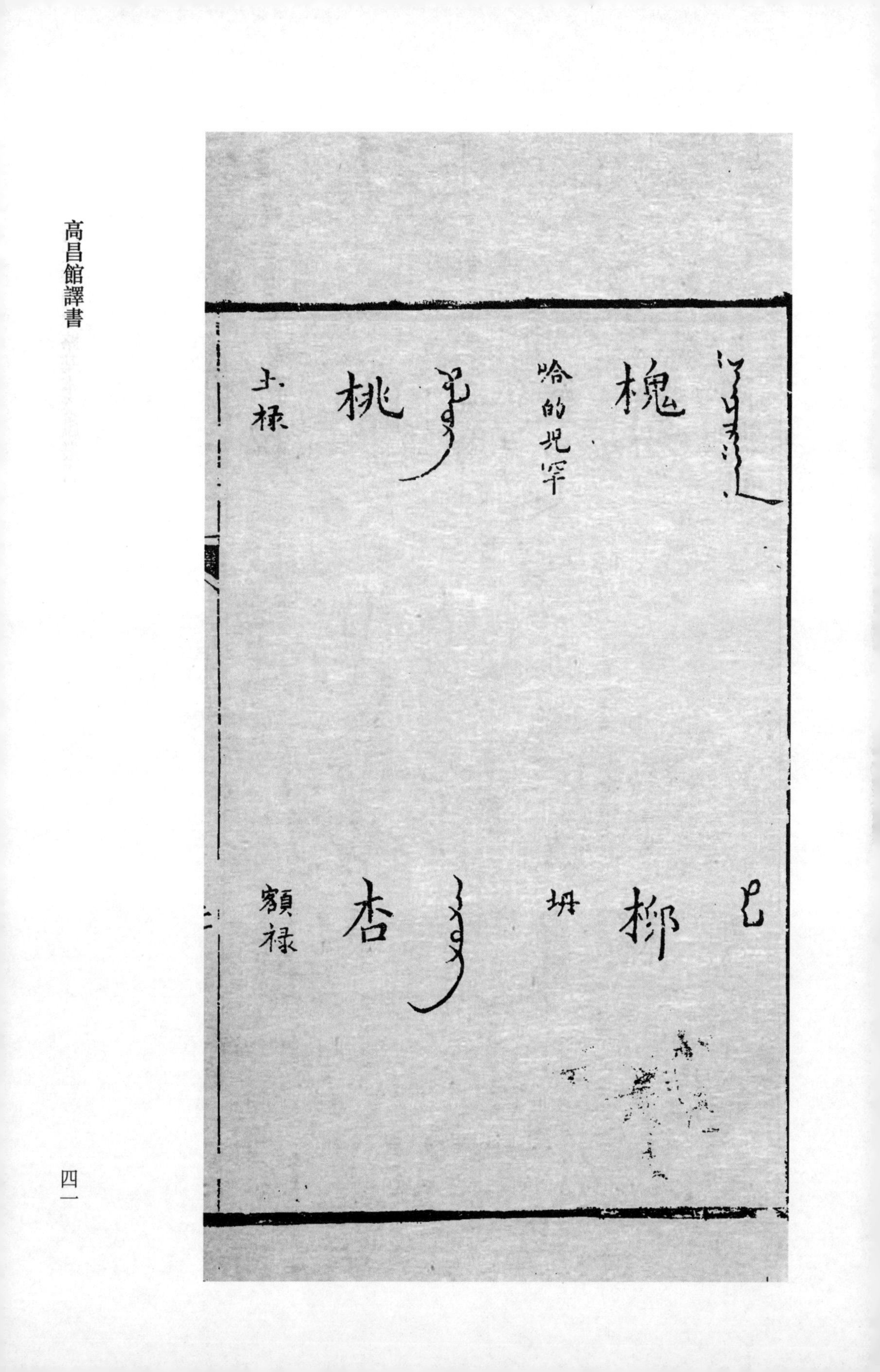

槐 哈的児罕

桃 土禄

柳 坍

杏 額禄

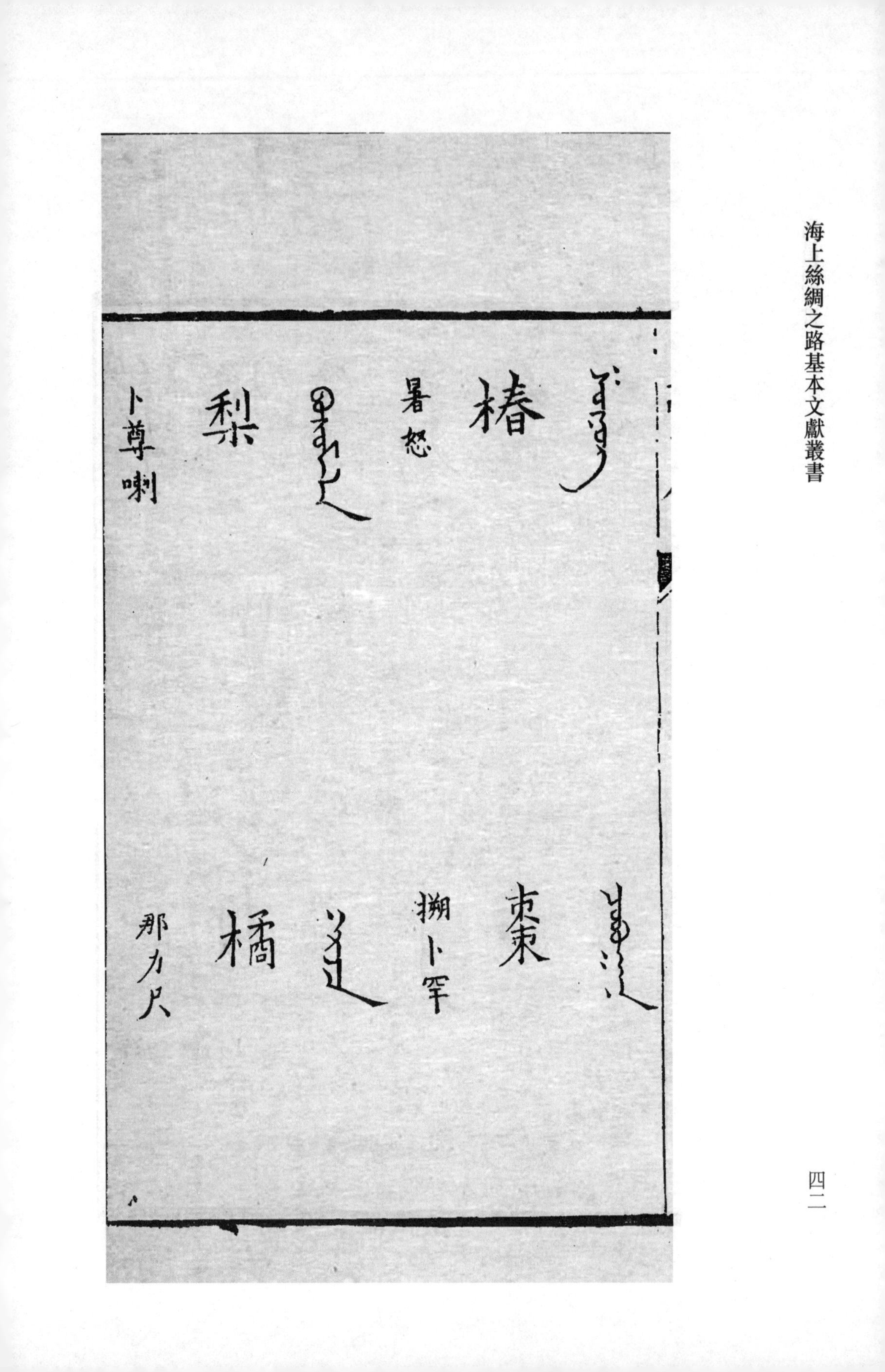

椿
暑怒

梨
卜尊喇

棗
搠卜罕

橘
那力尺

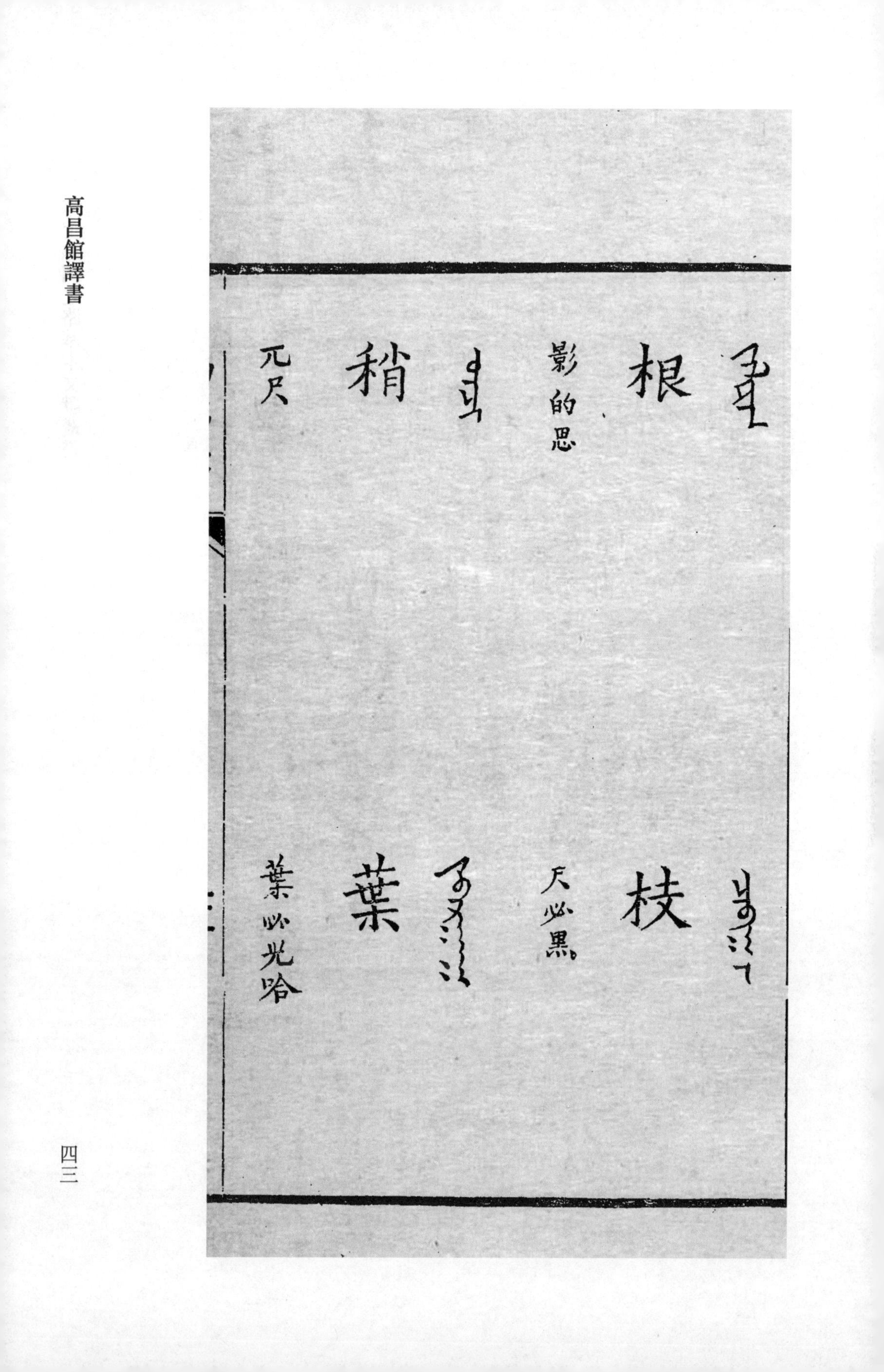

根
影的思

稍
兀尺

枝
天必黑

葉
葉必光哈

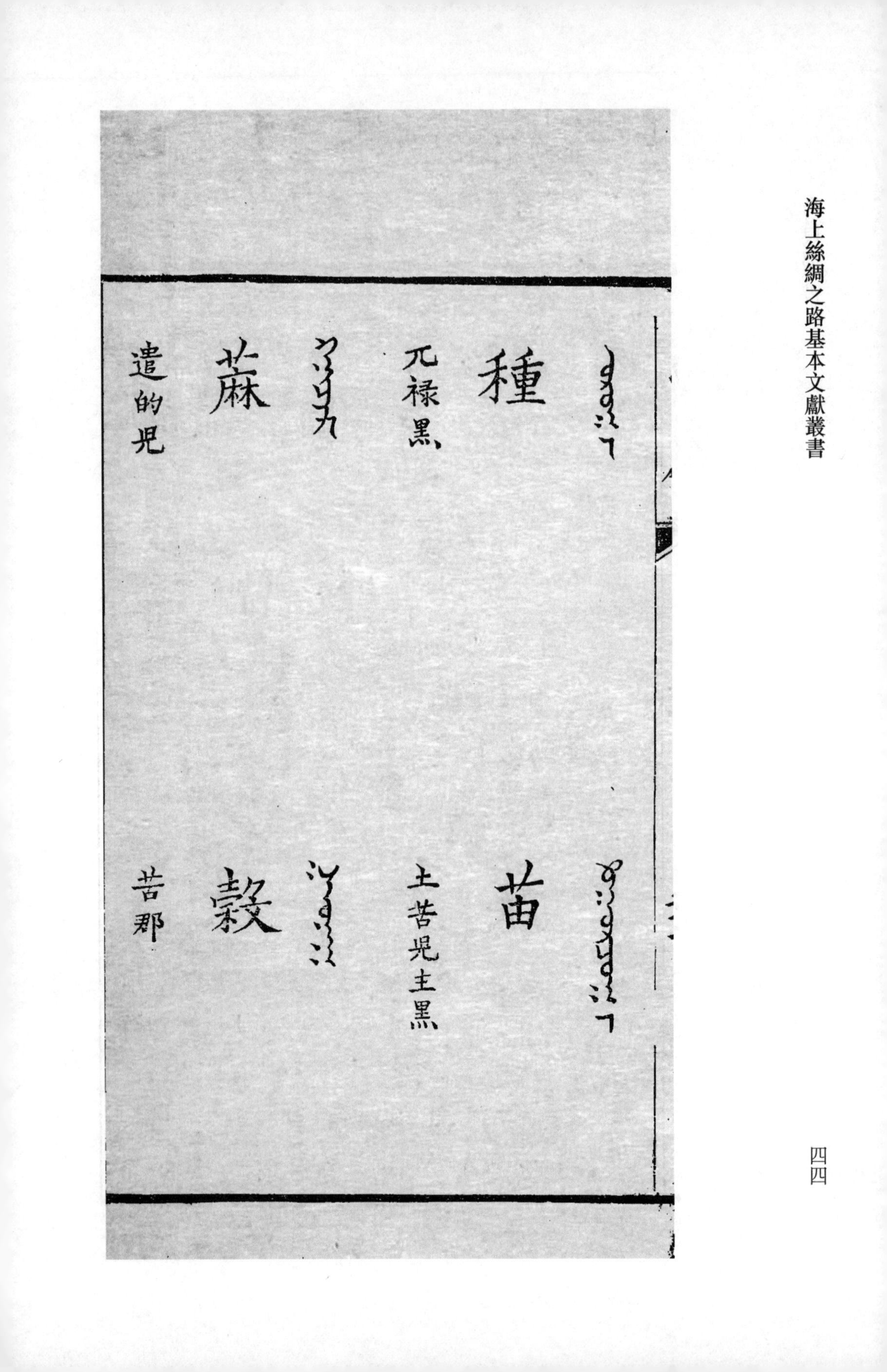

種
兀祿黑

蔴
遺的兒

苗
土苦兒主黑

穀
苦郡

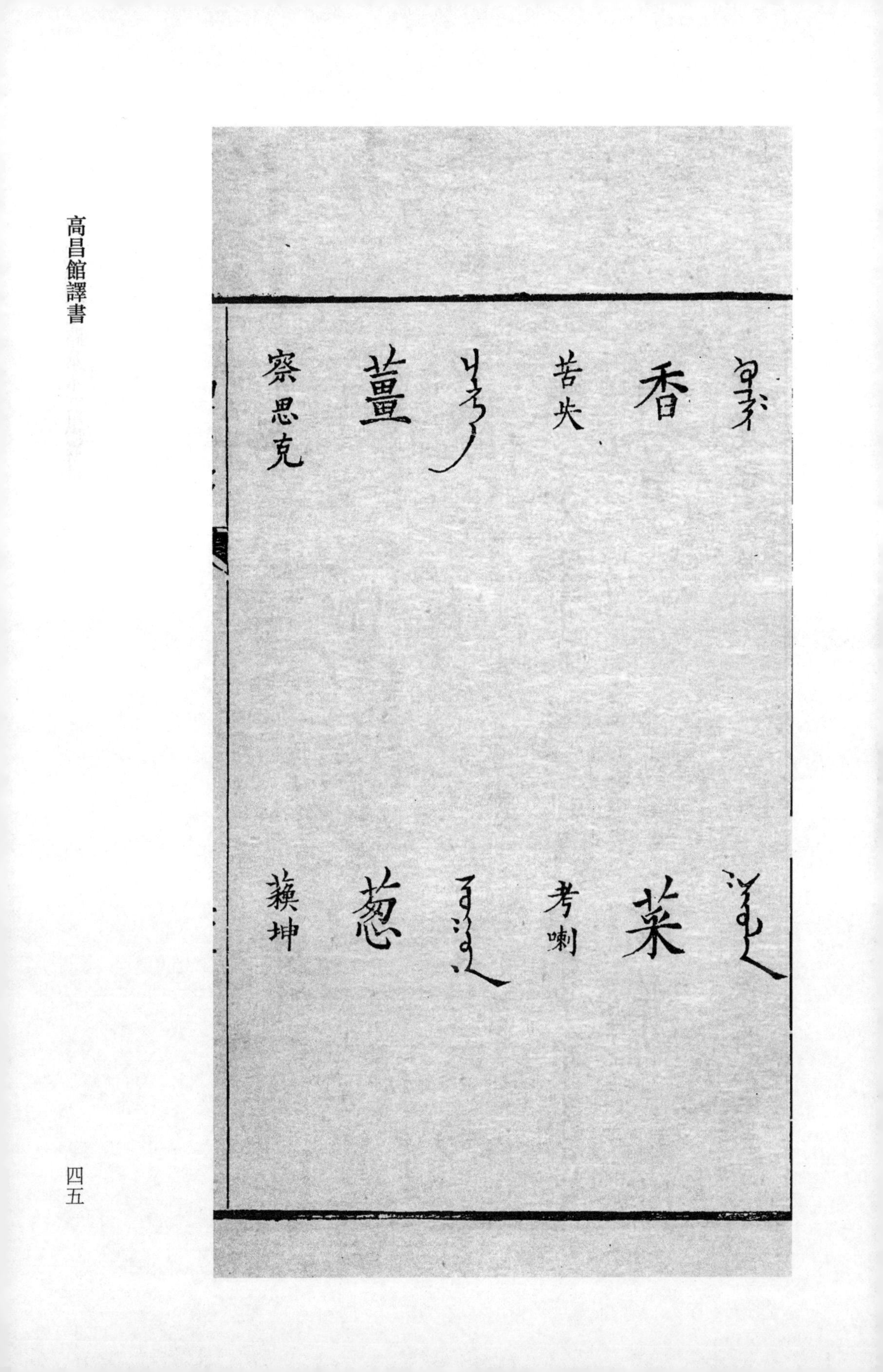

香
苦失

薑
察思克

菜
考喇

葱
糗坤

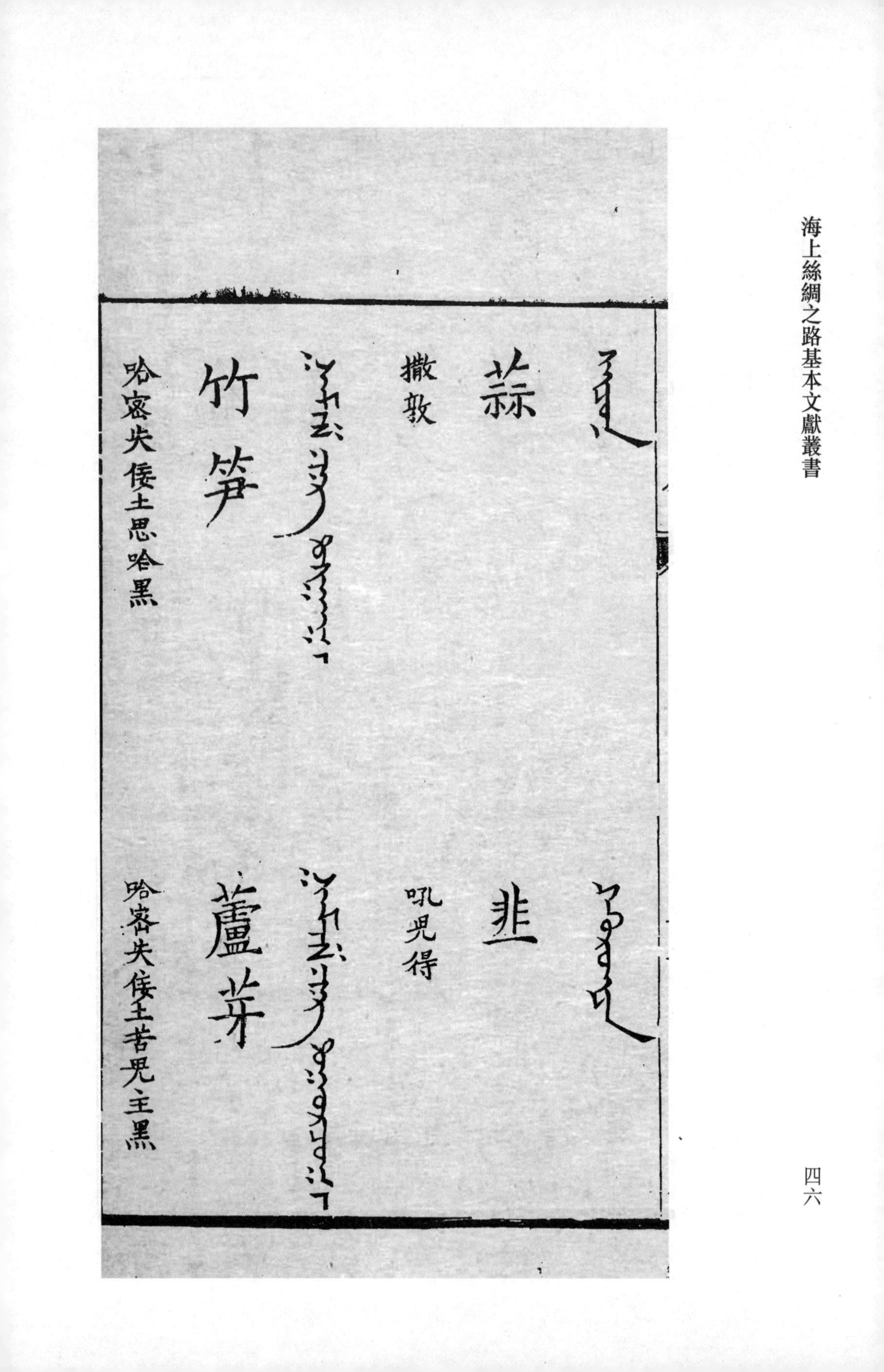

蒜

撒敦

竹笋

哈客失倭土思哈黑

韭

吼兒得

蘆芽

哈客失倭土若兒主黑

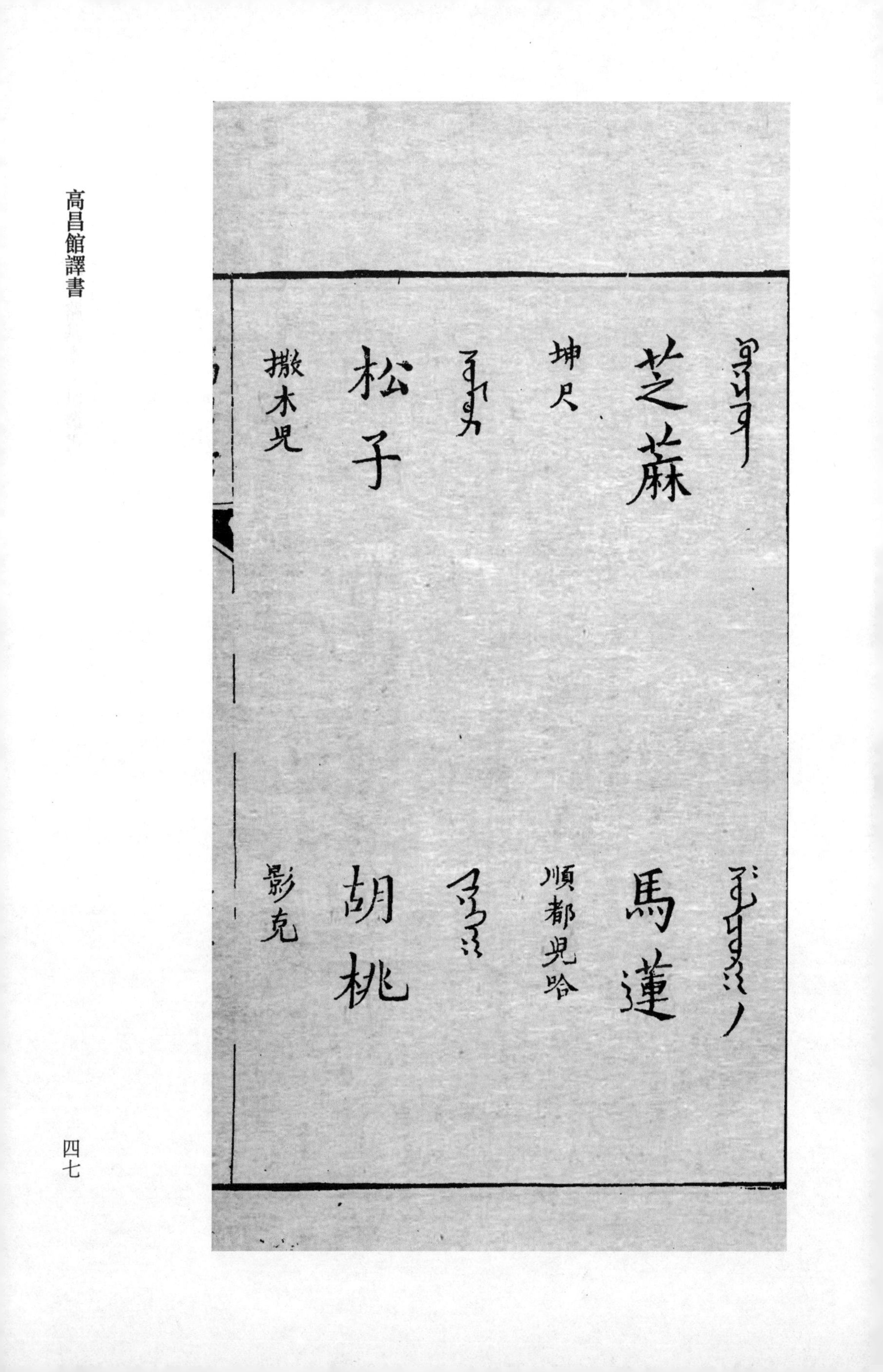

芝蔴
坤只

松子
撒木兒

馬蓮
順都兒哈

胡桃
影克

ᠨᠠᠷ
石榴
那喇

ᠦᠵᠦᠮ
葡萄
兀尊

ᠬᠠᠷᠪᠤᠰ
西瓜
哈児卜思

ᠬᠠᠭᠤᠨ
甜瓜
哈温

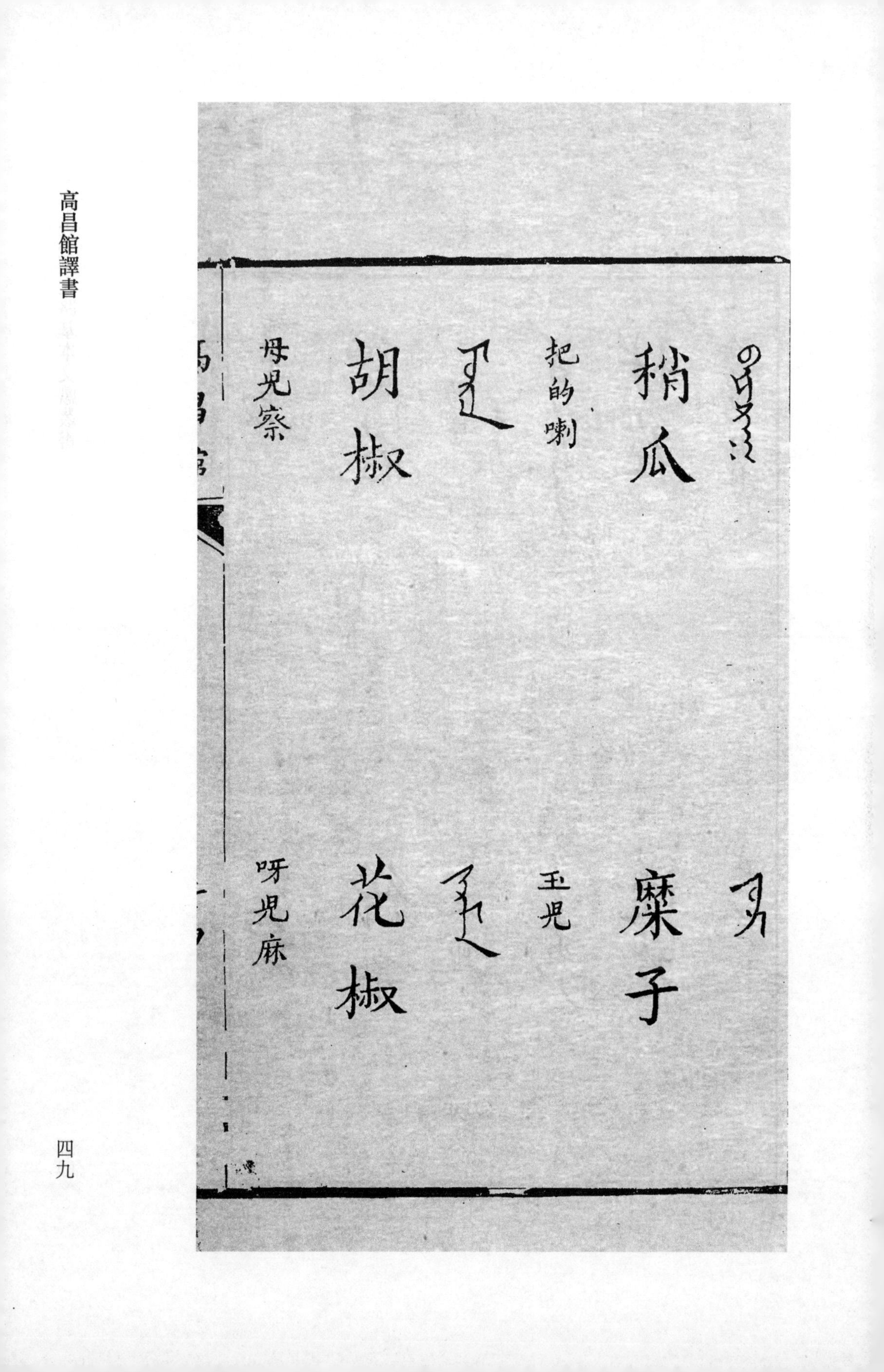

稍瓜
把的喇

糜子
玉兒

胡椒
母兒察

花椒
呀兒麻

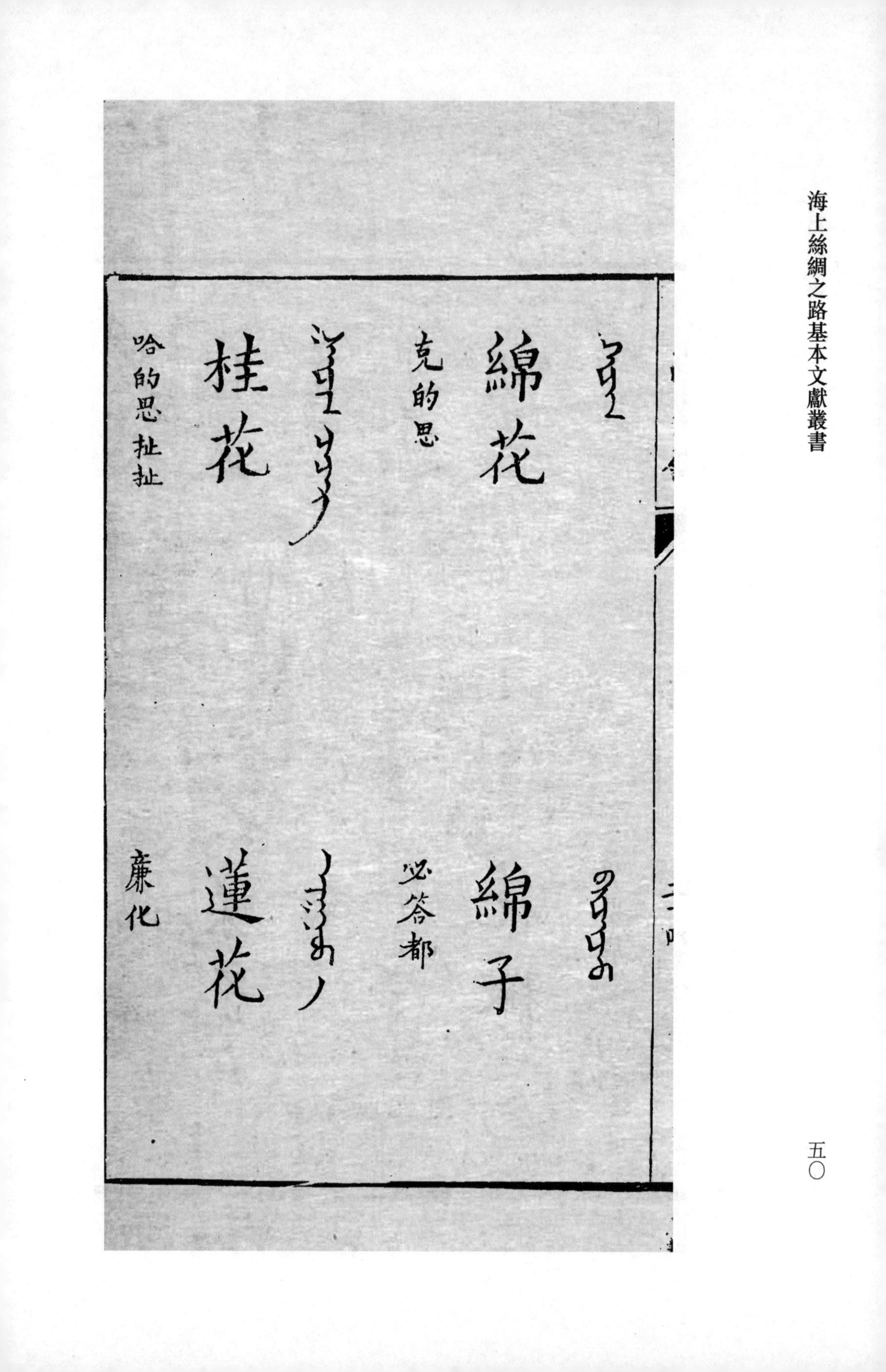

綿花 克的思

桂花 哈的思扯扯

綿子 必答都

蓮花 廉化

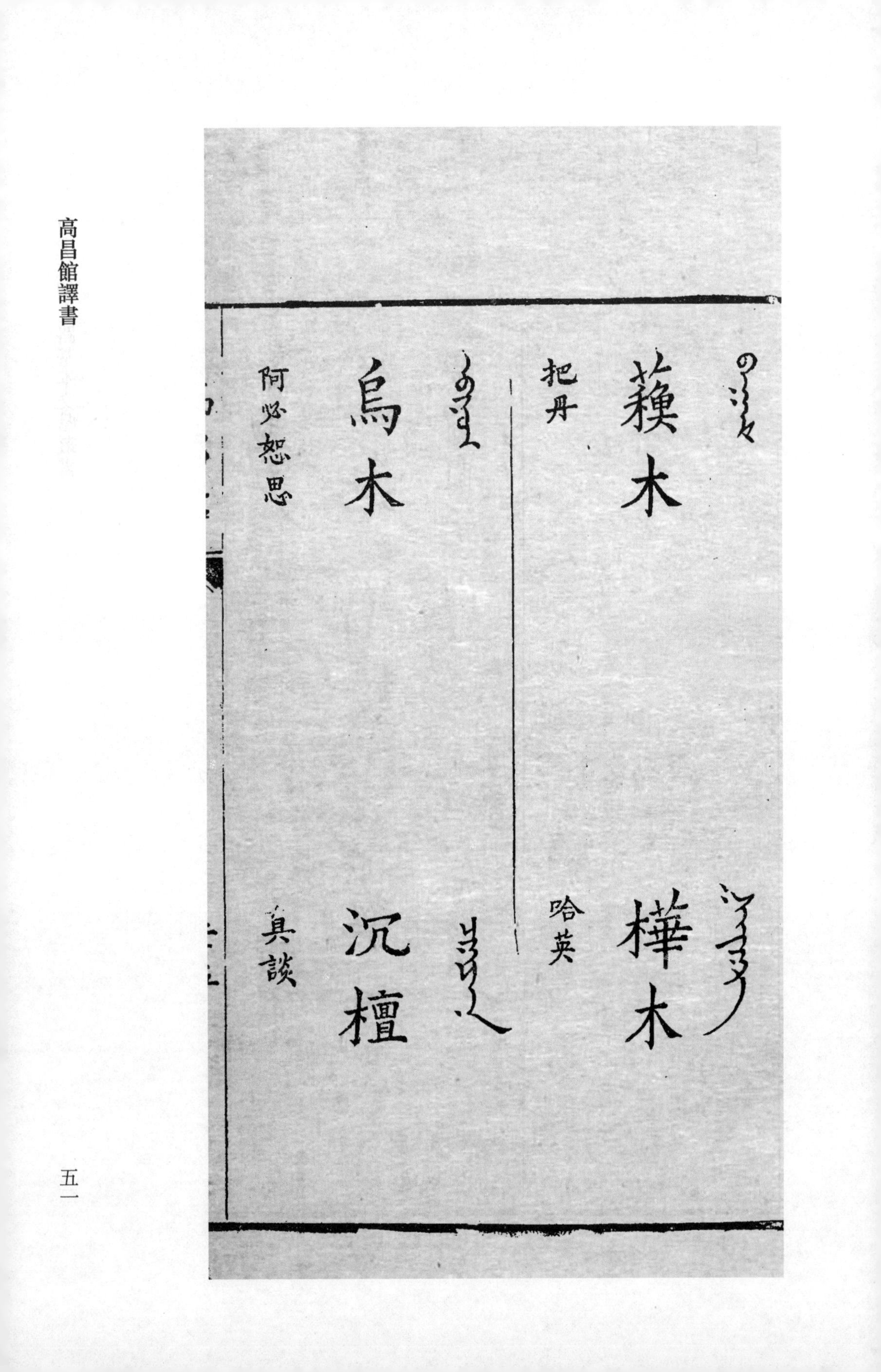

[illegible]木 把丹

樺木 哈英

烏木 阿必忽思

沉檀 真談

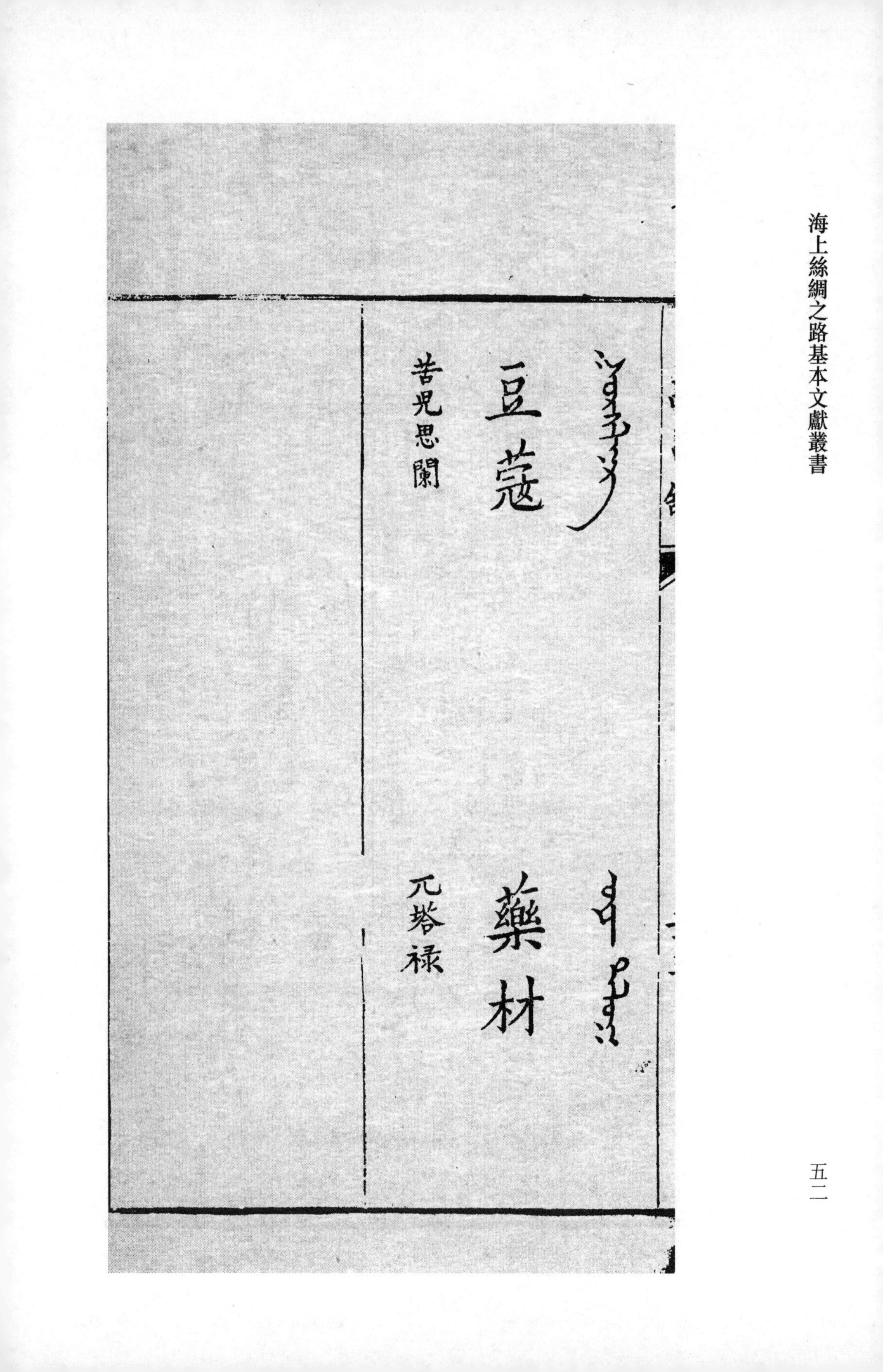

豆蔻

苦児思闌

藥材

兀墖祿

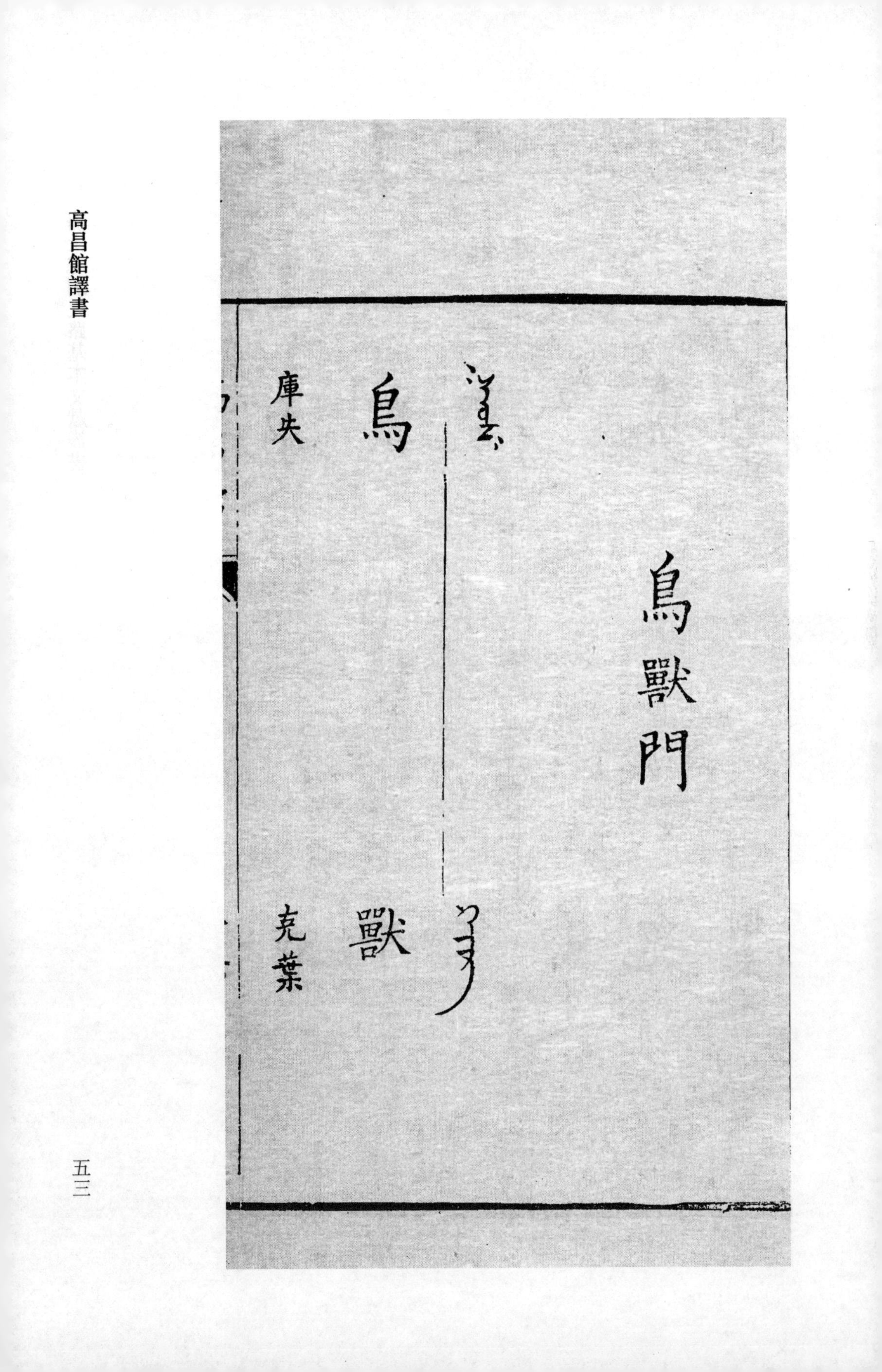

鳥獸門

鳥
庫失

獸
克葉

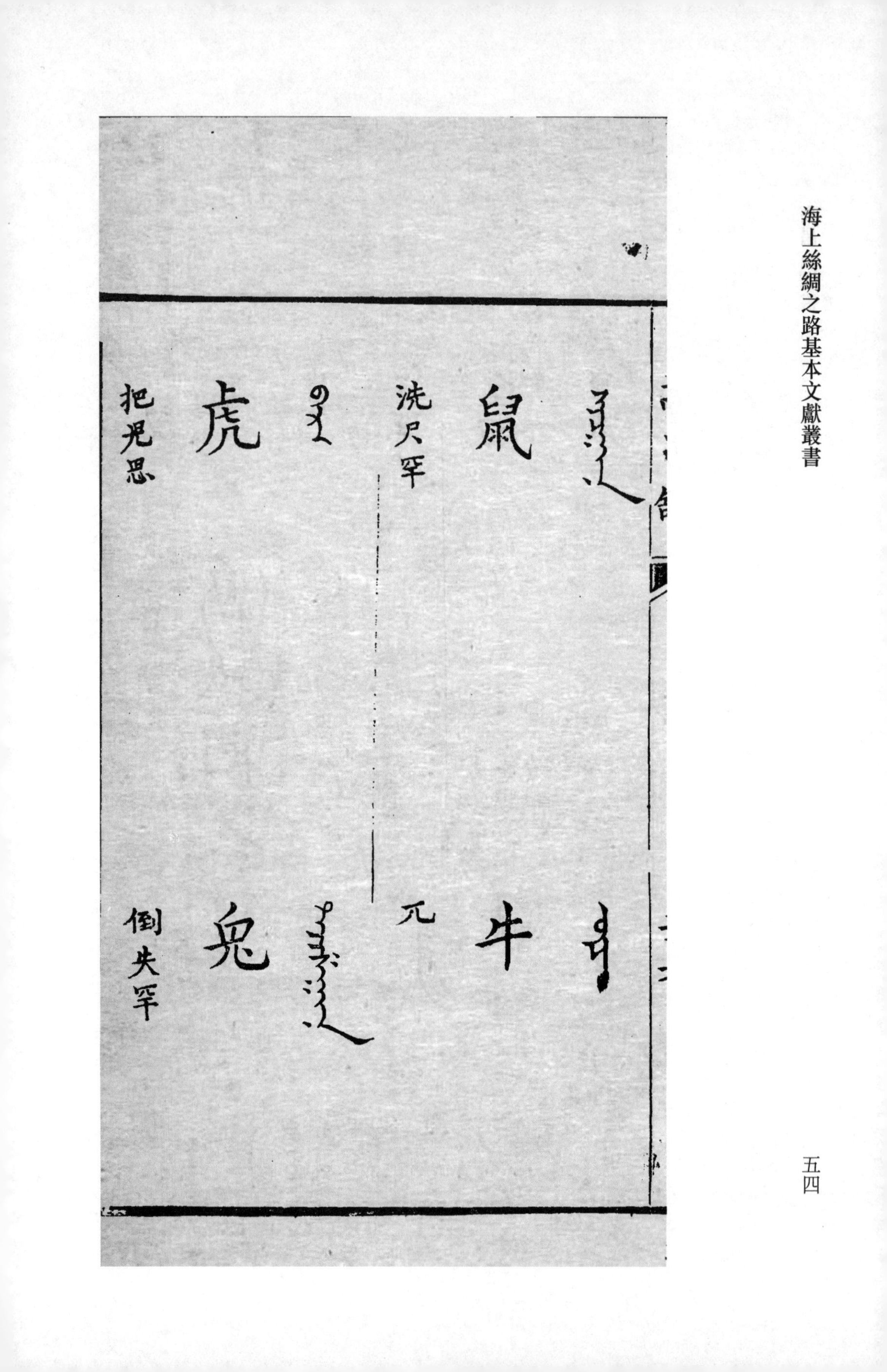

鼠 洗只罕

牛 兀

虎 把兒思

兔 倒失罕

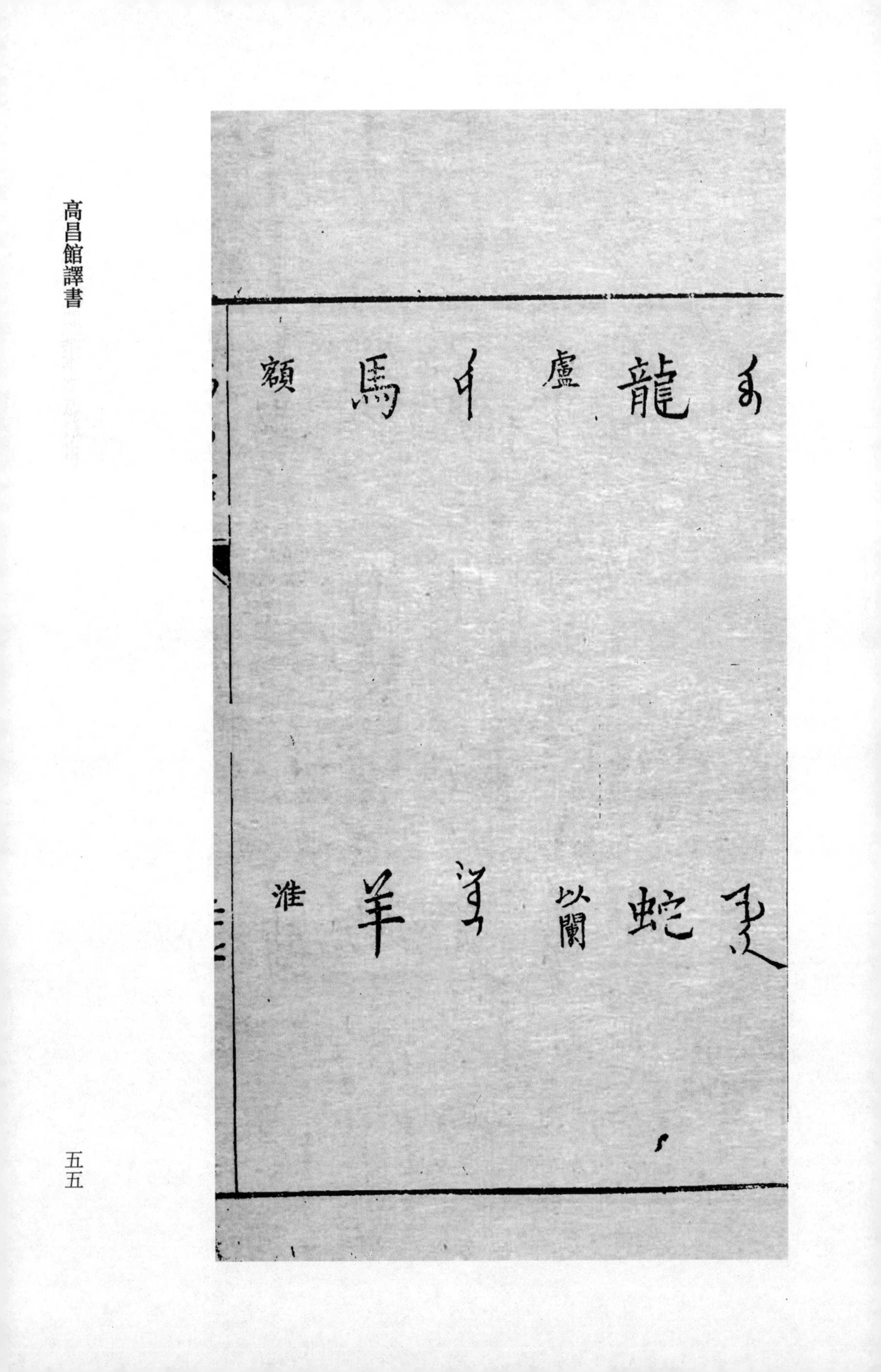

龍 盧

馬 額

蛇 以蘭

羊 淮

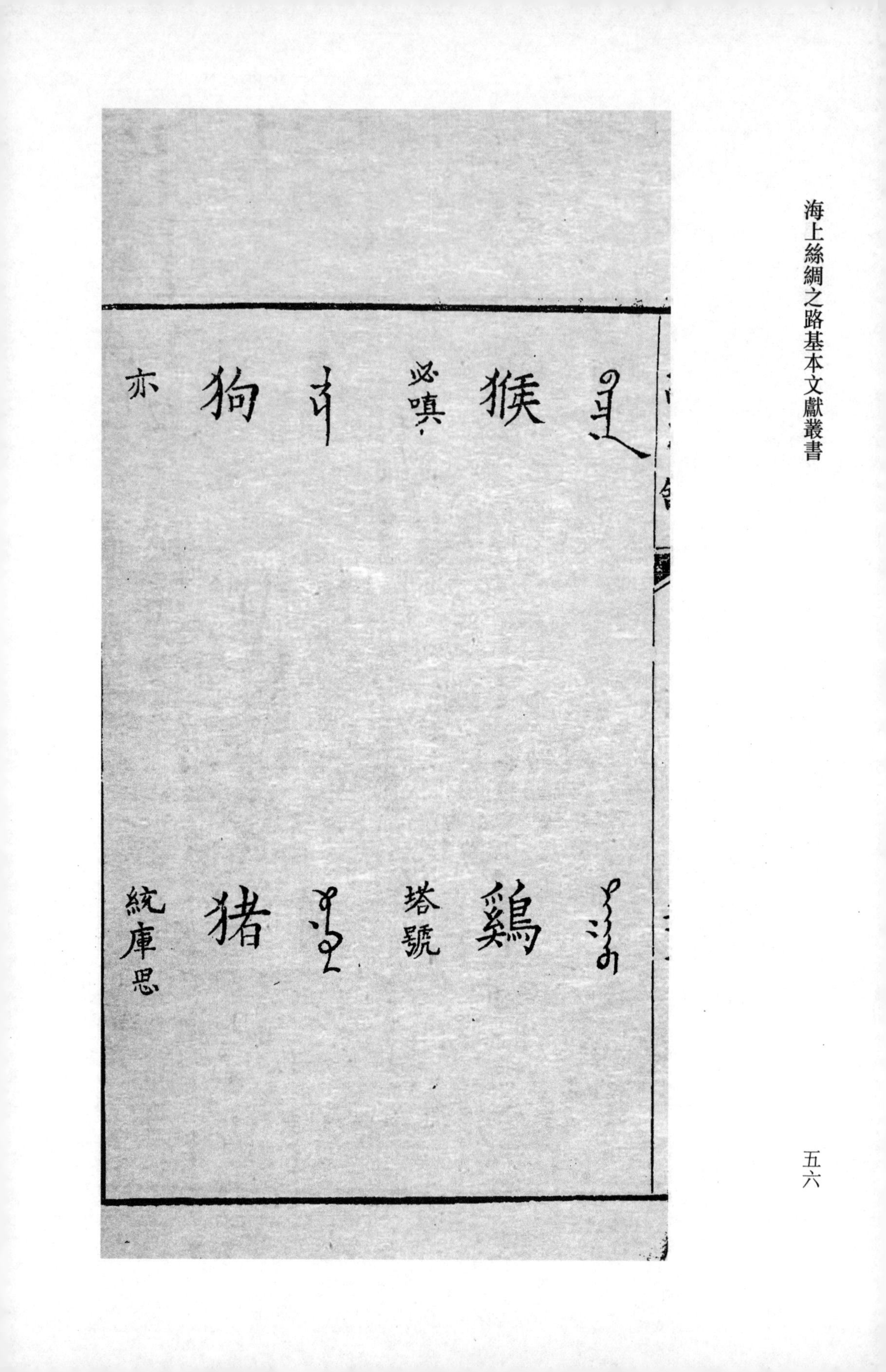

猴 必嗔

鷄 塔號

狗 亦

猪 統庫思

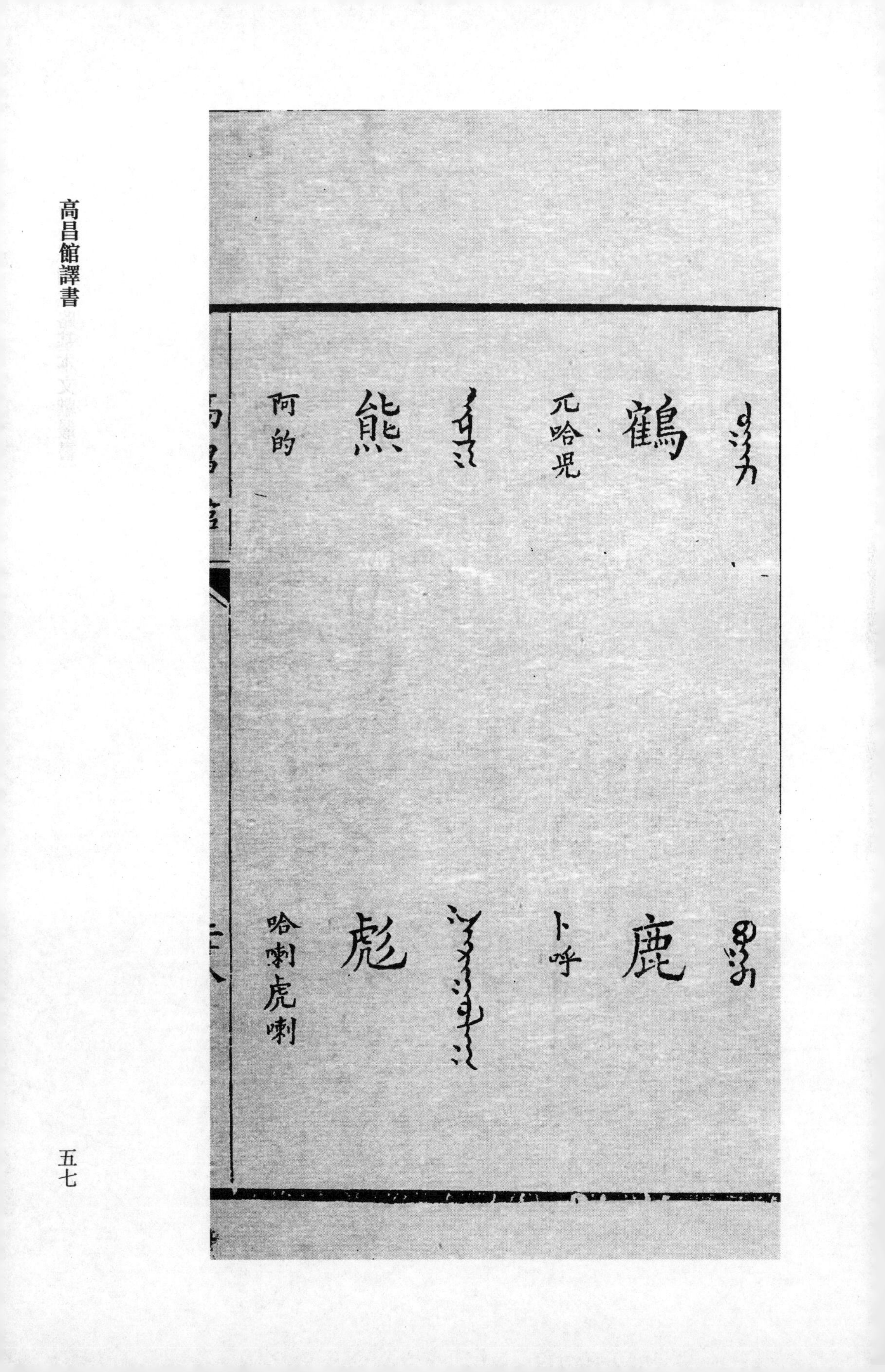

鶴 兀哈兒

鹿 卜呼

熊 阿的

彪 哈喇虎喇

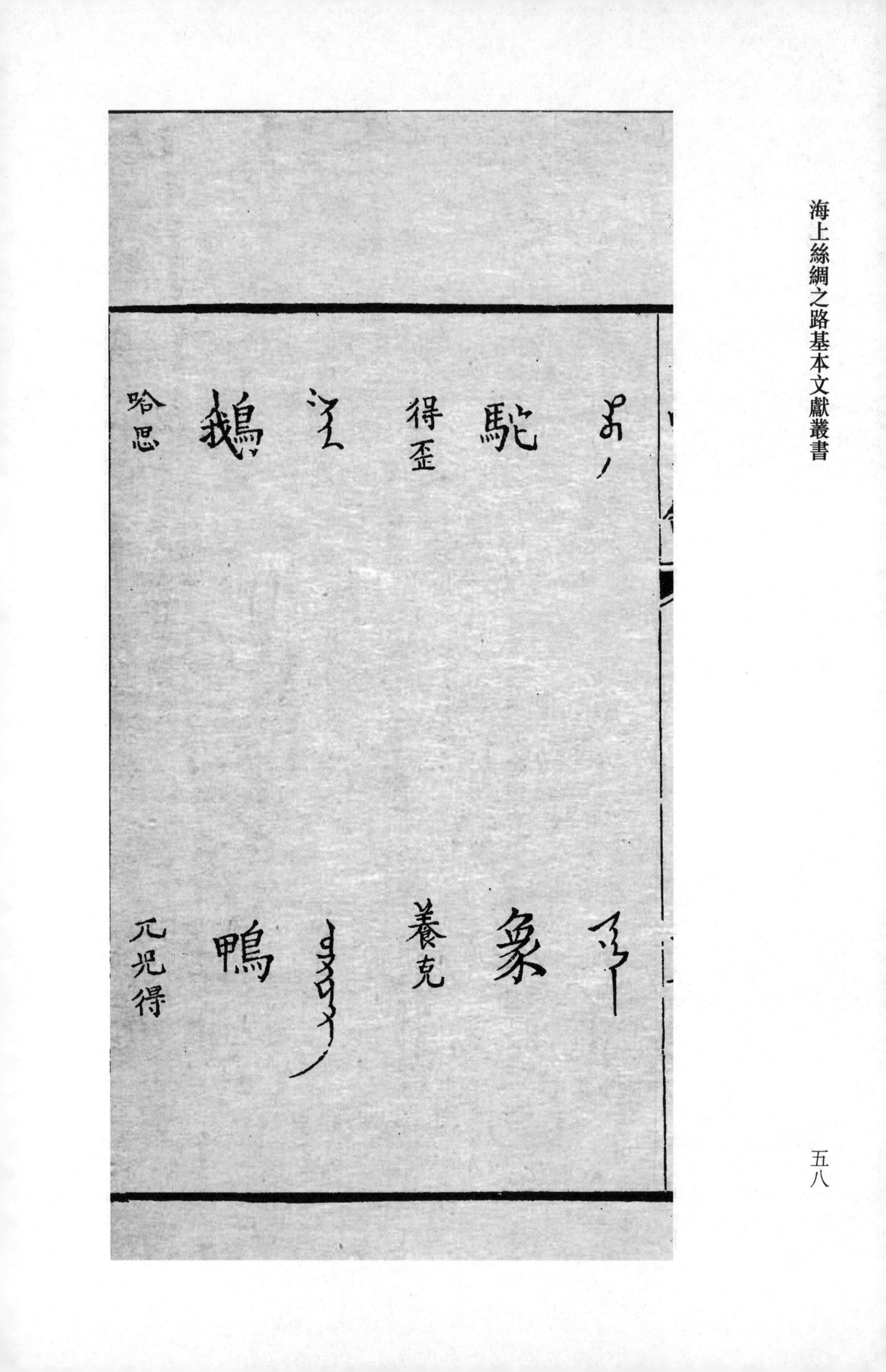

駝 得歪

鵝 哈思

象 養克

鴨 兀兒得

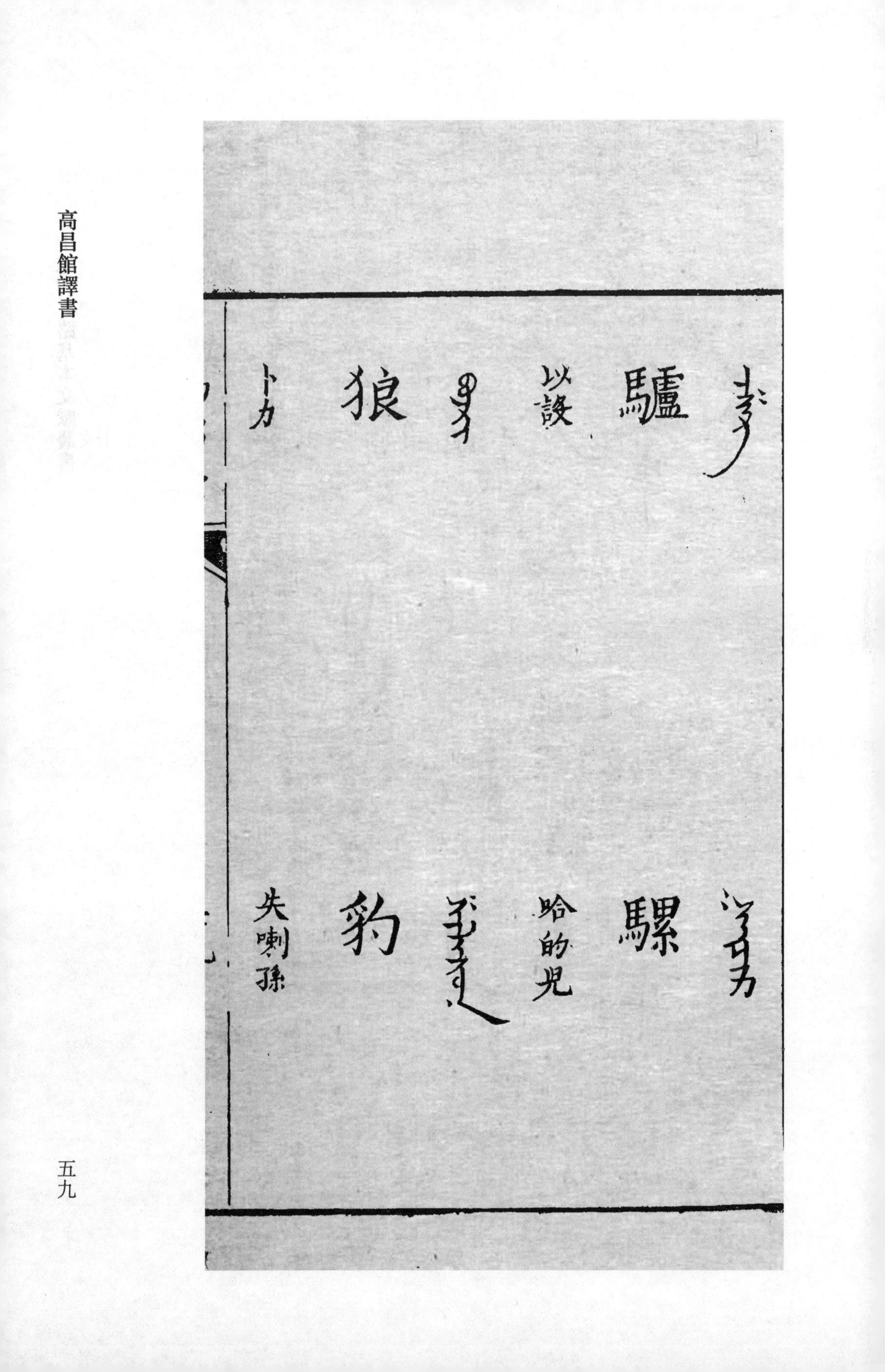

驢
以設

狼
卜力

騾
哈的兒

豹
失喇孫

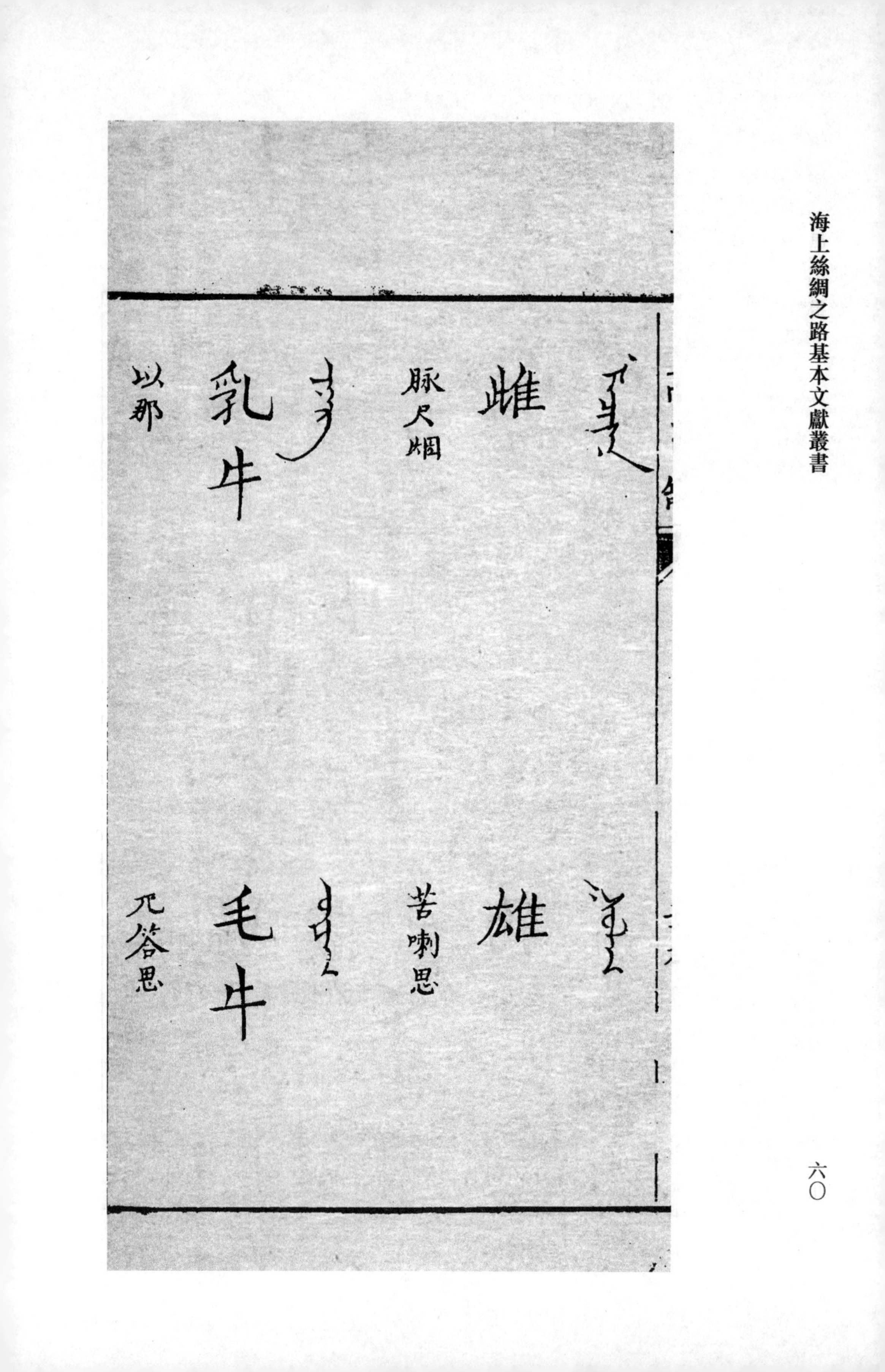

雌
脉尺烟

乳牛
以那

雄
苦喇思

毛牛
兀答思

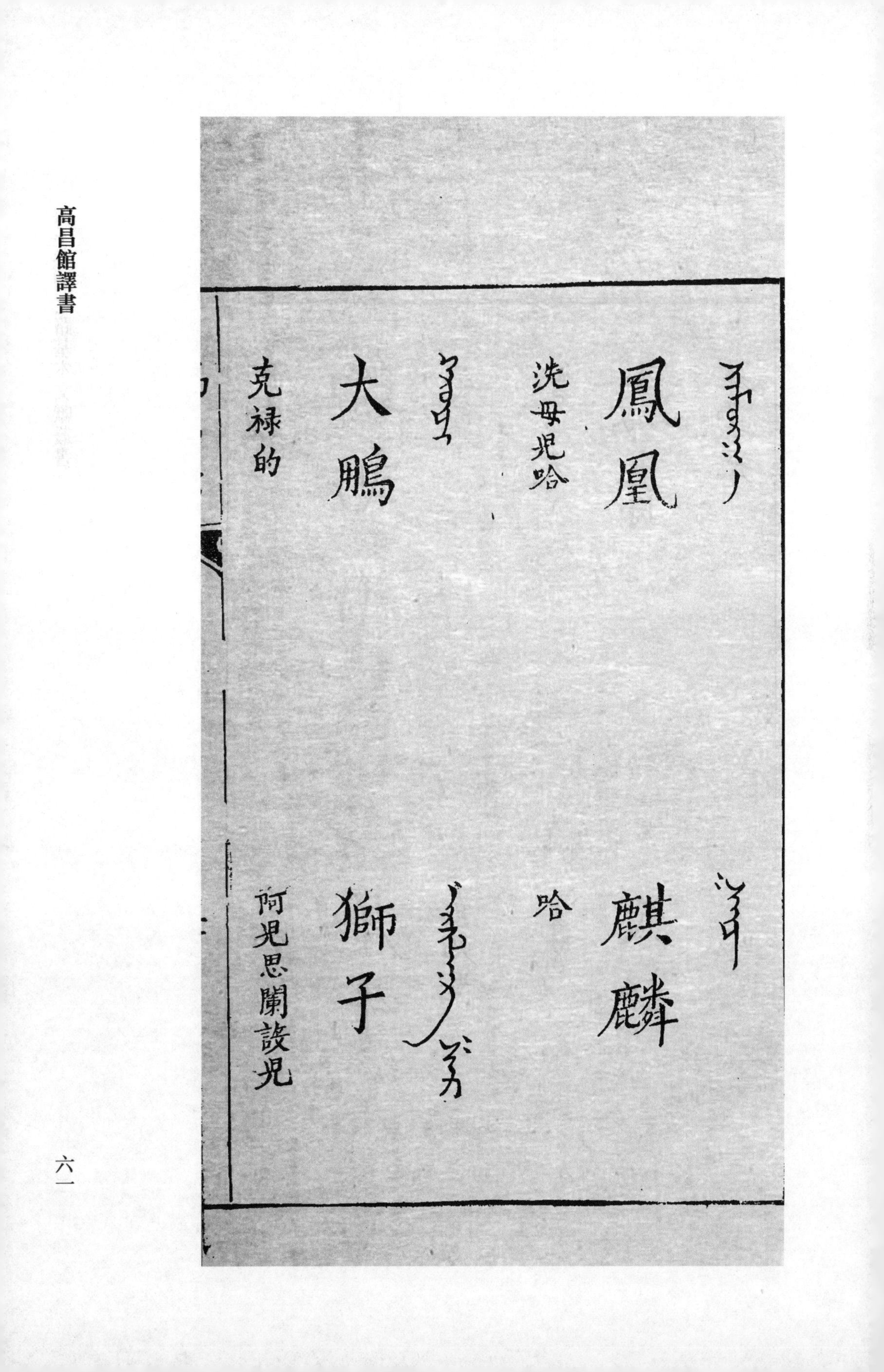

鳳凰
洗母兒哈

大鵬
克祿的

麒麟
哈

獅子
阿兒思蘭設兒

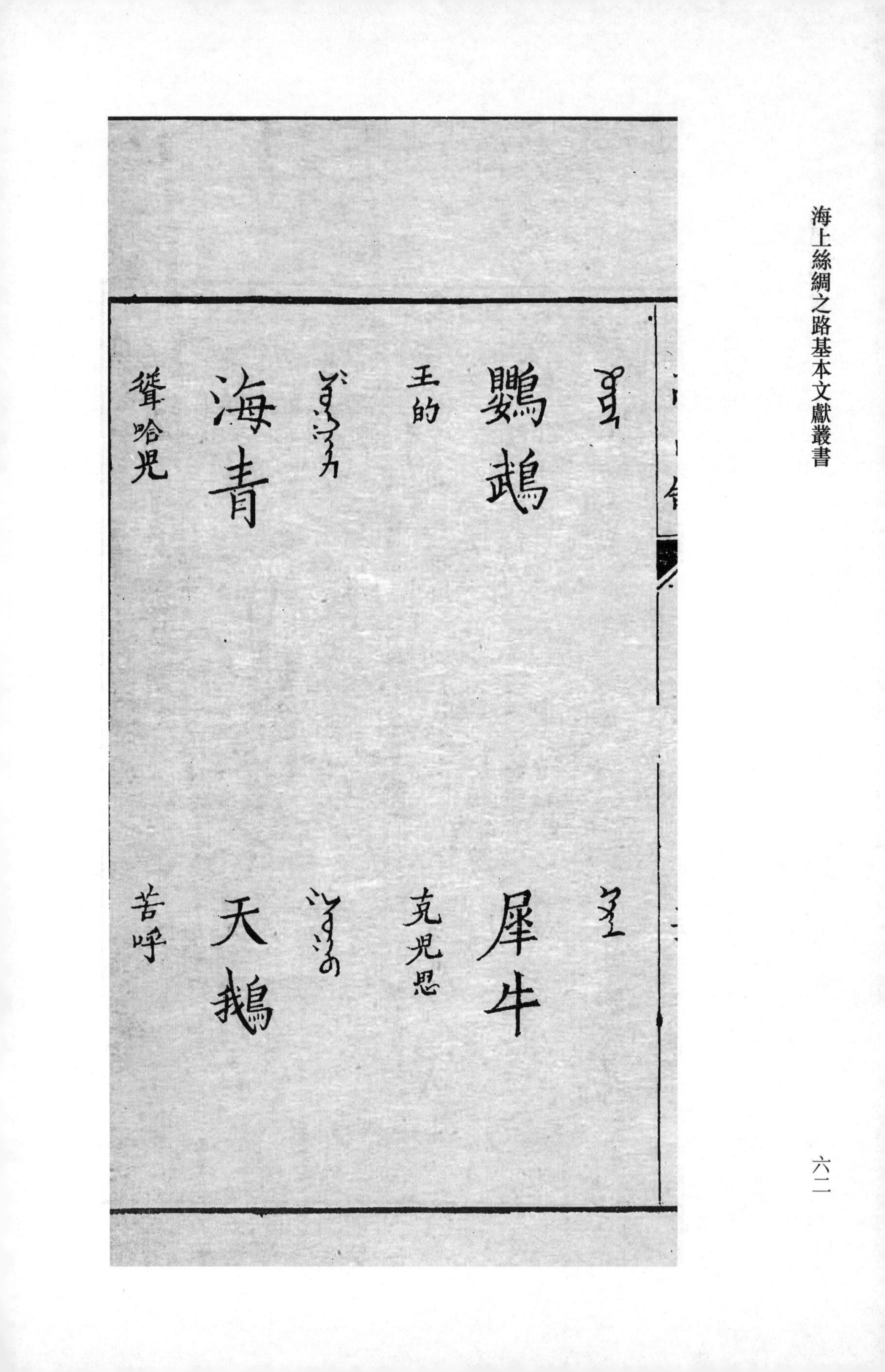

鸚鵡

王的

海青

聳哈兒

犀牛

克兒思

天鵝

苦呼

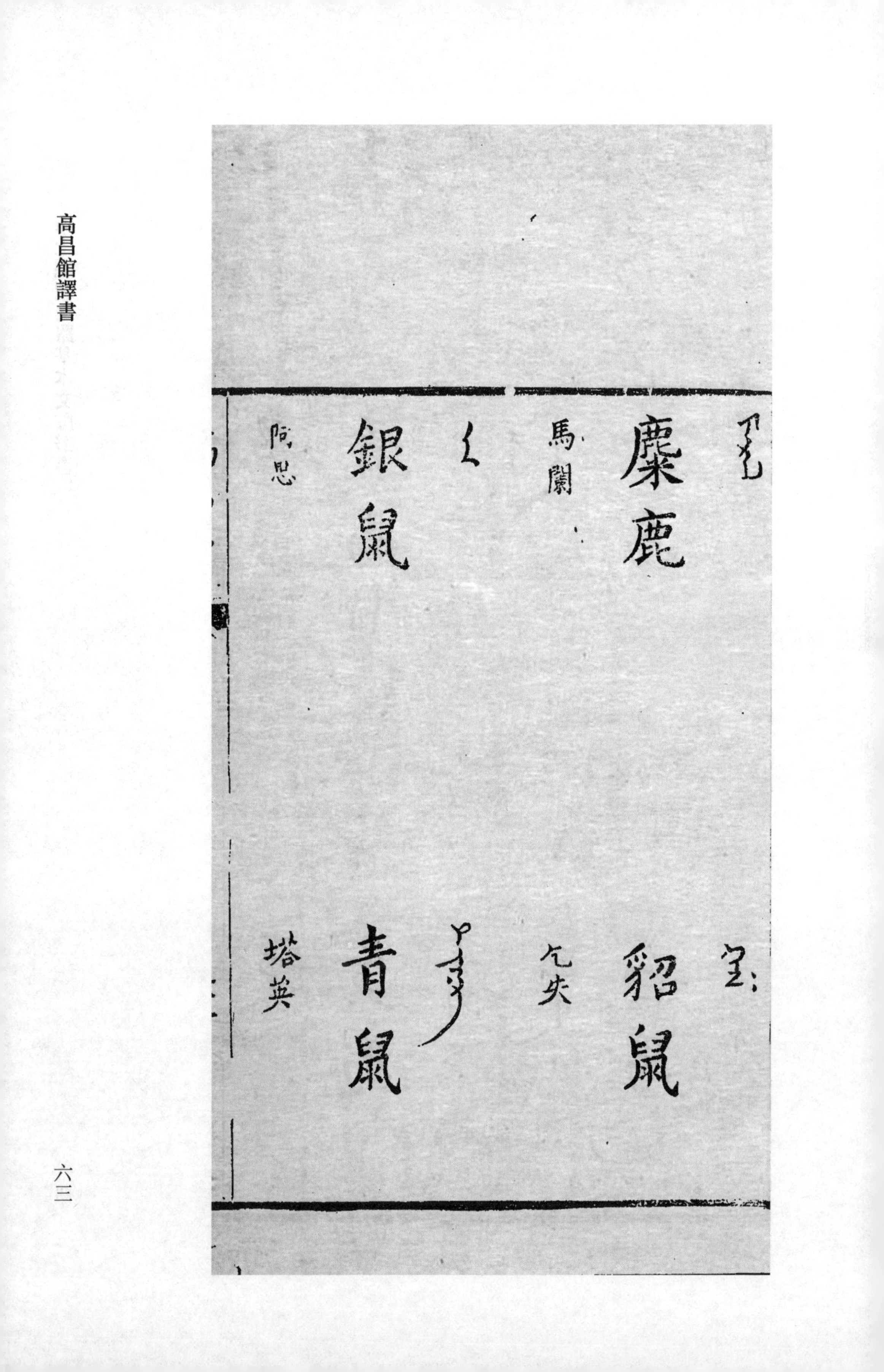

麋鹿
馬闌

貂鼠
乞失

銀鼠
阿思

青鼠
塔英

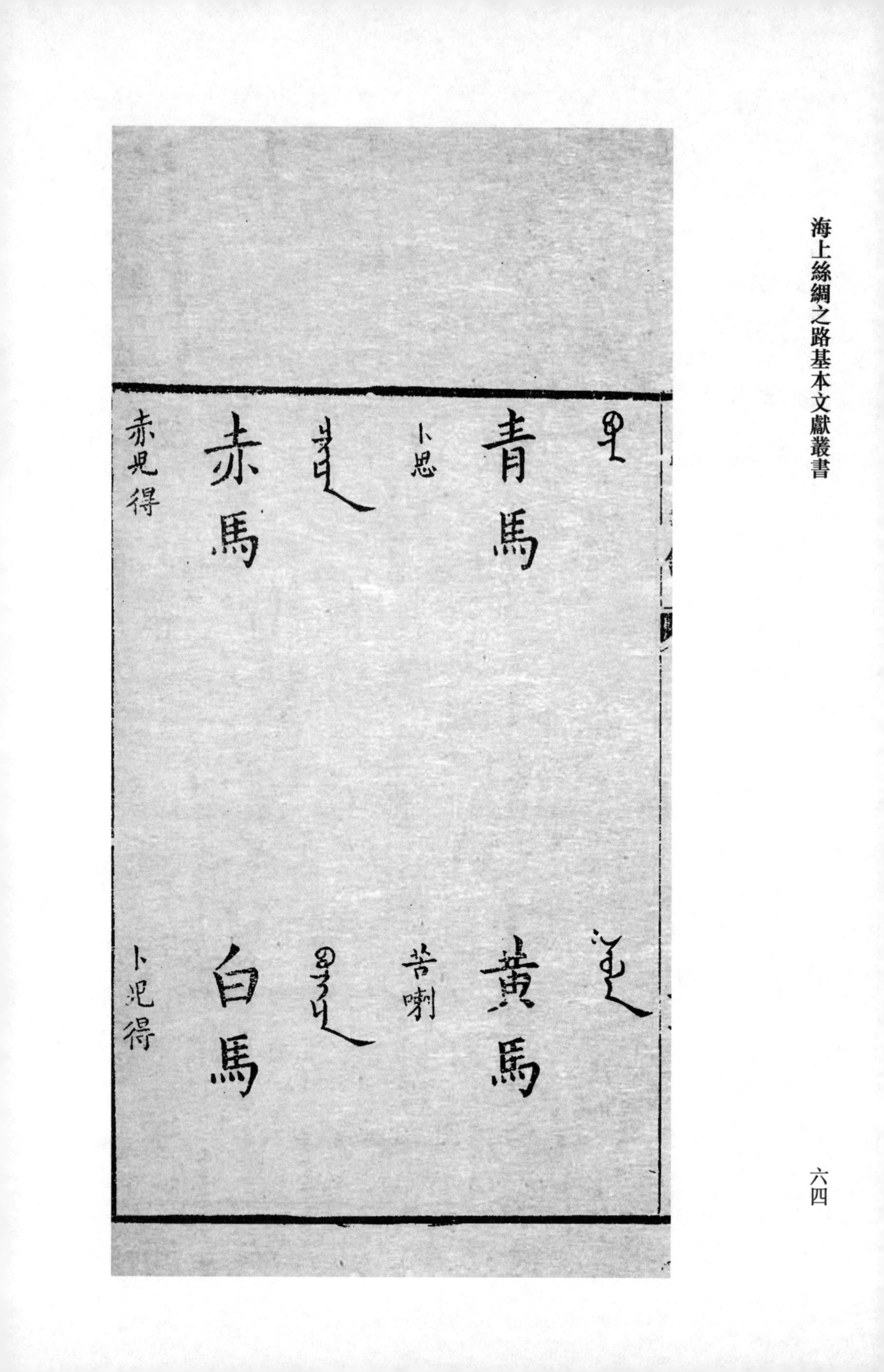

青馬

卜思

赤馬

赤兒得

黃馬

昔喇

白馬

卜兒得

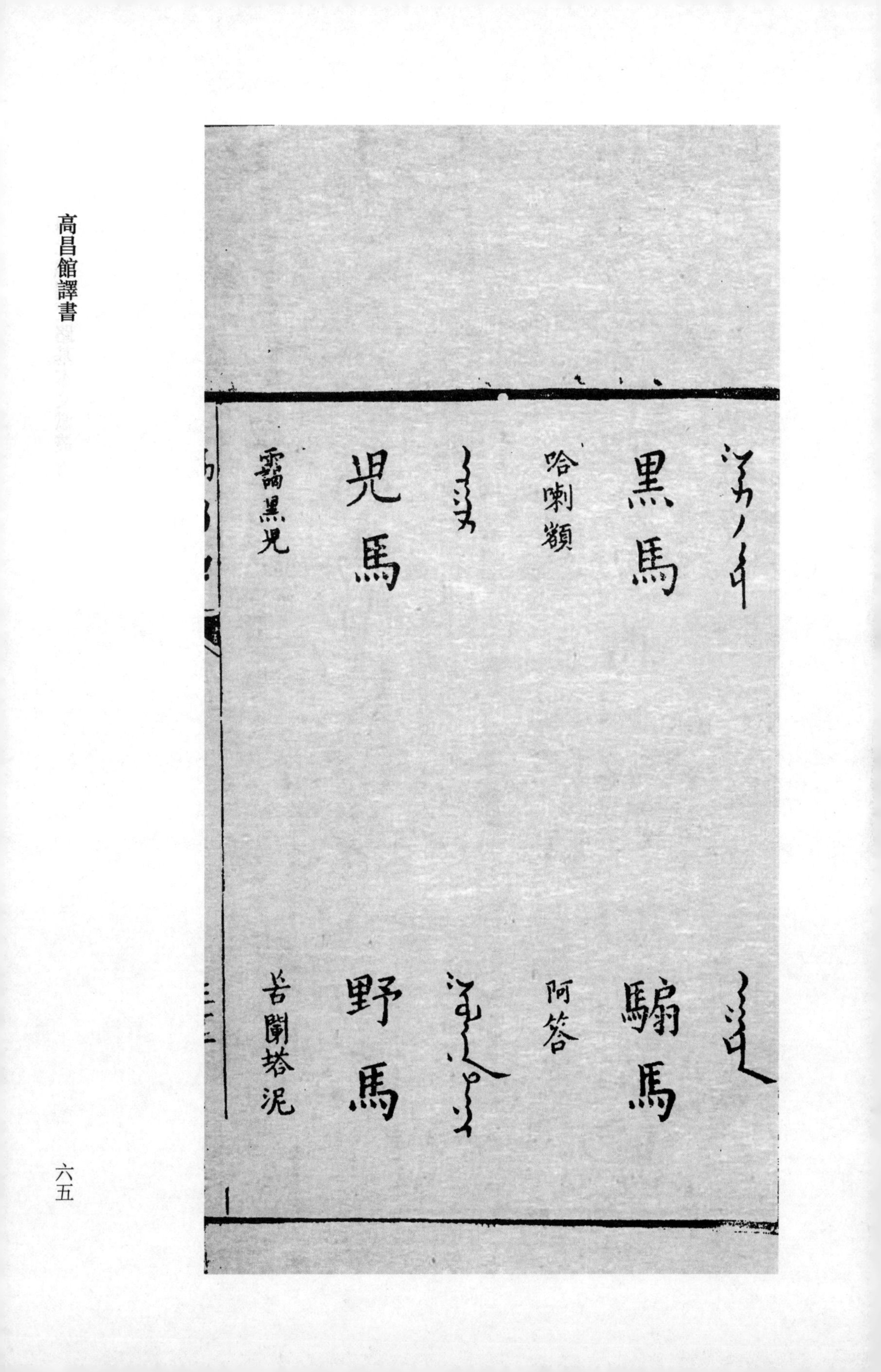

黑馬
哈喇額

兒馬
霫黑兒

騸馬
阿答

野馬
苦闌塔泥

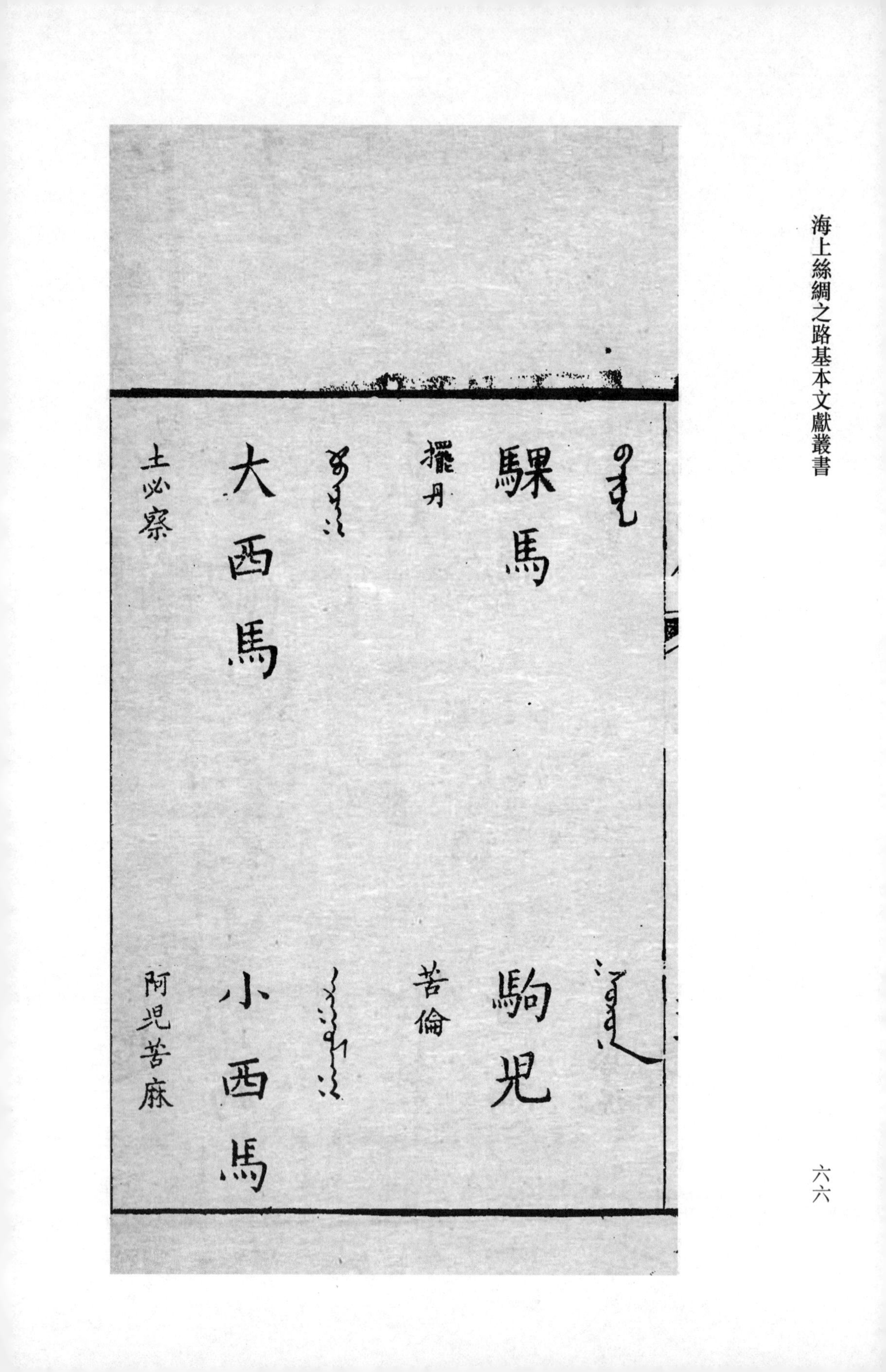

騍馬
擺丹

駒兒
苦倫

大西馬
土必察

小西馬
阿児苦麻

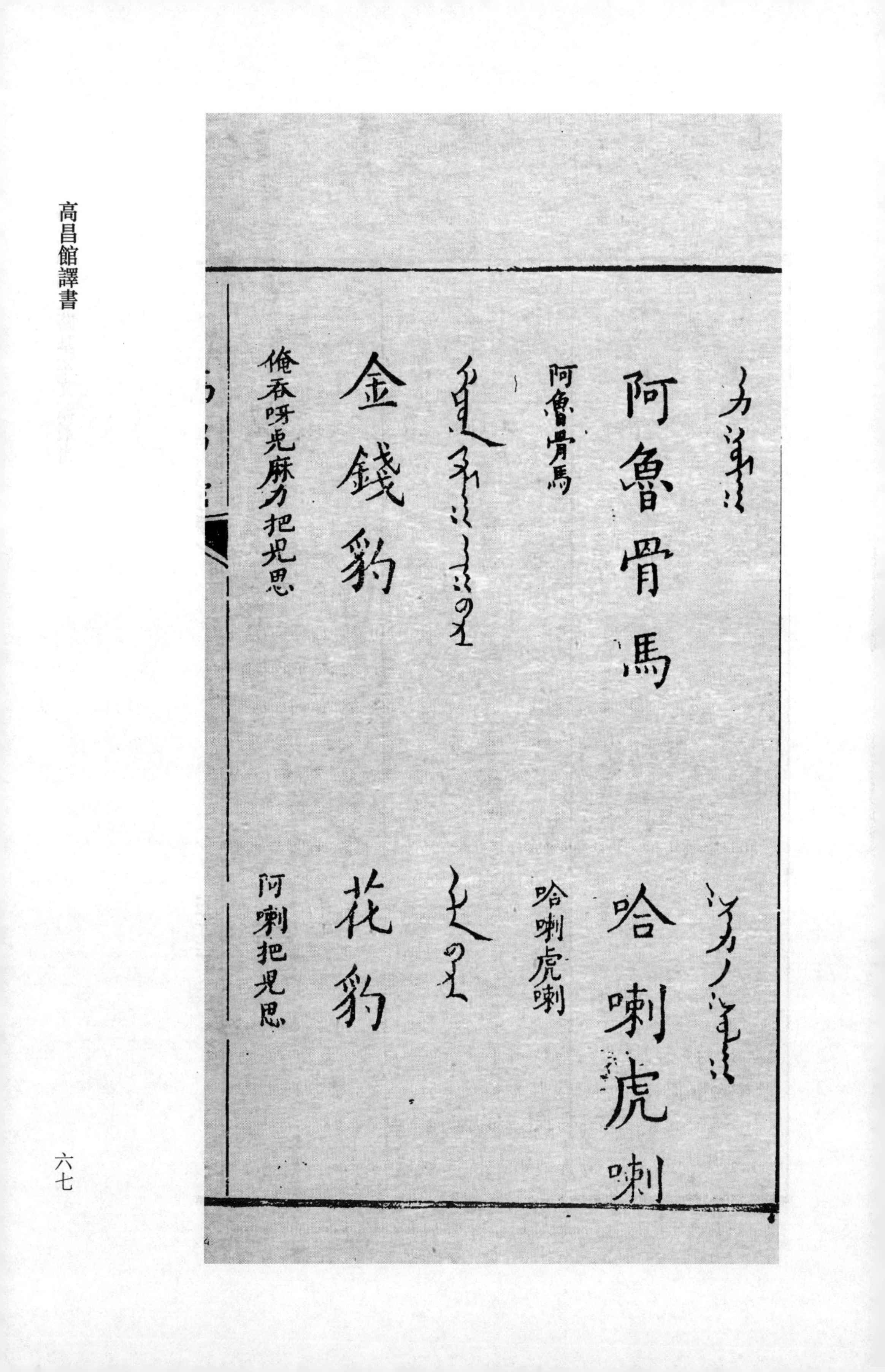

阿魯骨馬

阿魯骨馬

哈喇虎喇

哈喇虎喇

金錢豹

俺吞呀兒麻力把兒思

花豹

阿喇把兒思

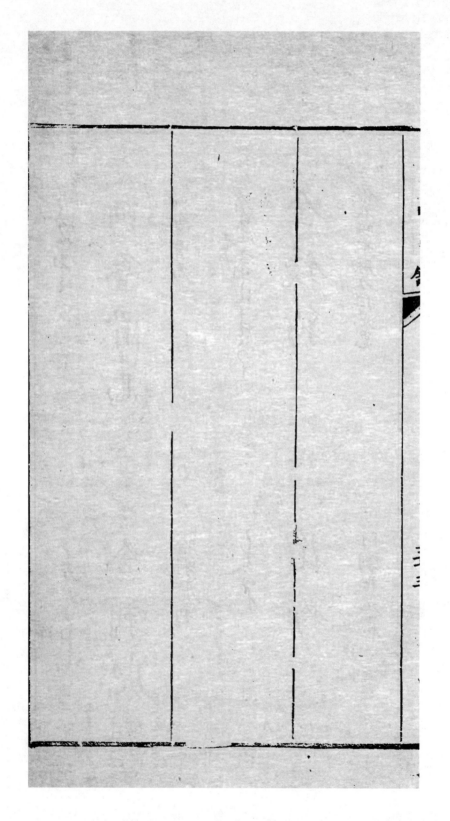

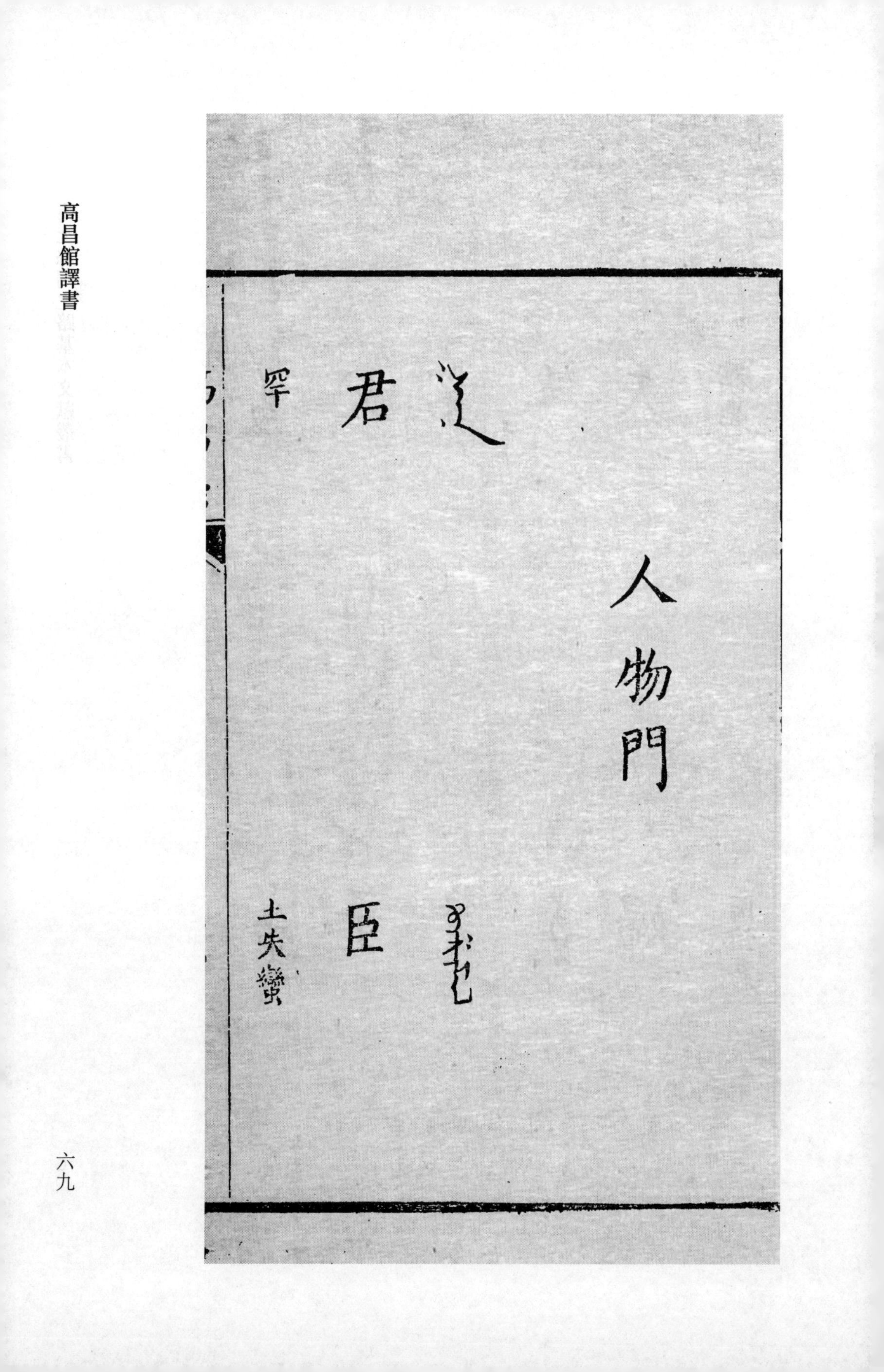

人物門

君 罕

臣 土失蠻

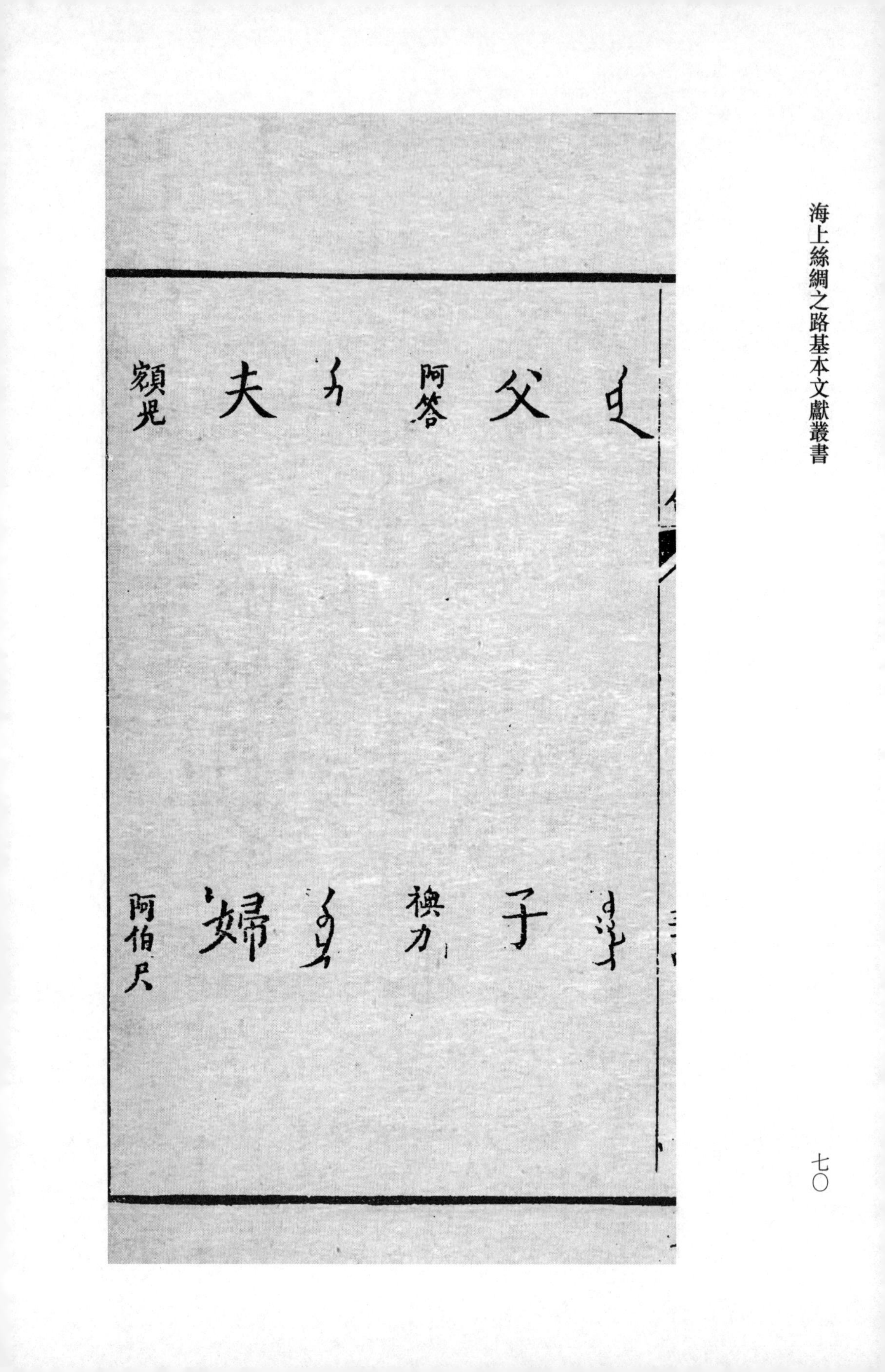

父 阿答

夫 額兒

子 襖力

婦 阿伯只

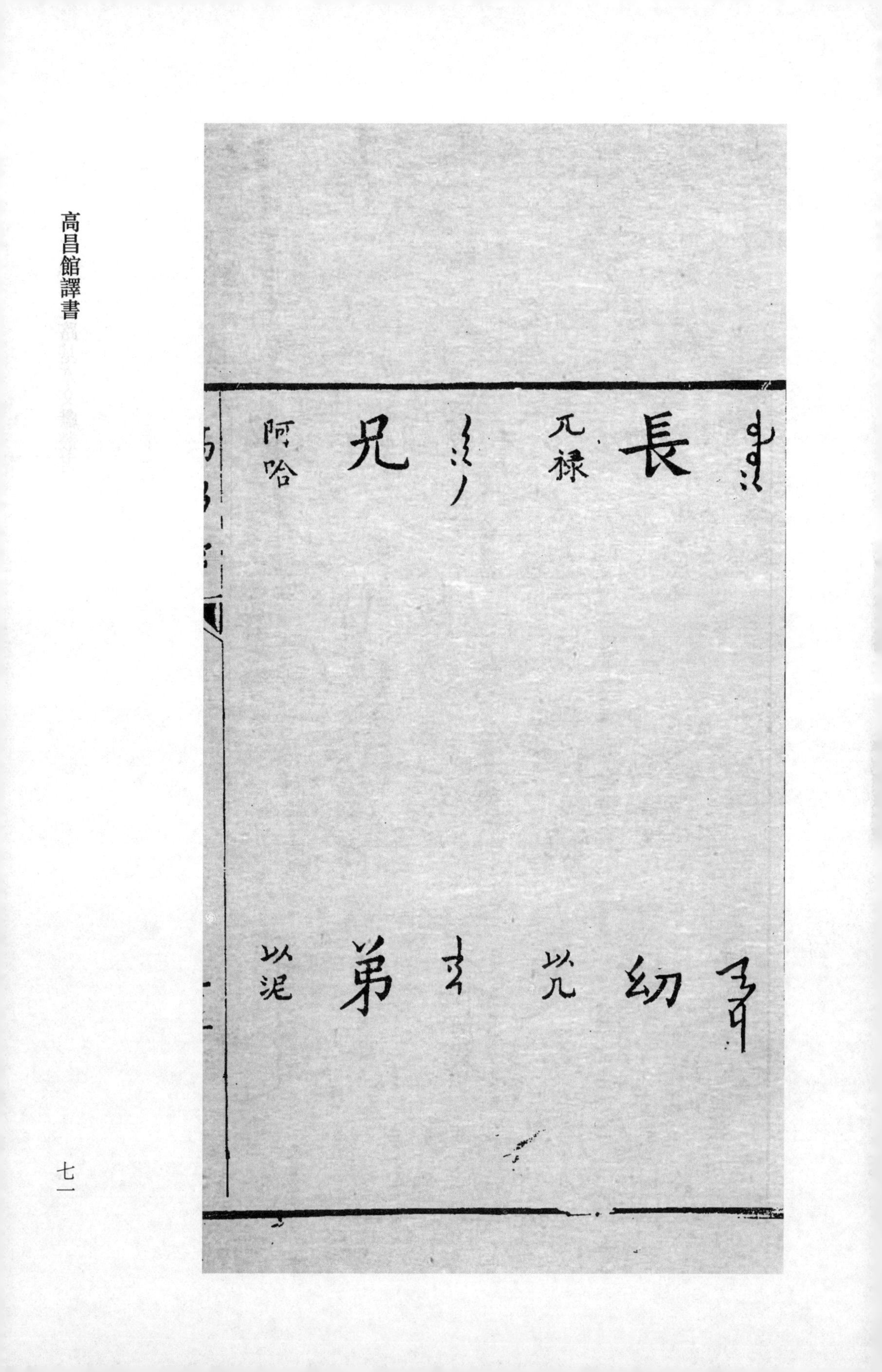

長 兀祿

兄 阿哈

幼 以兀

弟 以泥

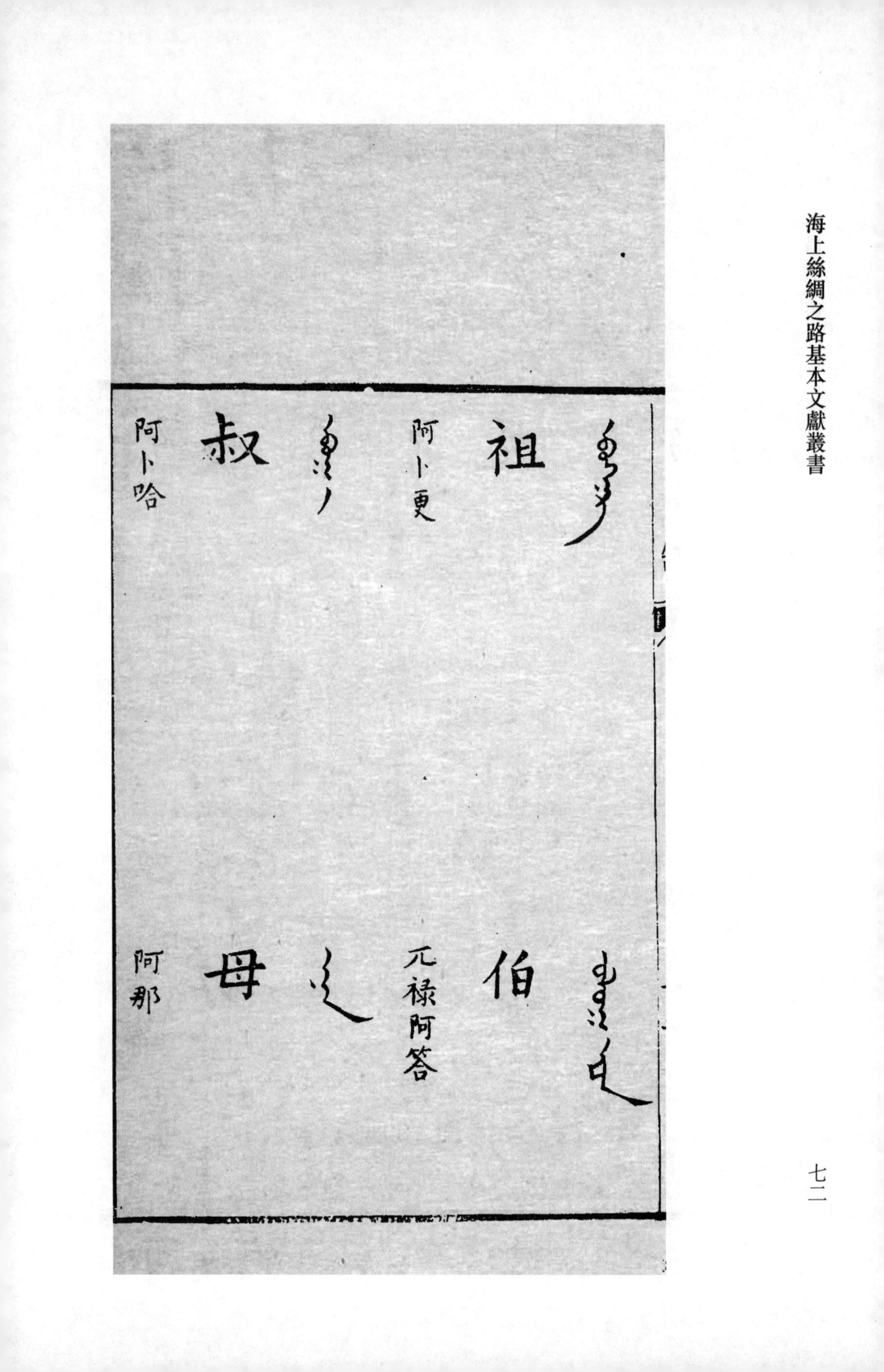

祖 阿卜更

伯 兀祿阿答

叔 阿卜哈

母 阿那

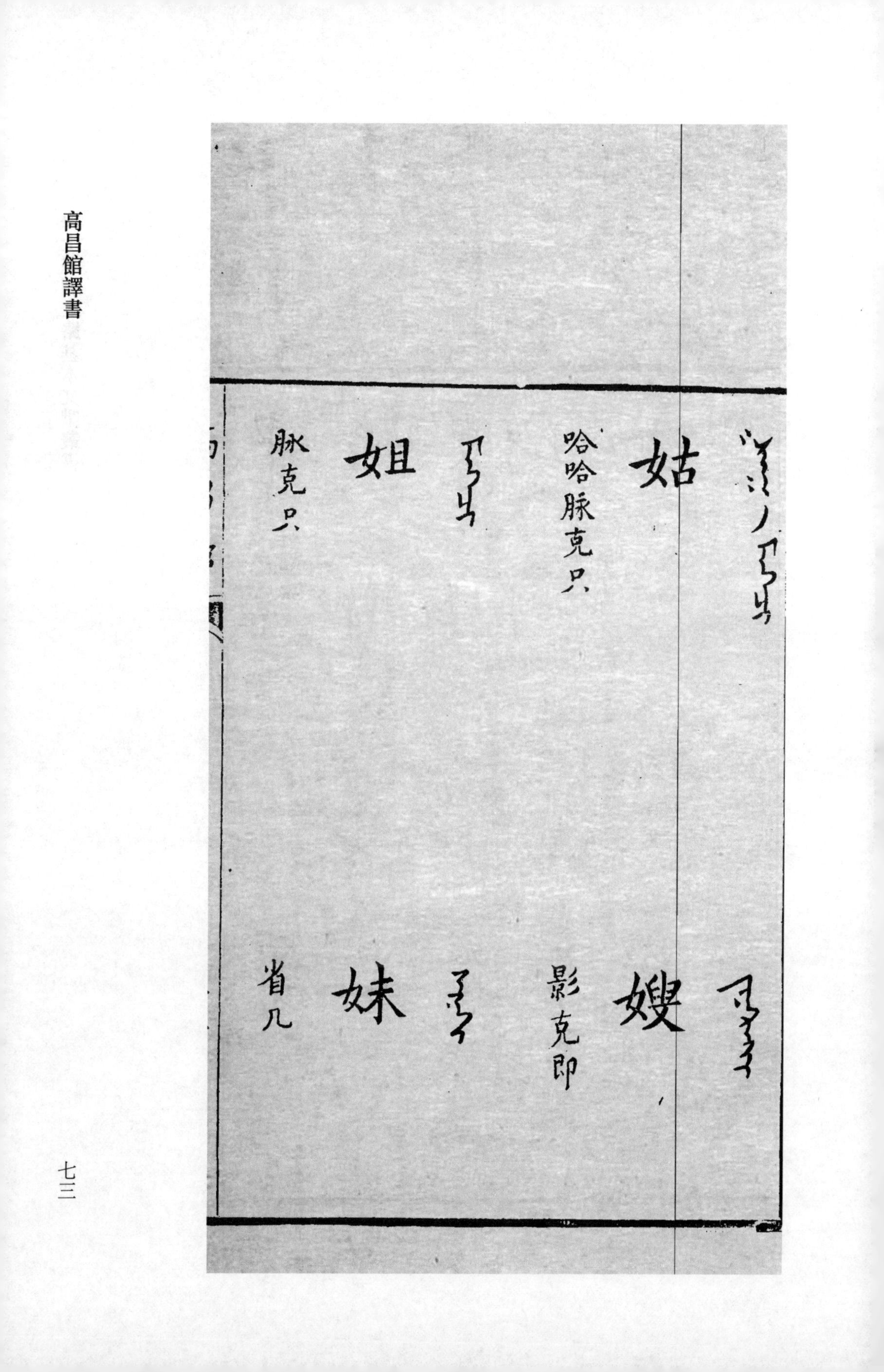

姑
哈哈豚克只

嫂
影克郎

姐
脉克只

妹
省几

姨
那哈只

女
乞思

兒
兀温

蠻
曩克起呀

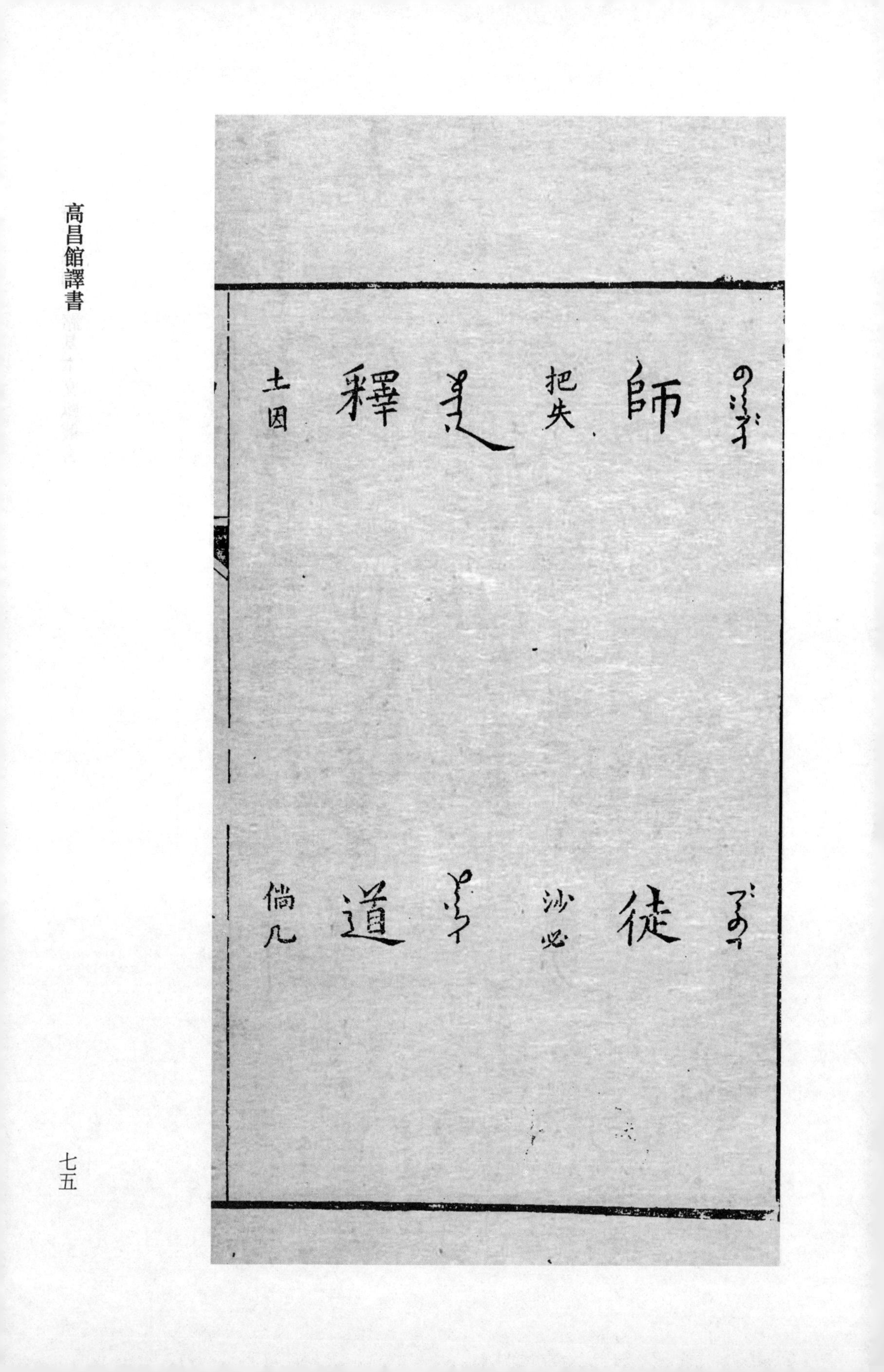

師 把失

徒 沙必

釋 土因

道 倘兀

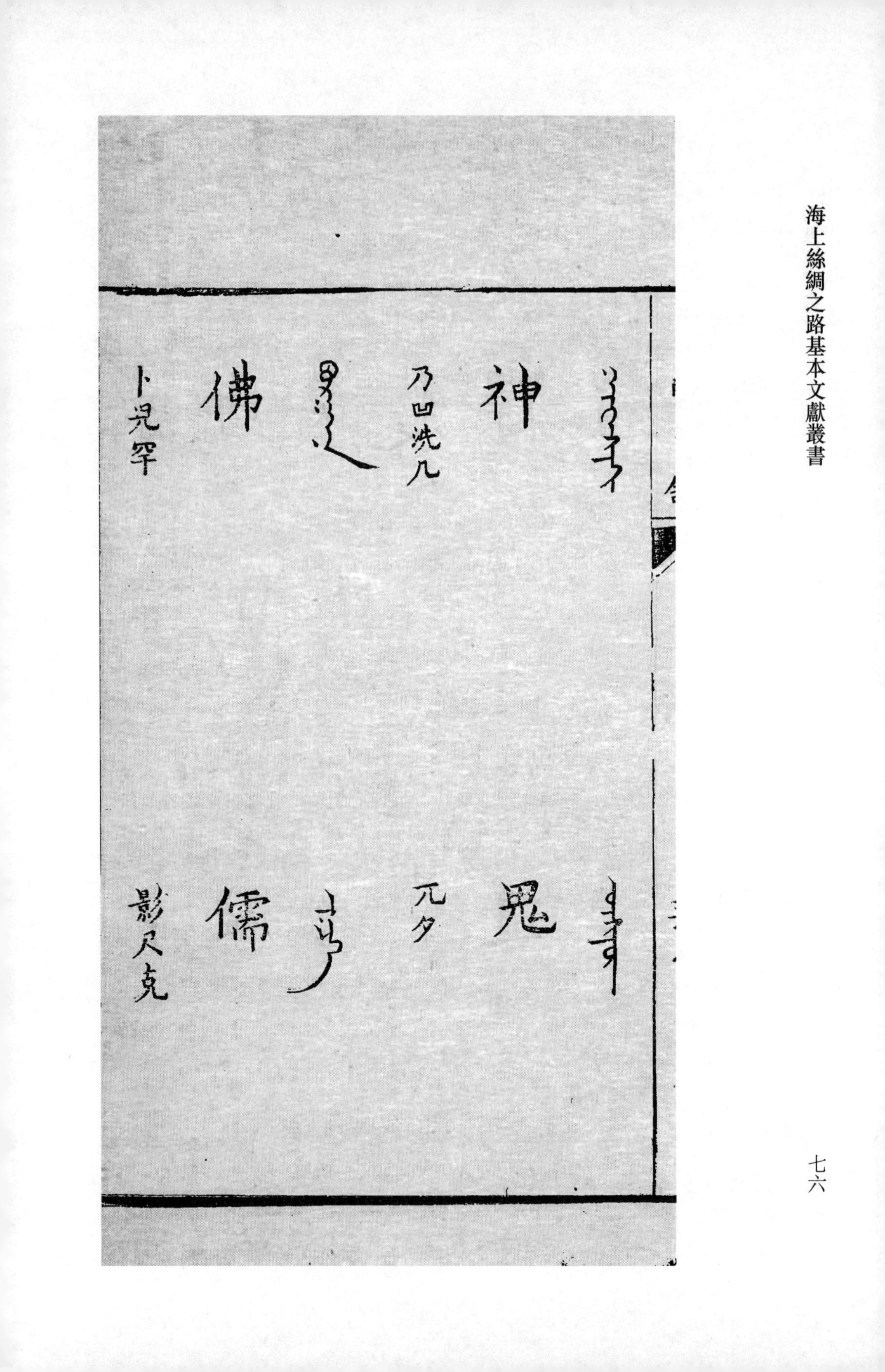

神 乃凹洗几

鬼 兀夕

佛 卜兒罕

儒 影尺克

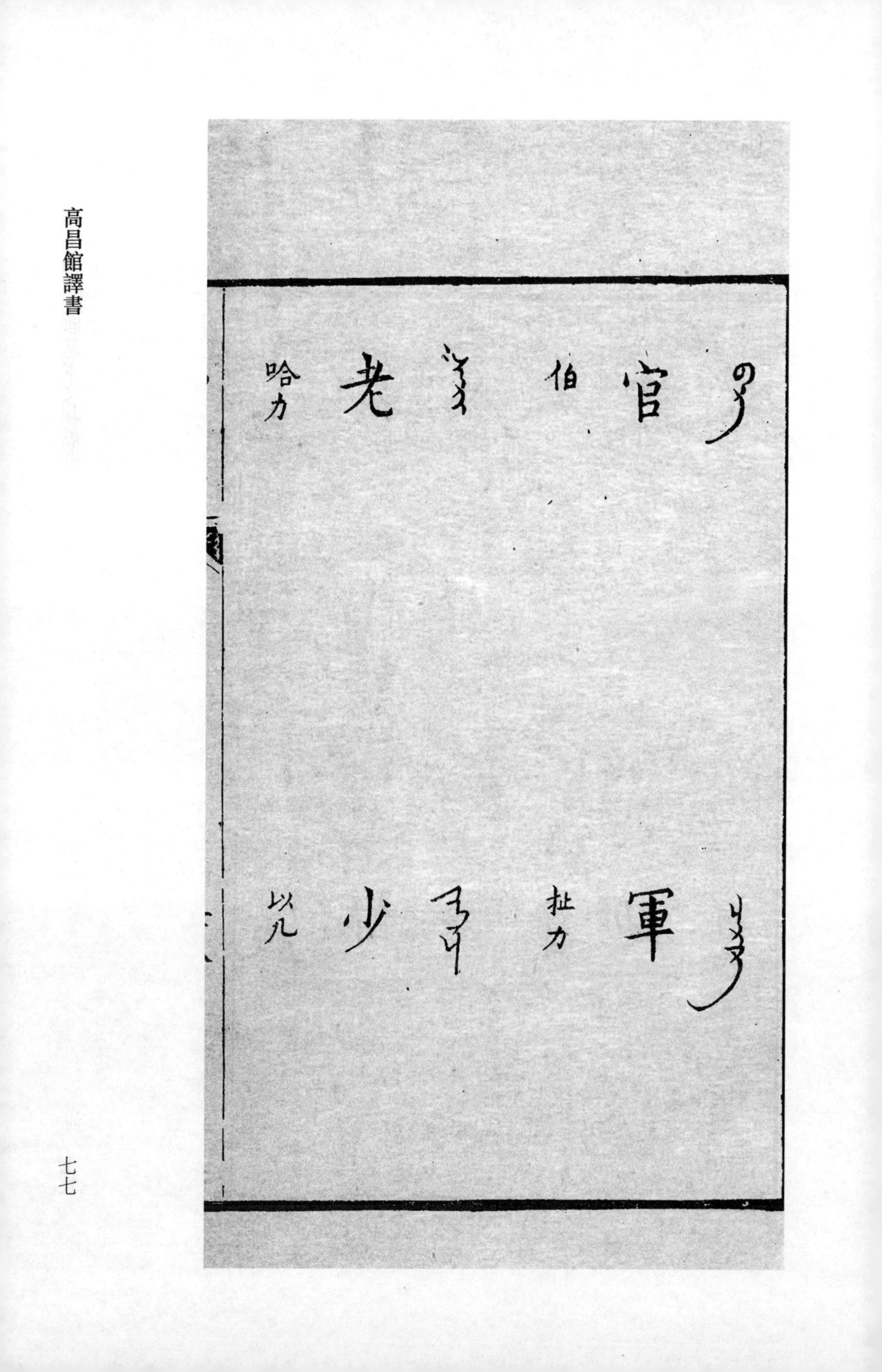

官 伯

老 哈力

軍 扯力

少 以兀

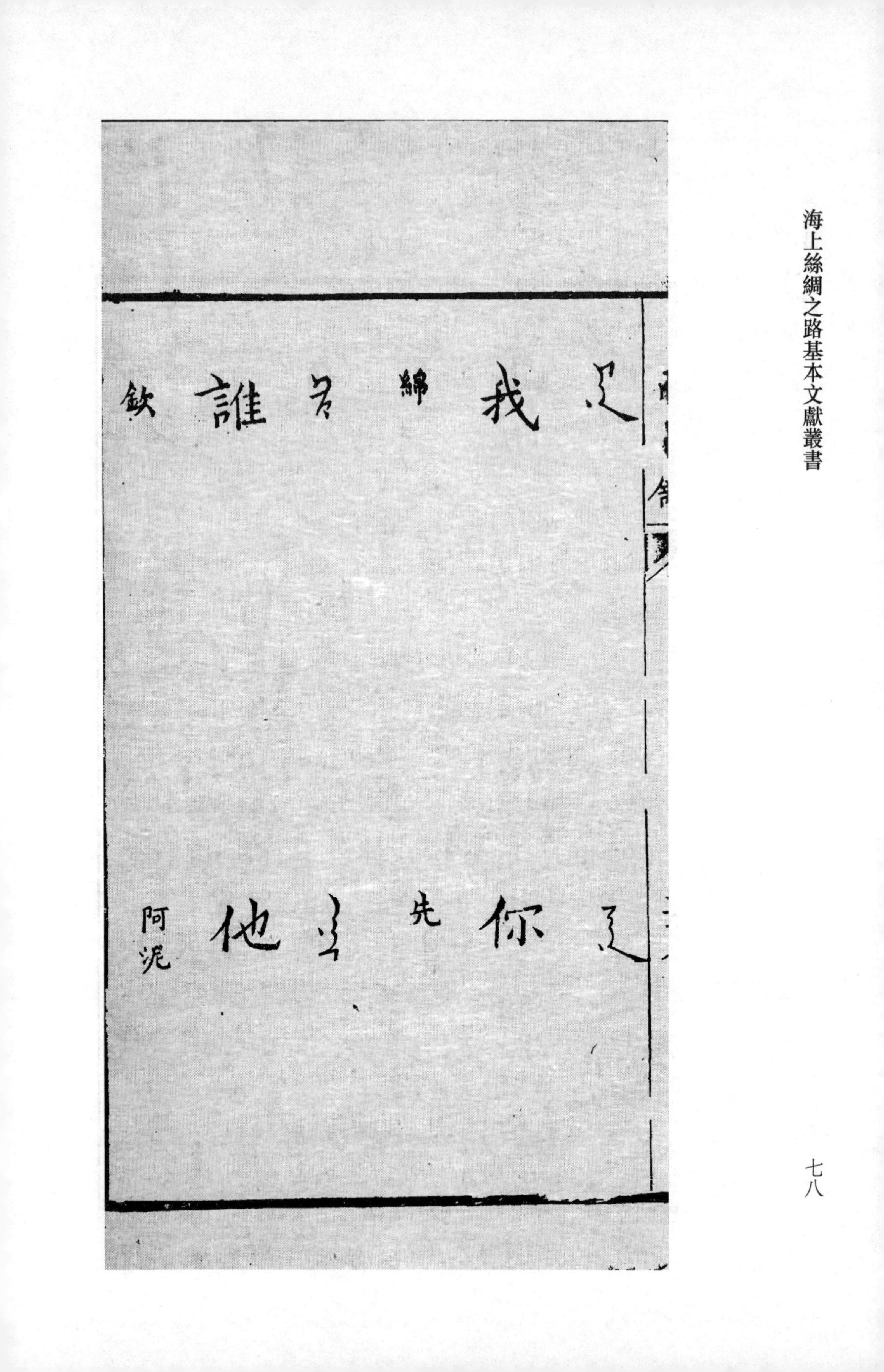

我 綿

你 先

誰 欽

他 阿泥

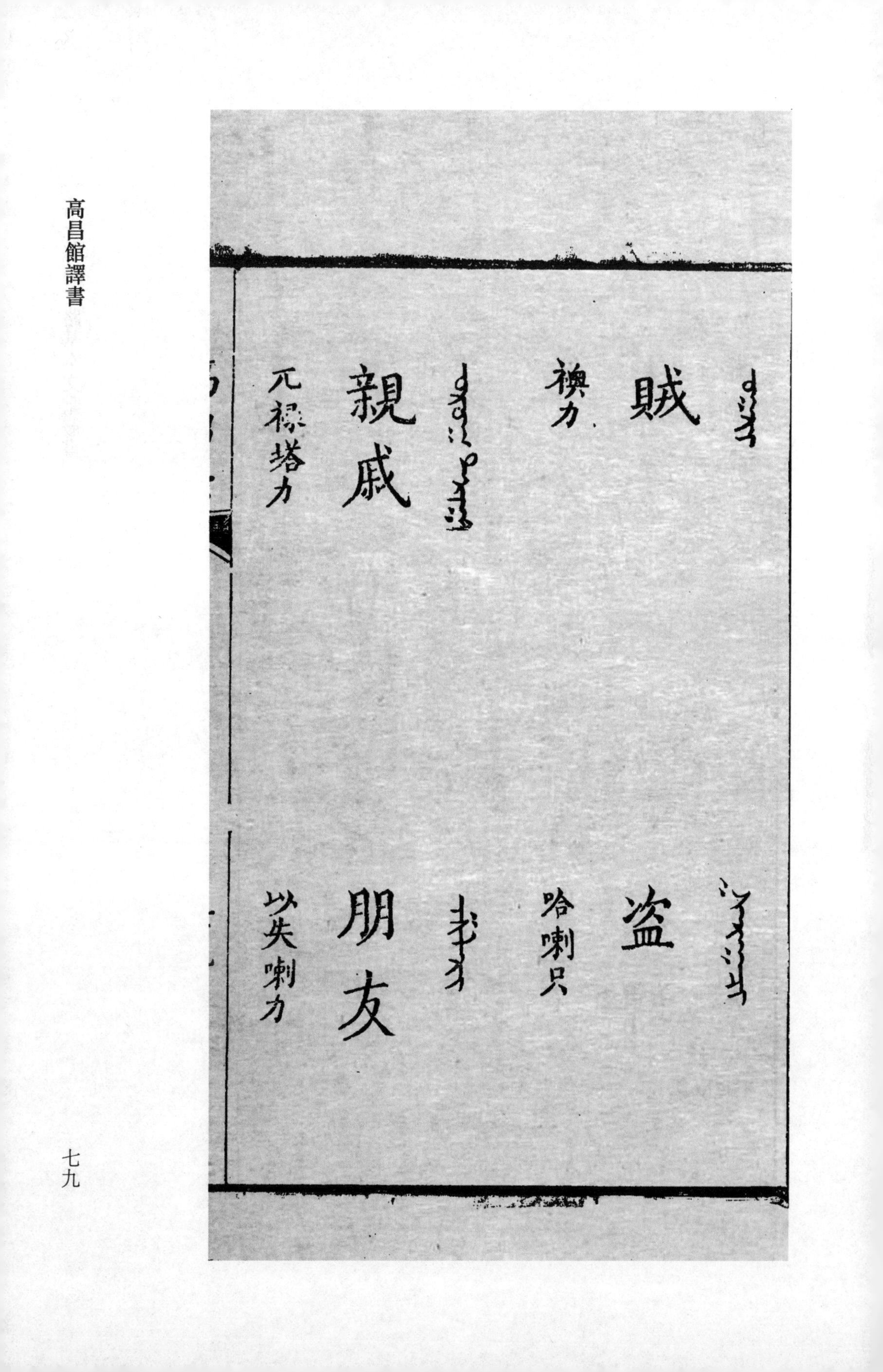

賊
襖力

盜
哈喇只

親戚
兀祿塔力

朋友
以失喇力

老人
哈力起失

家小
阿魯公

小兒
起尺兀温

奴婢
寬起失

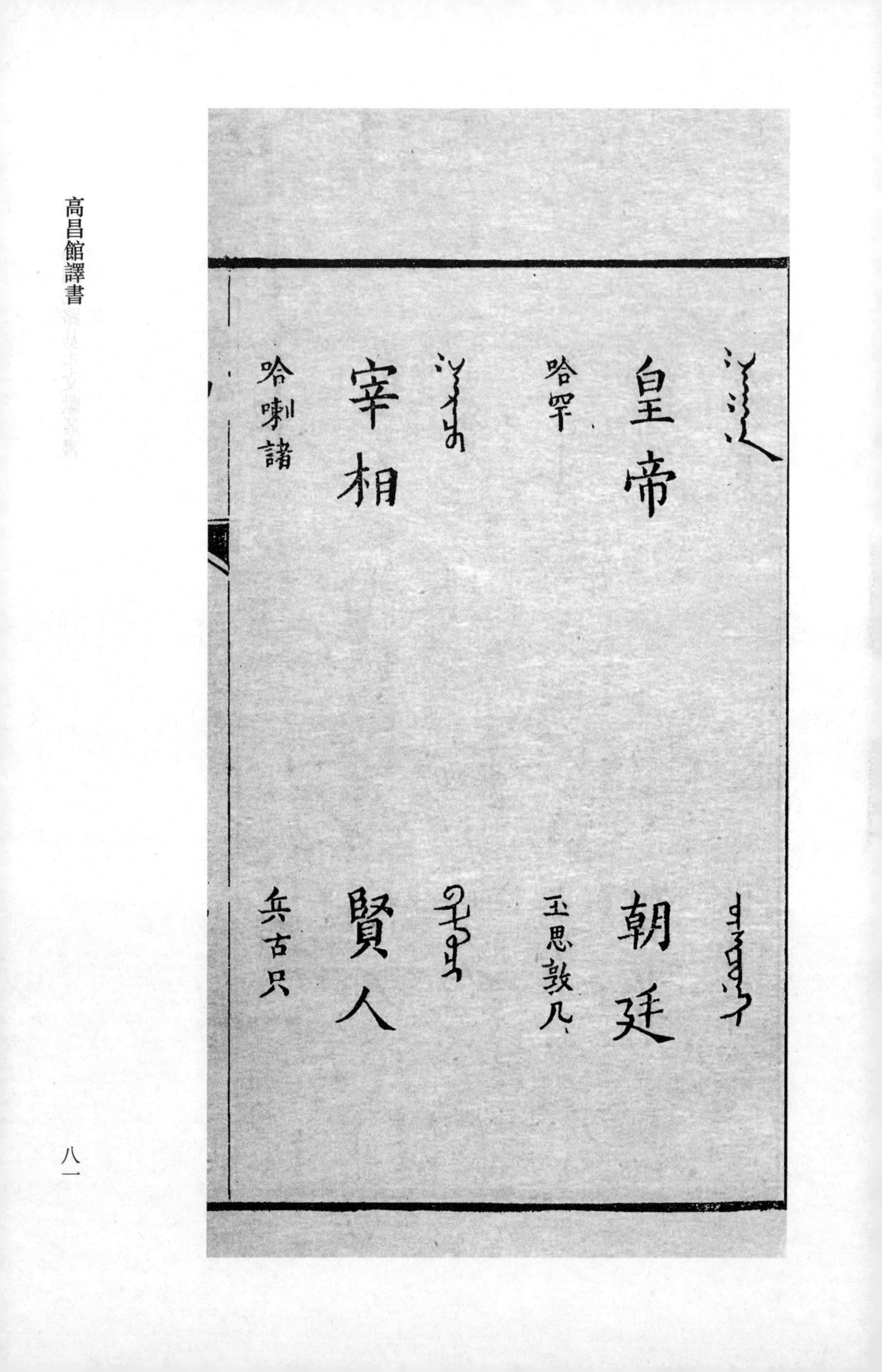

皇帝 哈罕

宰相 哈喇諸

朝廷 玉思敦几

賢人 兵古只

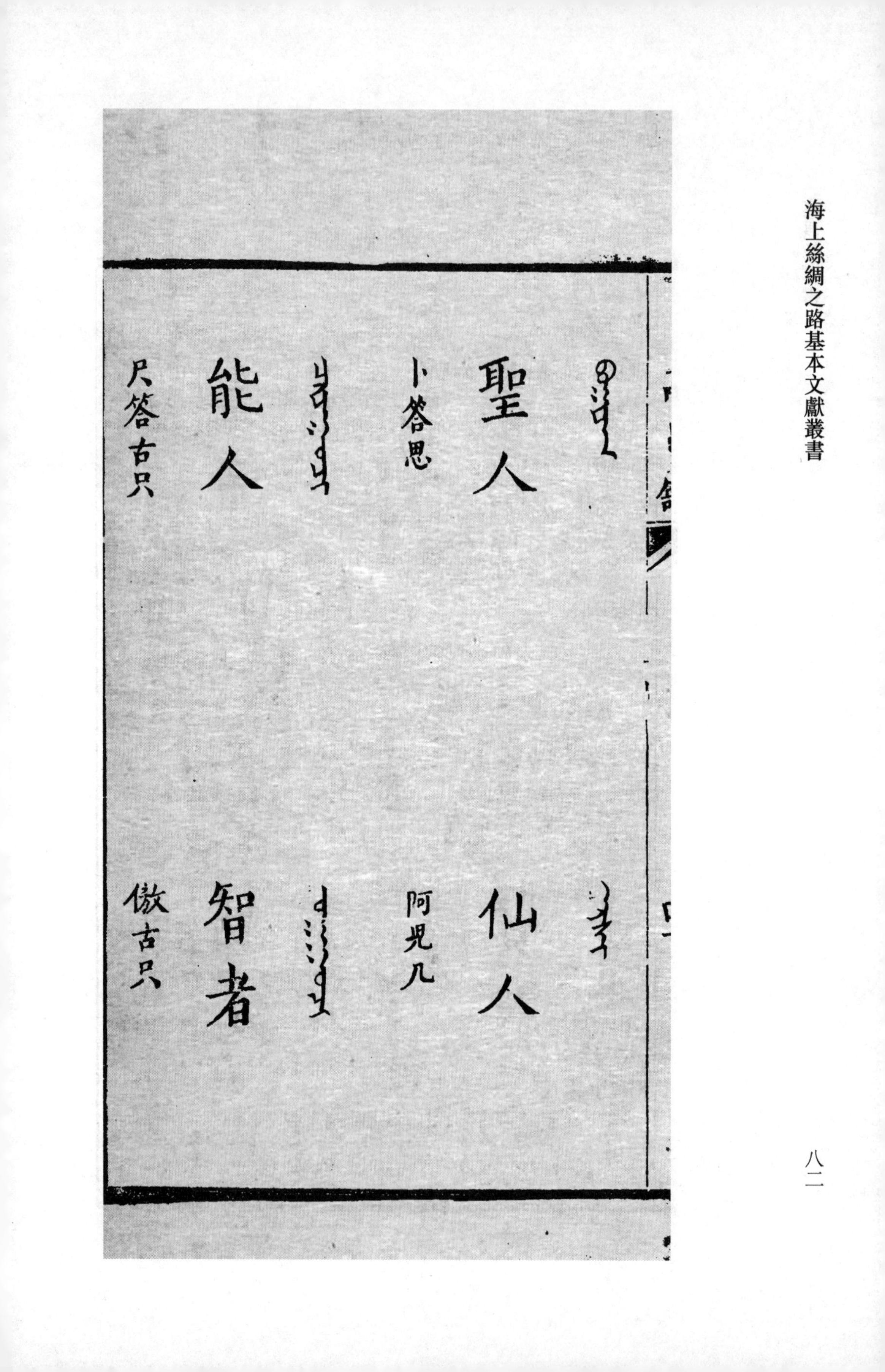

聖人
卜答思

能人
只答古只

仙人
阿兒几

智者
傚古只

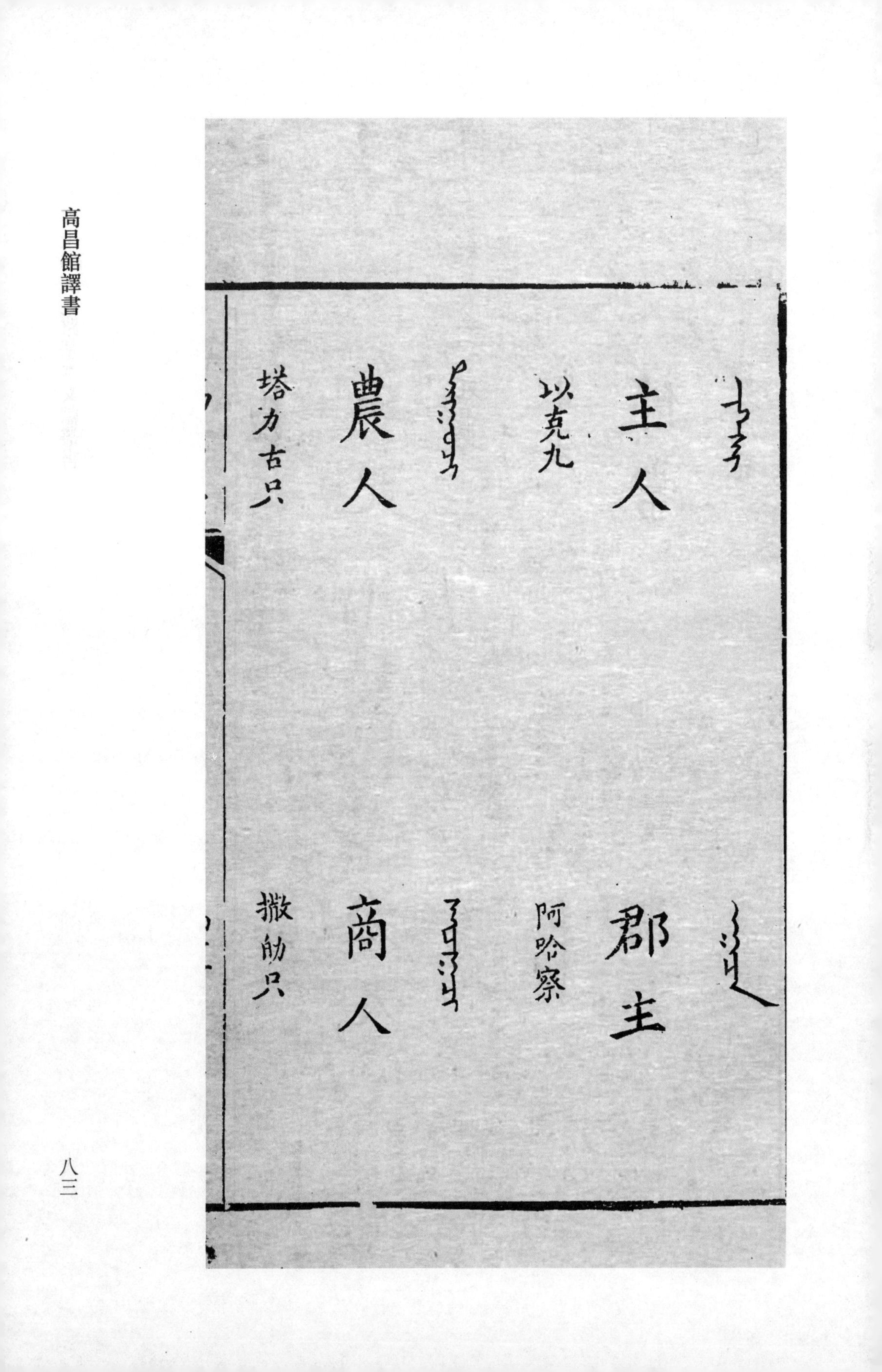

主人
以克九

郡主
阿哈察

農人
塔力古只

商人
撒舫只

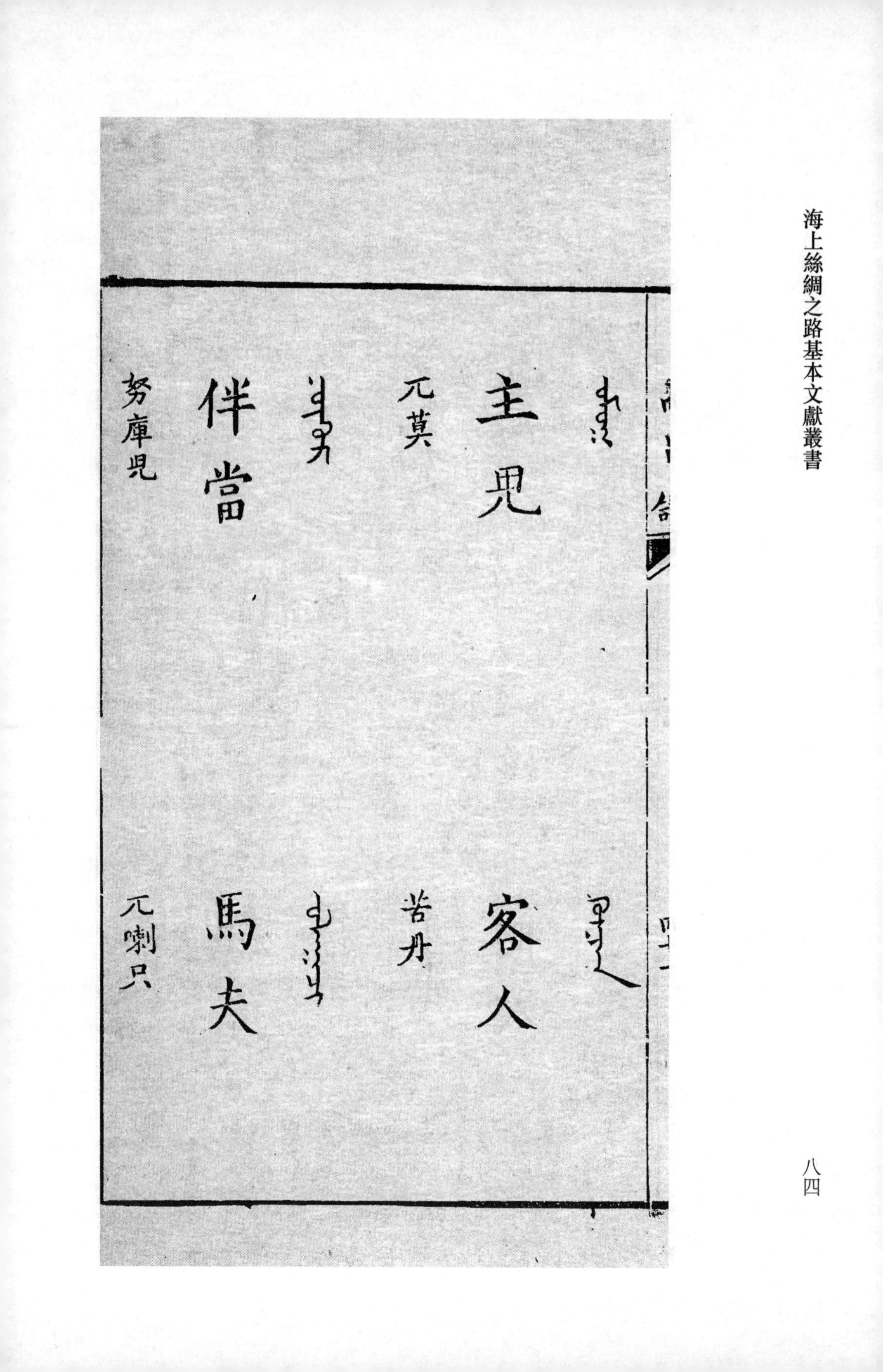

主兒
兀莫

伴當
努庫兒

客人
苦丹

馬夫
兀喇只

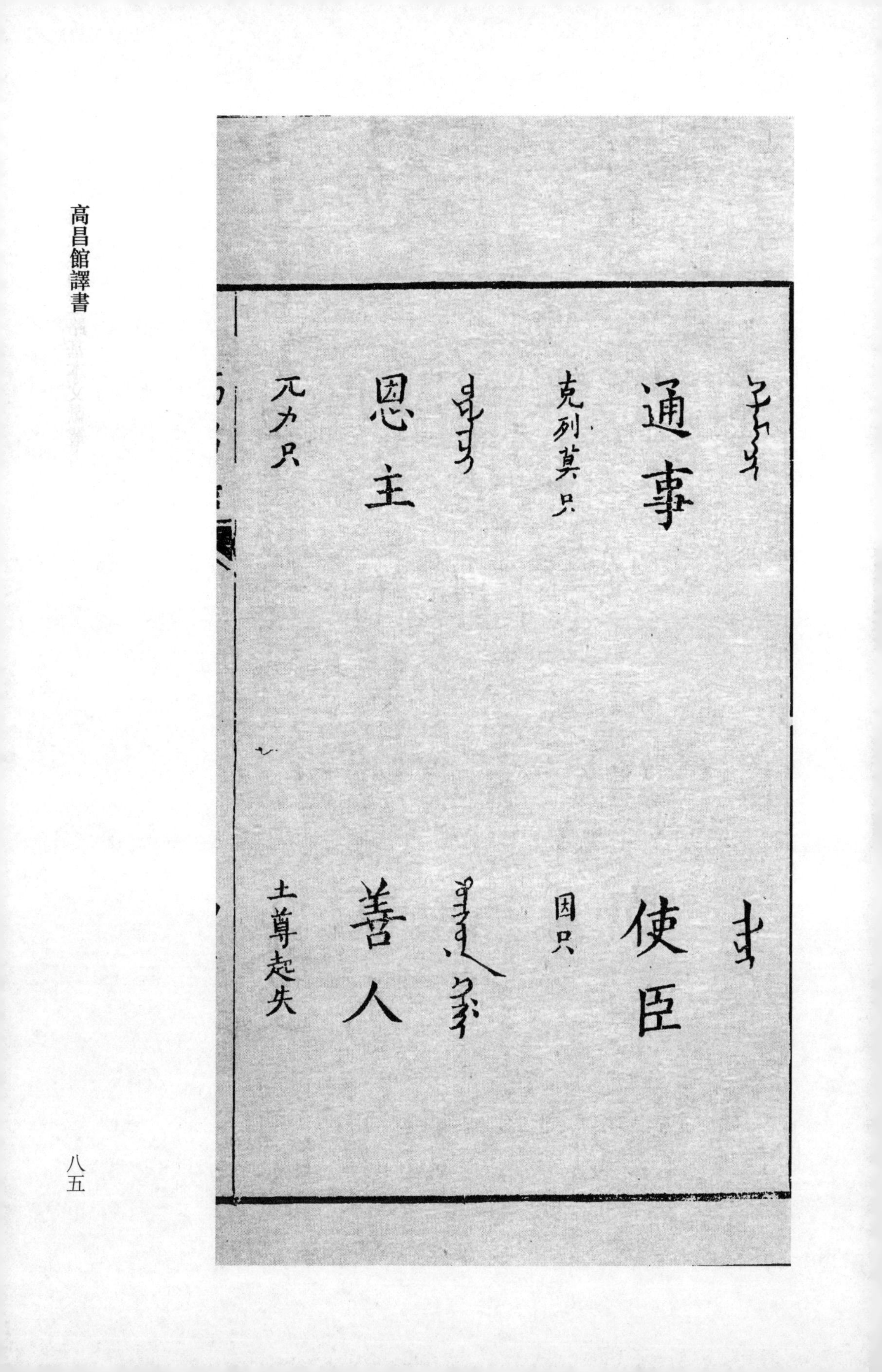

通事
克列莫只

使臣
因只

恩主
兀力只

善人
土尊起失

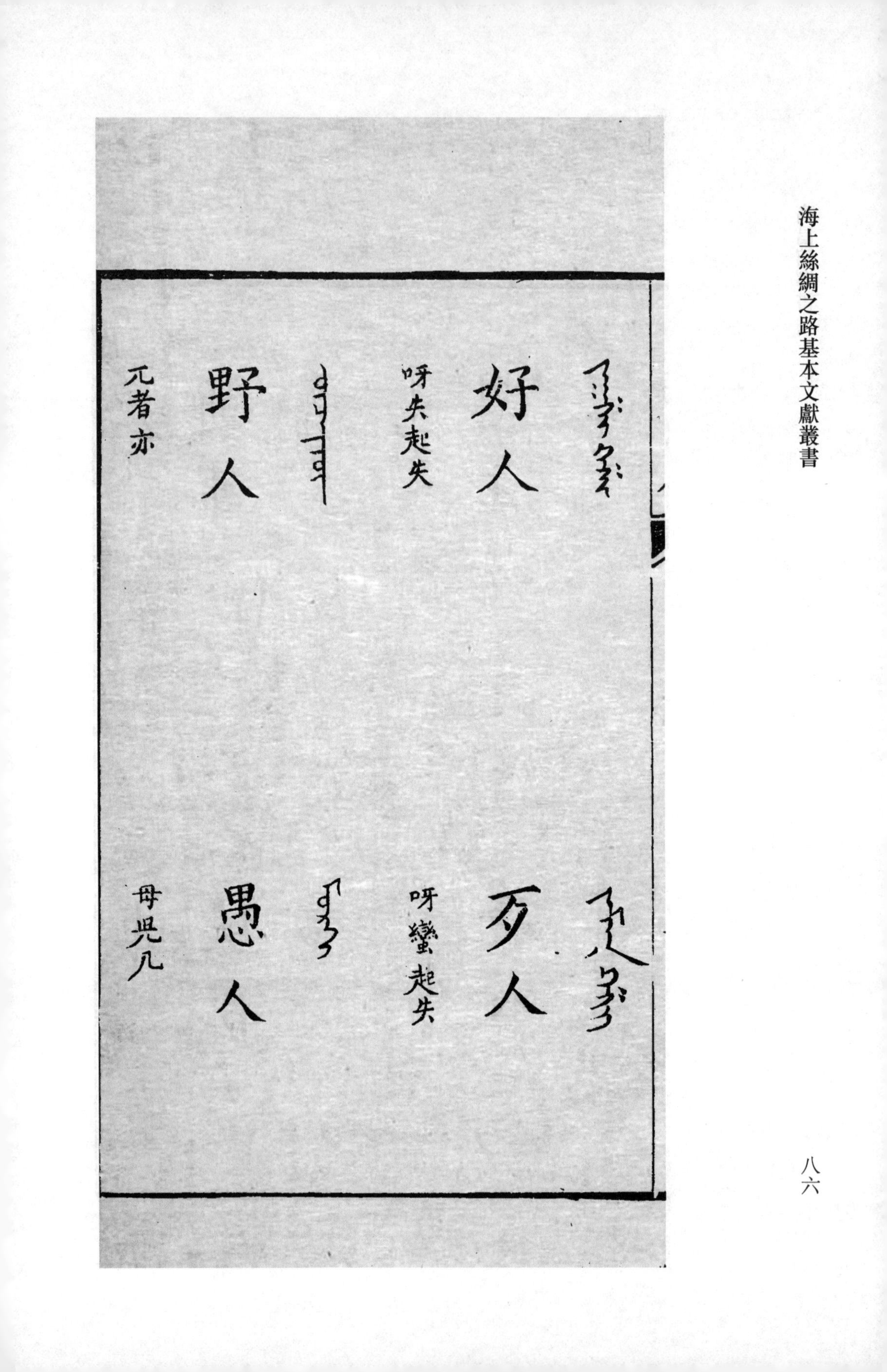

好人

呀失起失

野人

兀者亦

歹人

呀蠻起失

愚人

毋兕几

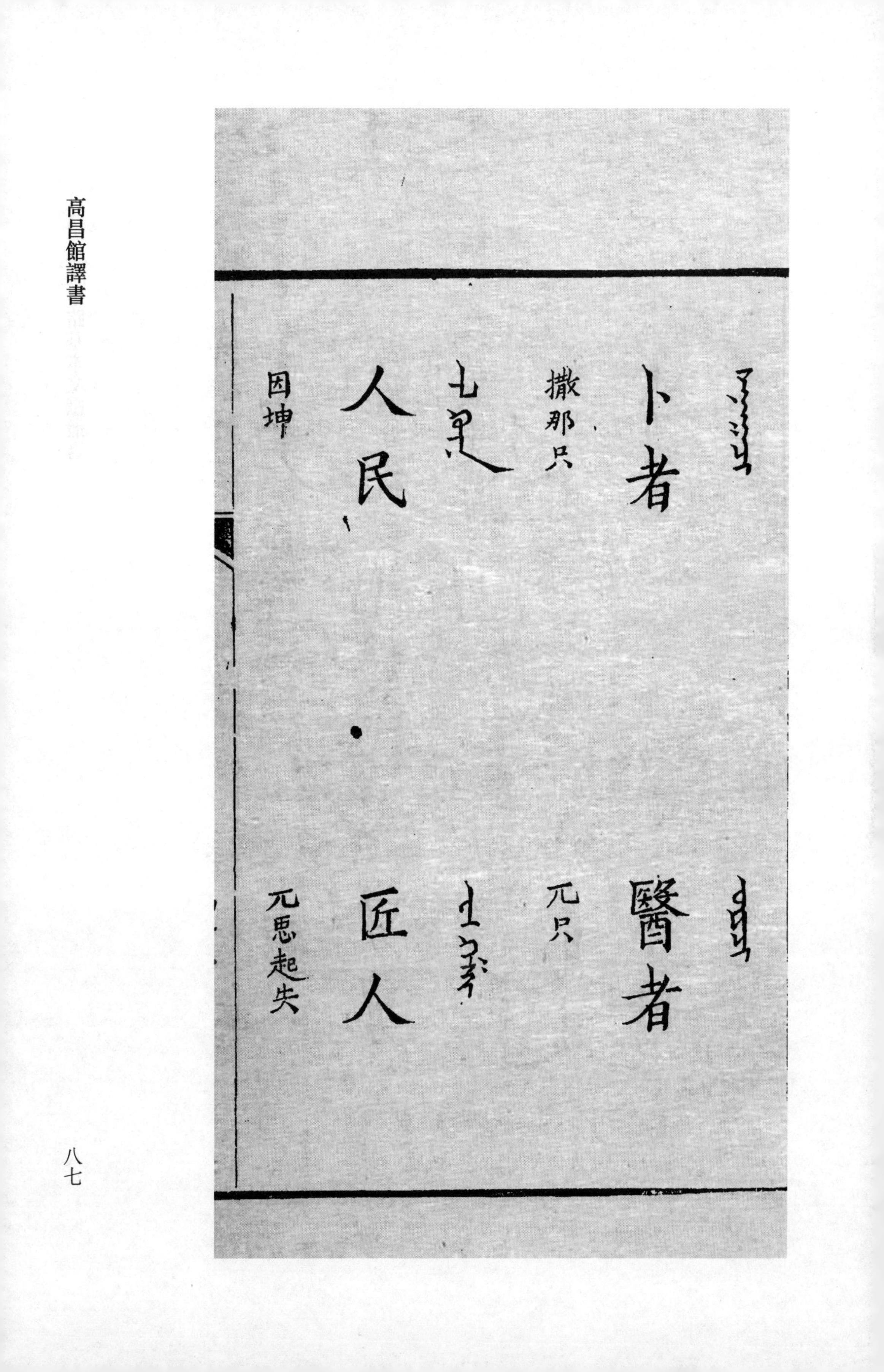

卜者
撒那只

人民
因坤

醫者
兀只

匠人
兀思起失

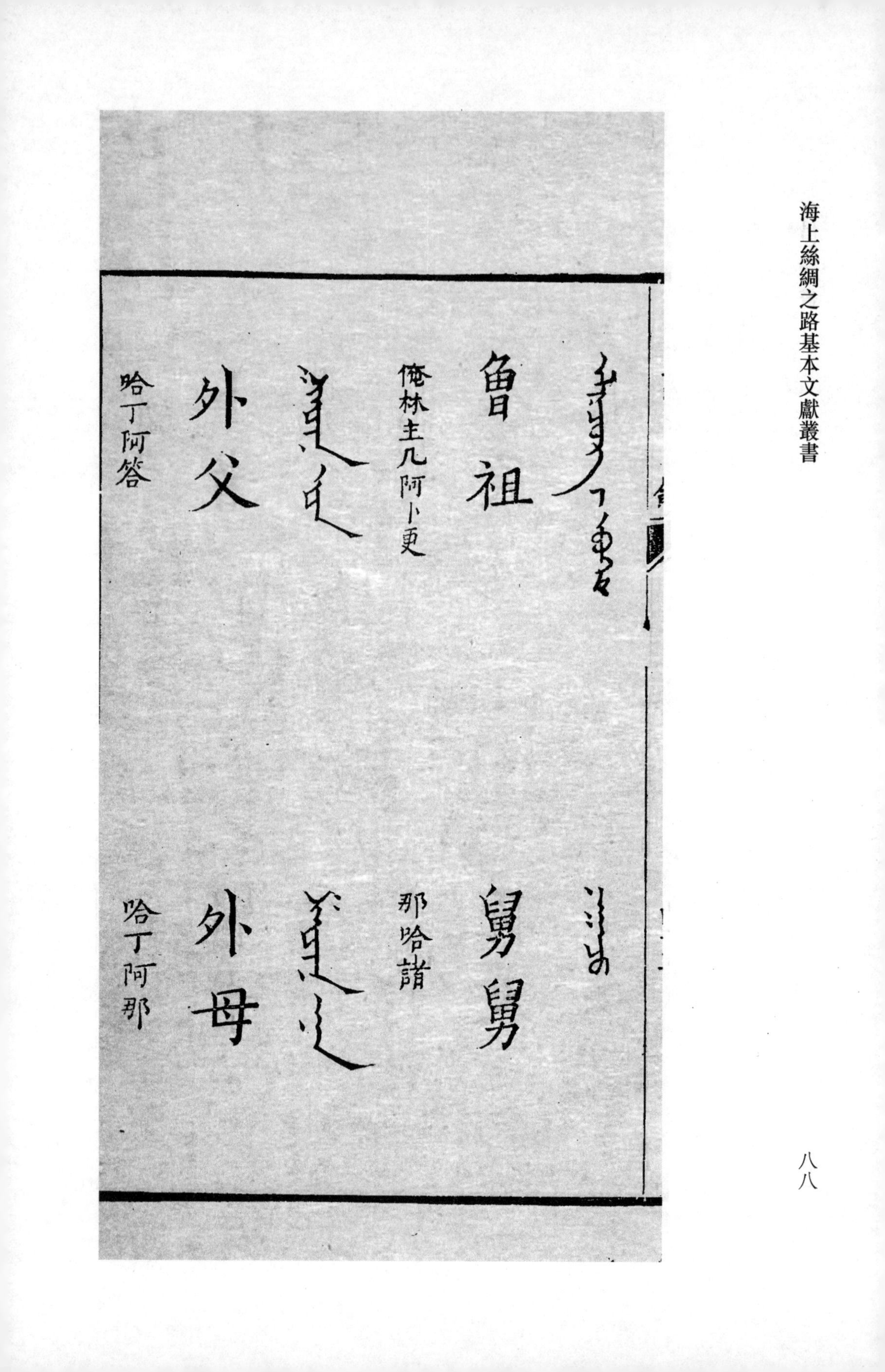

曾祖
俺林主几阿卜更

外父
哈丁阿答

舅舅
那哈諸

外母
哈丁阿那

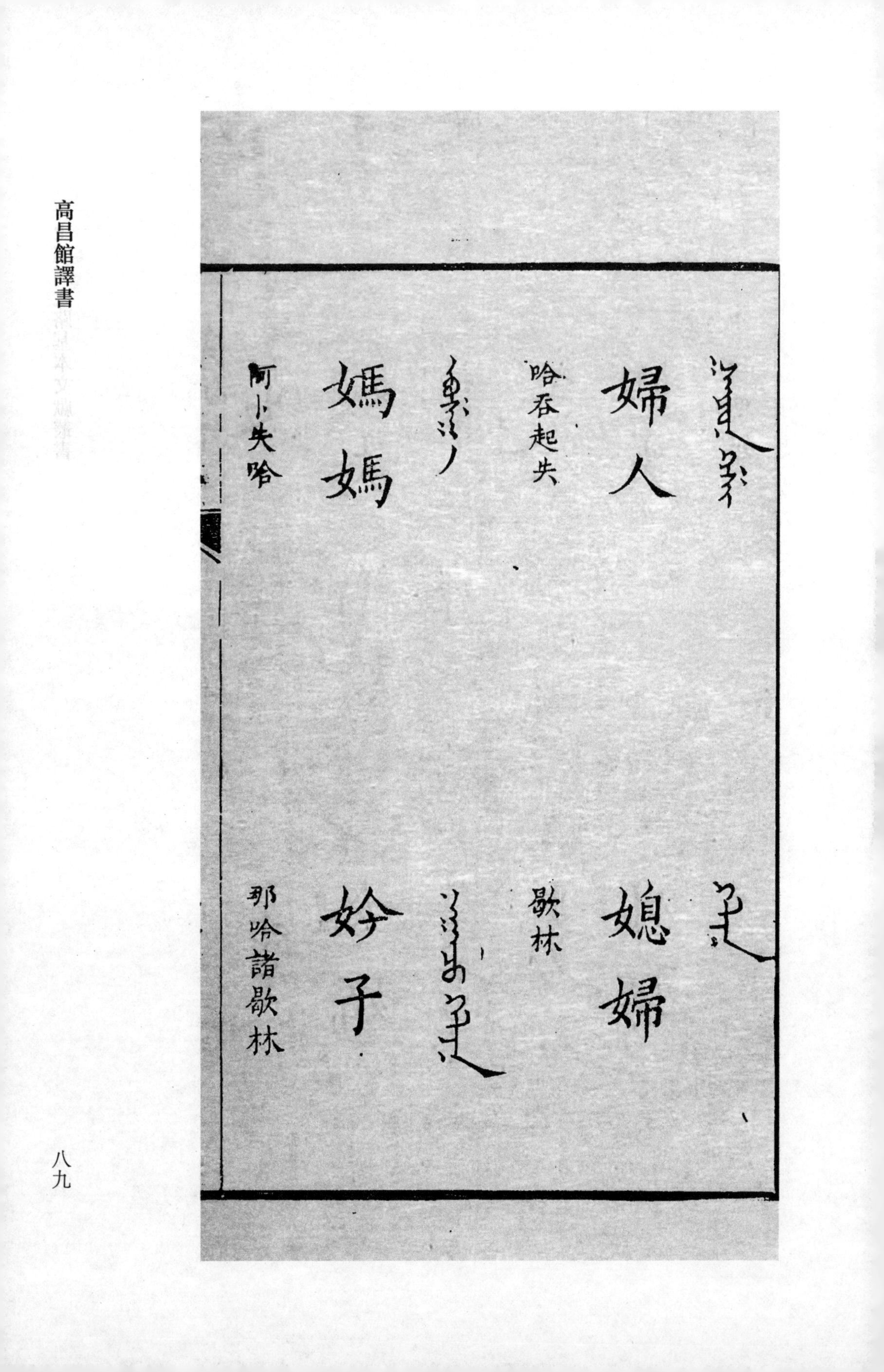

婦人
哈吞起失

媽媽
阿卜失哈

媳婦
歇林

妗子
那哈諸歇林

姨夫
把察

女婿
坤得苦即

姐夫
呀思那

外甥
尺呀

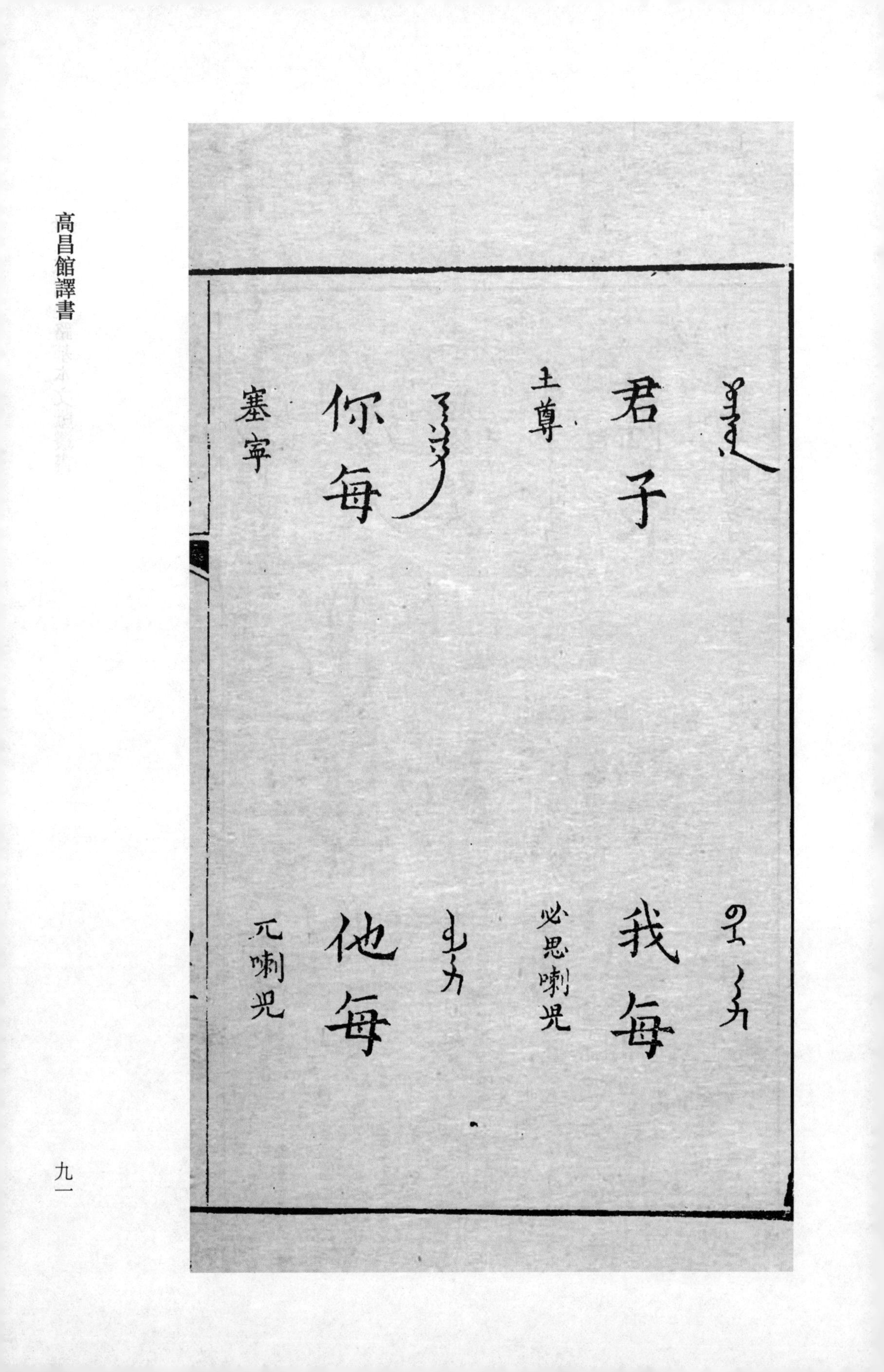

君子
土尊

你每
塞寧

我每
必思喇兒

他每
兀喇兒

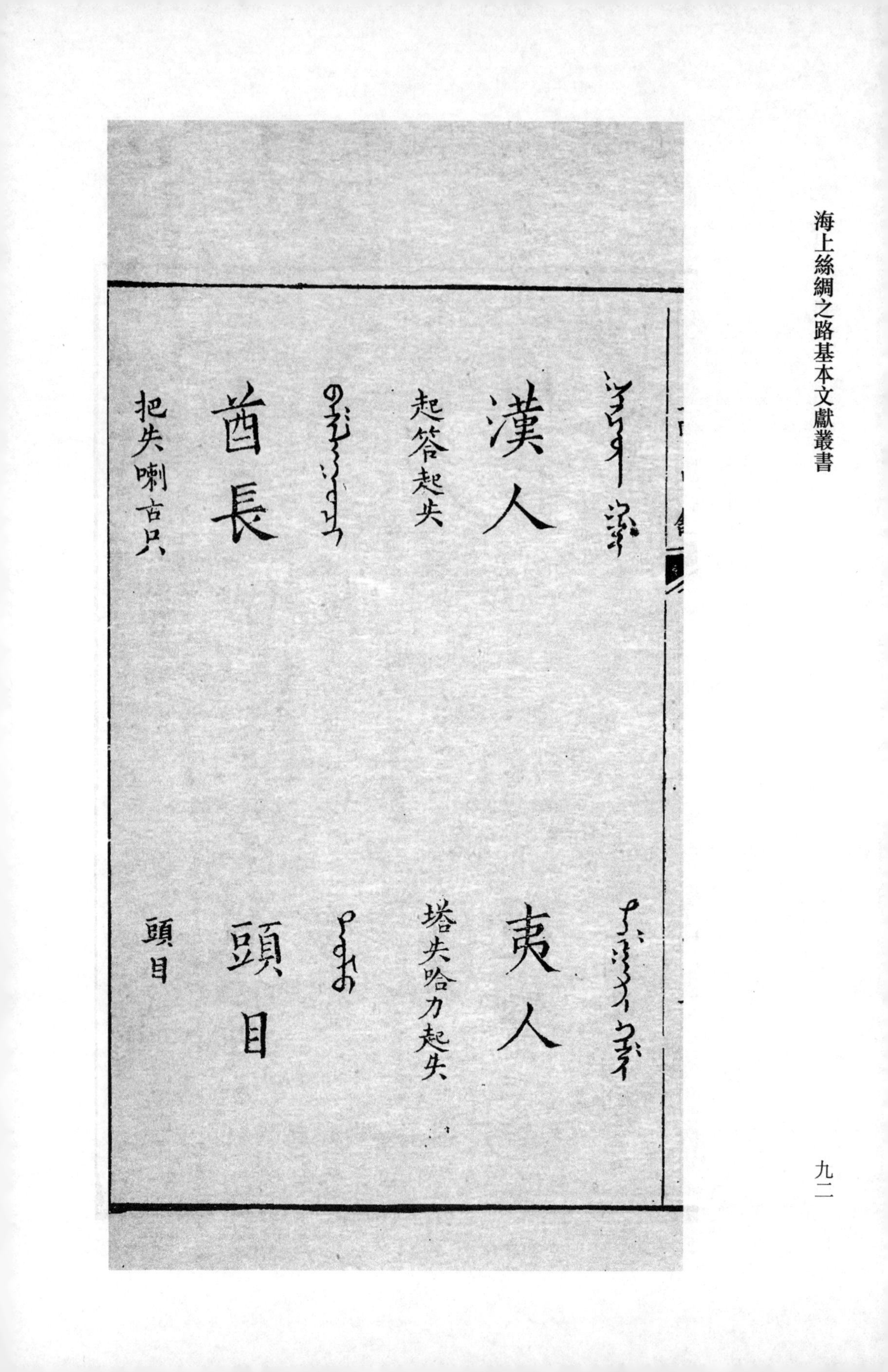

漢人
起答起失

酋長
把失喇古只

夷人
塔失哈力起失

頭目
頭目

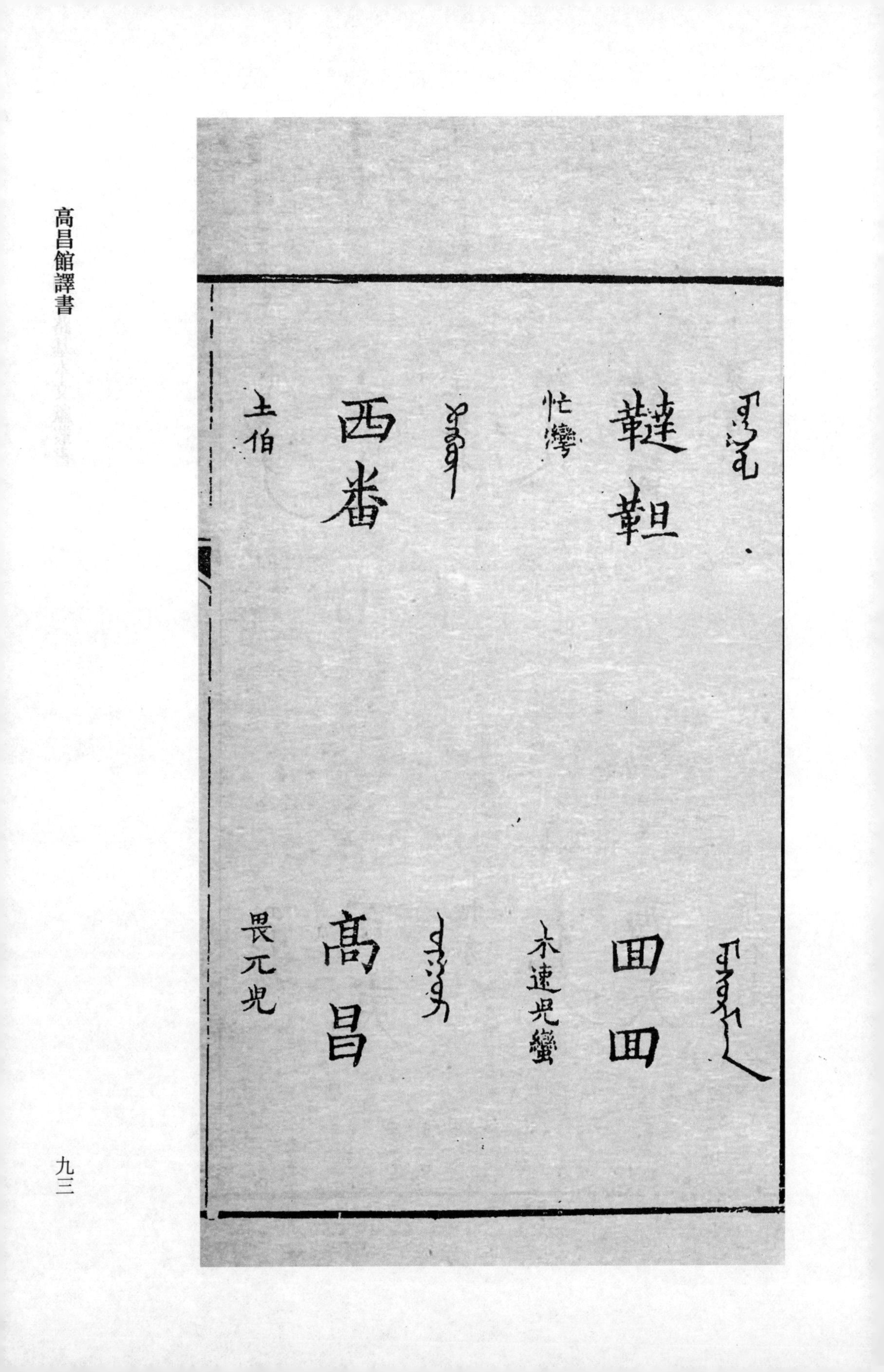

韃靼
忙灣

西番
土伯

回回
木速兒蠻

高昌
畏兀兒

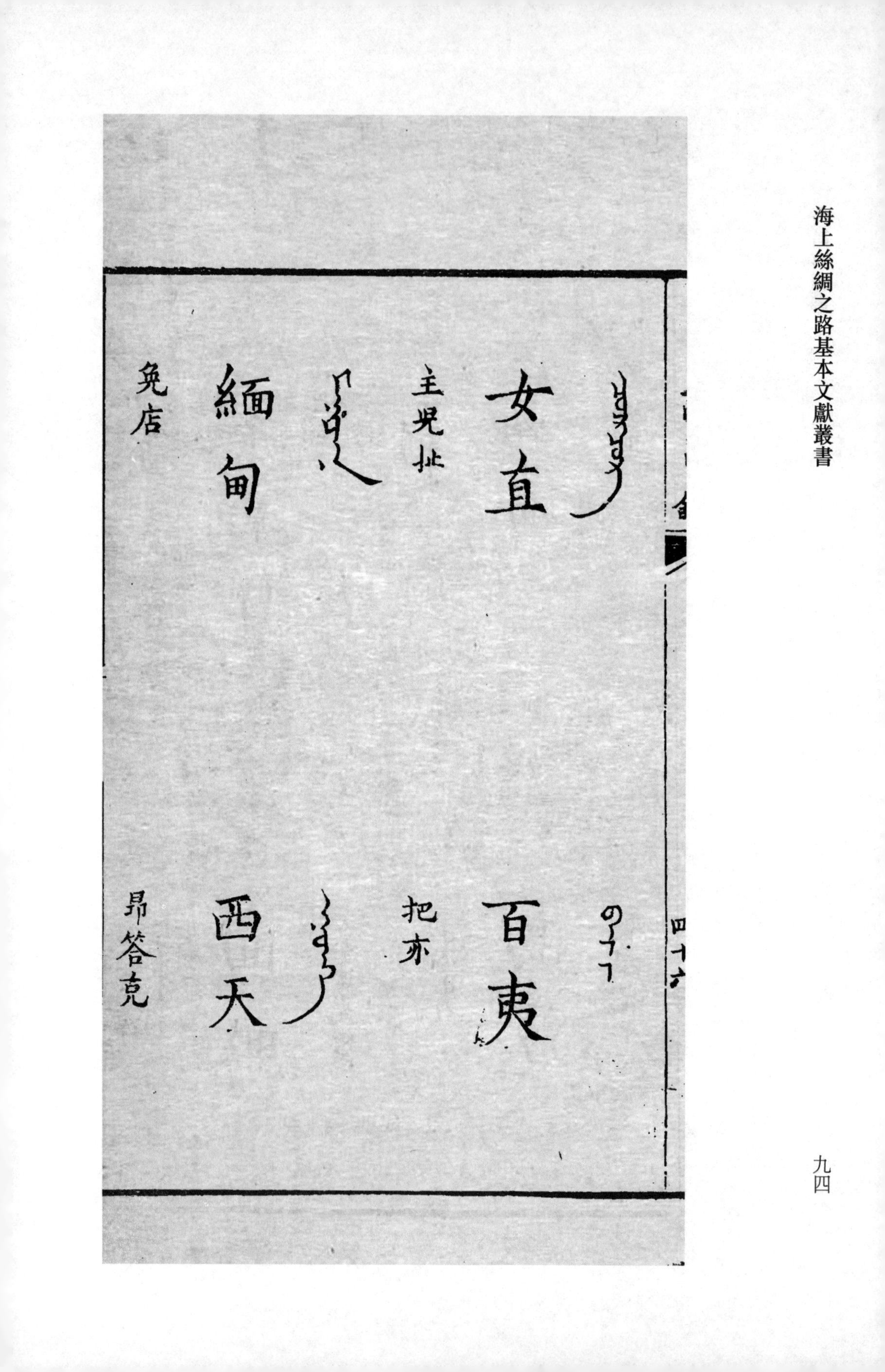

女直
主兒扯

緬甸
免店

百夷
把亦

西天
昂答克

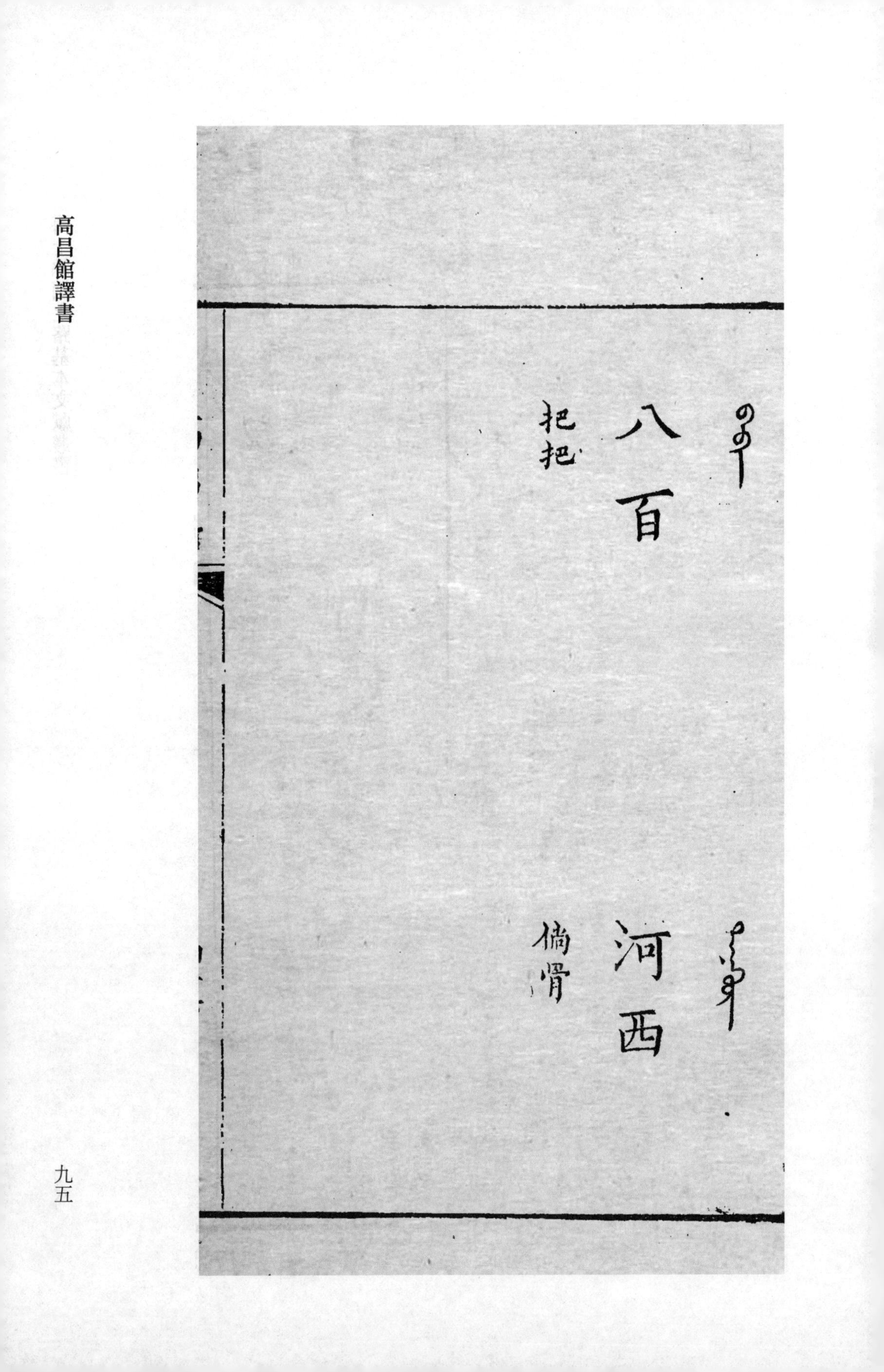

八百
把把

河西
倘骨

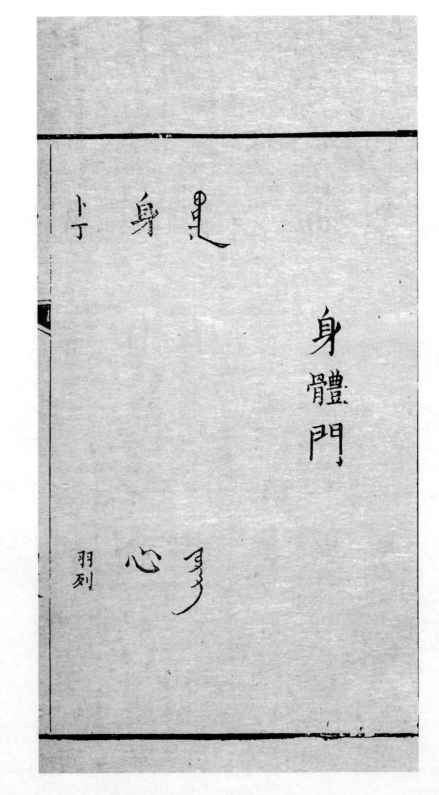

身體門

身
卜丁

心
羽列

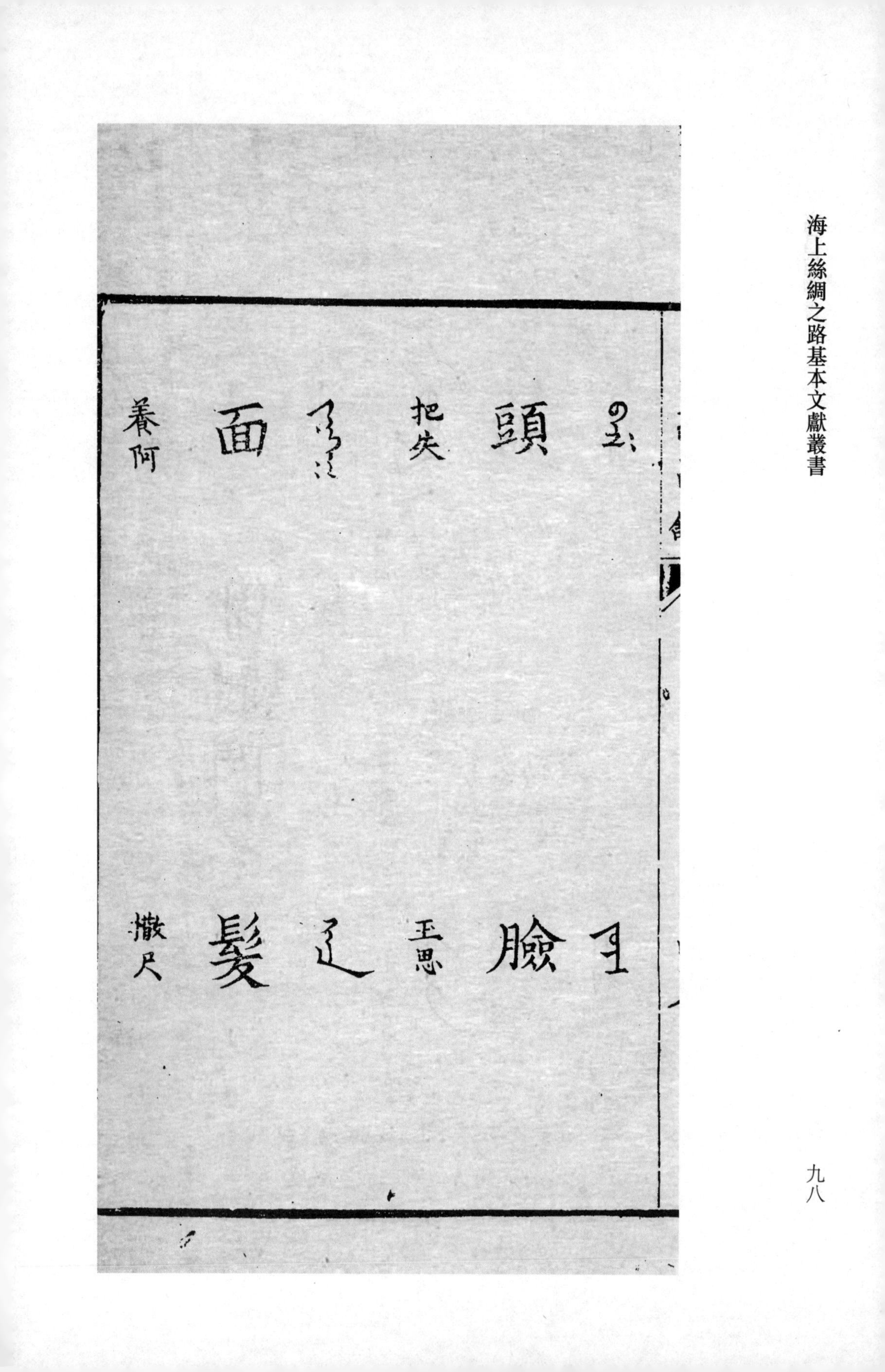

頭 把失

面 養阿

臉 王思

髮 撒尺

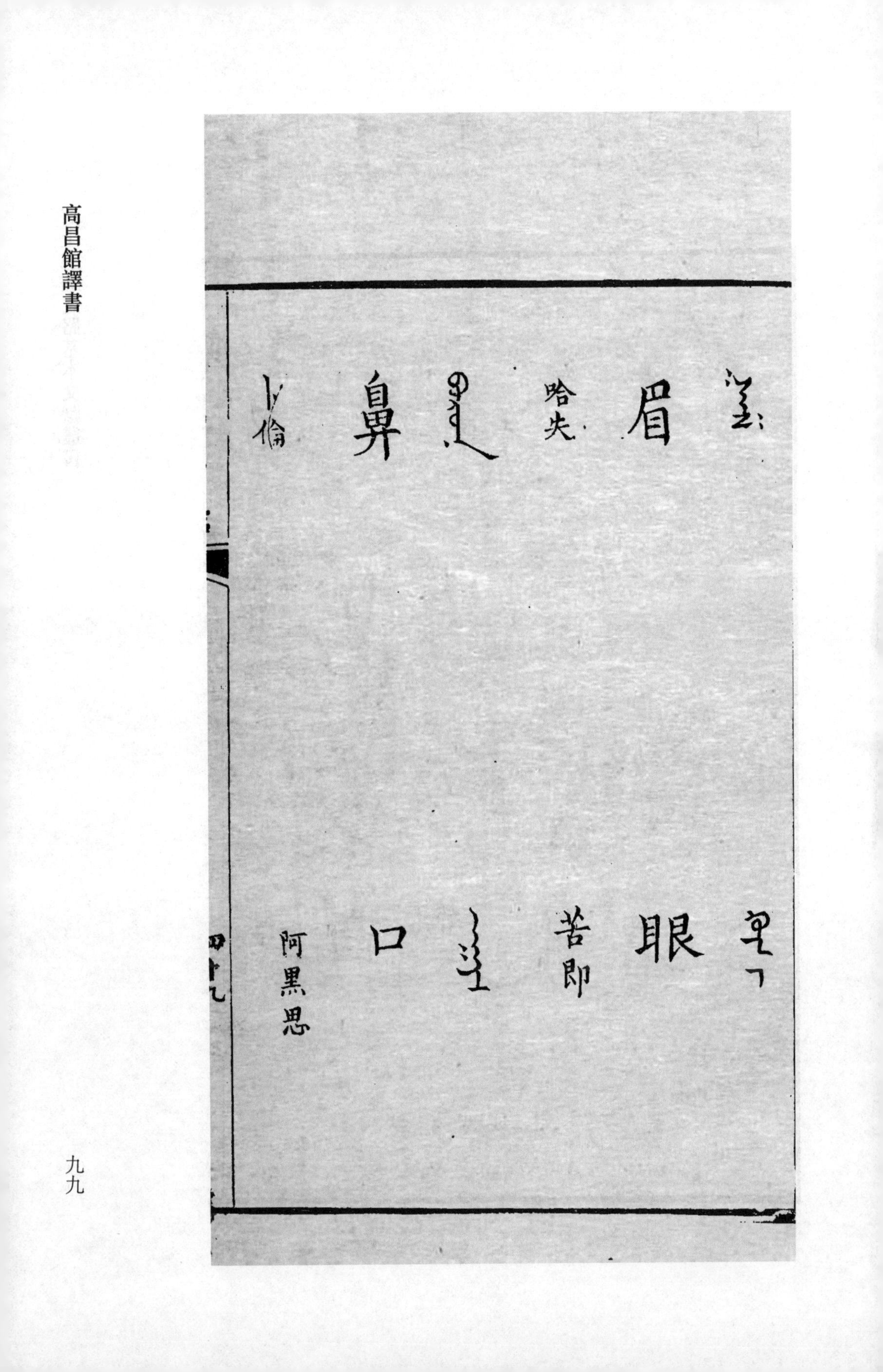

眉
哈失

鼻
卜倫

眼
苦即

口
阿黑思

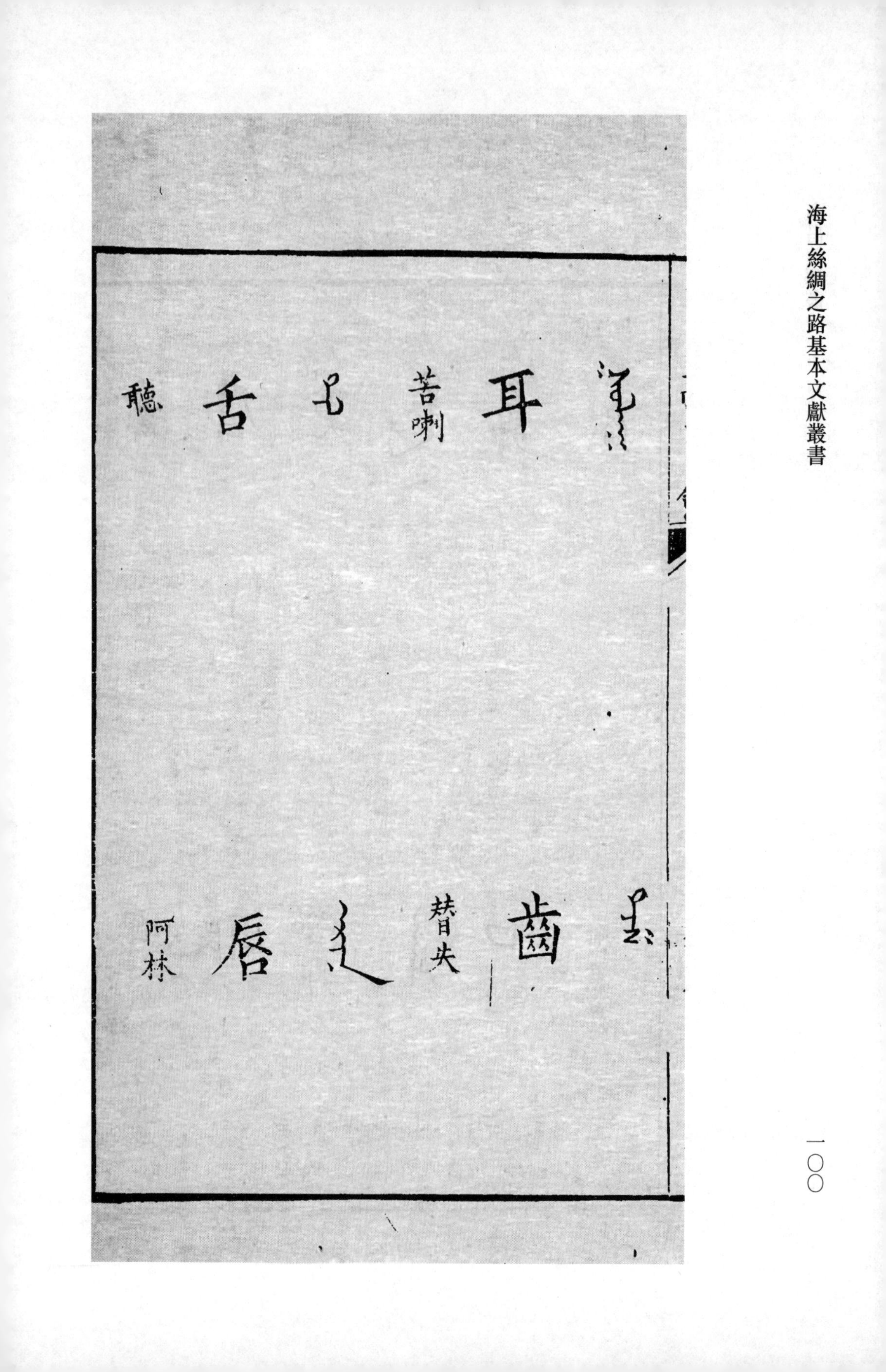

耳 苦喇

舌 聽

齒 替失

唇 阿林

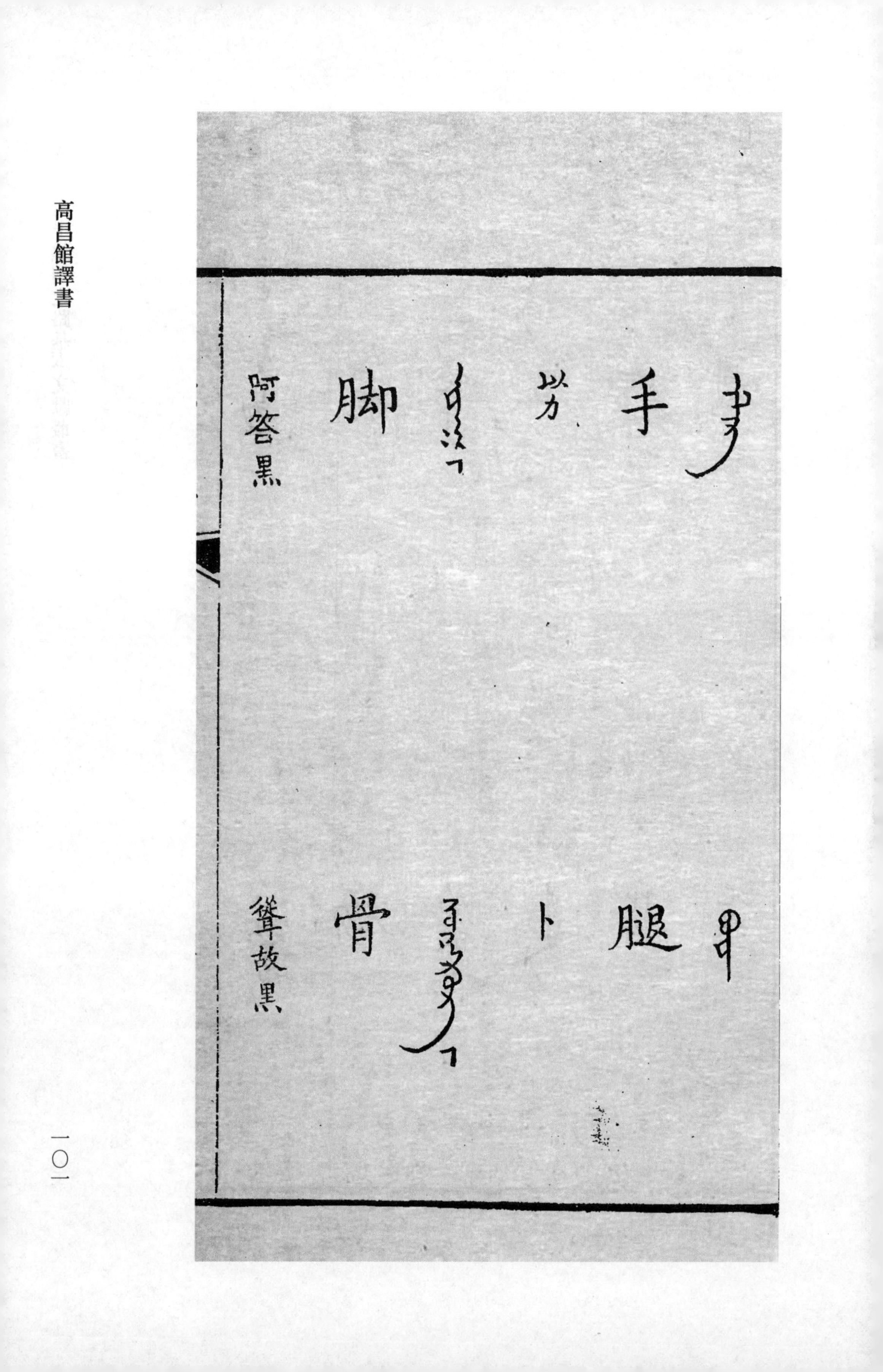

手
以力

腳
阿答黑

腿
卜

骨
聳故黑

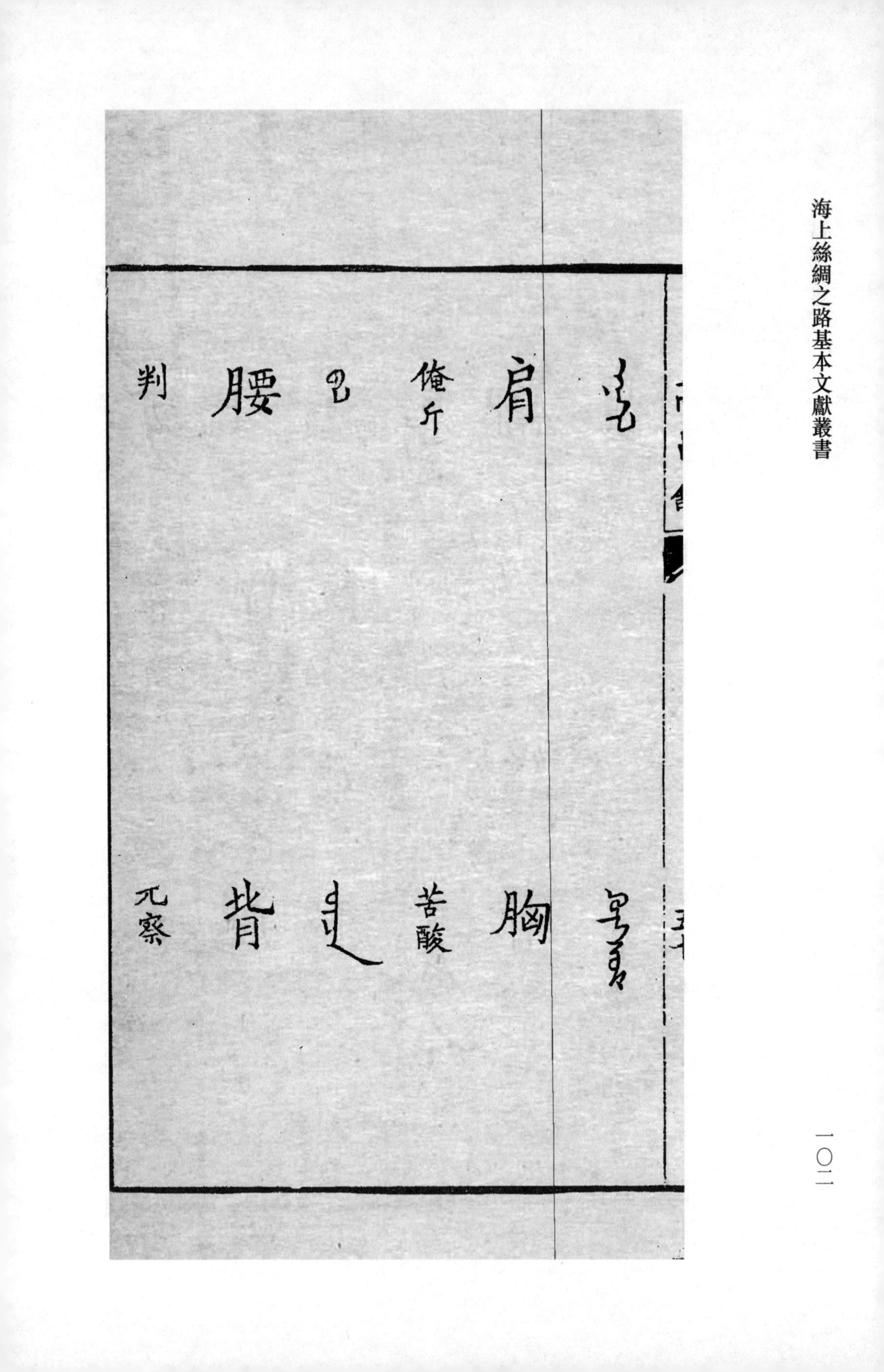

肩　俺斤

腰　判

胸　苦酸

背　兀察

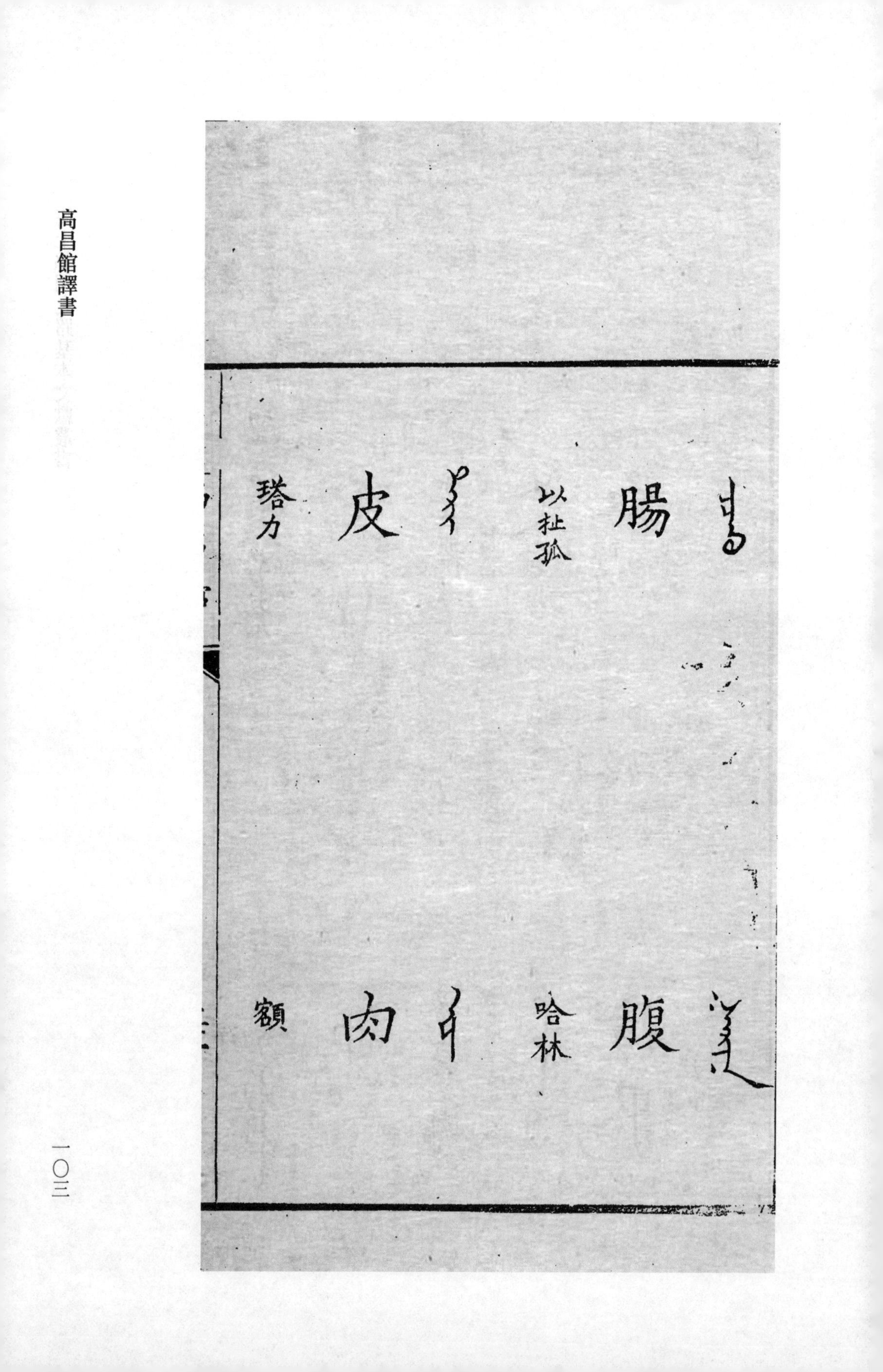

腸 以扯孤

皮 珨力

腹 哈林

肉 額

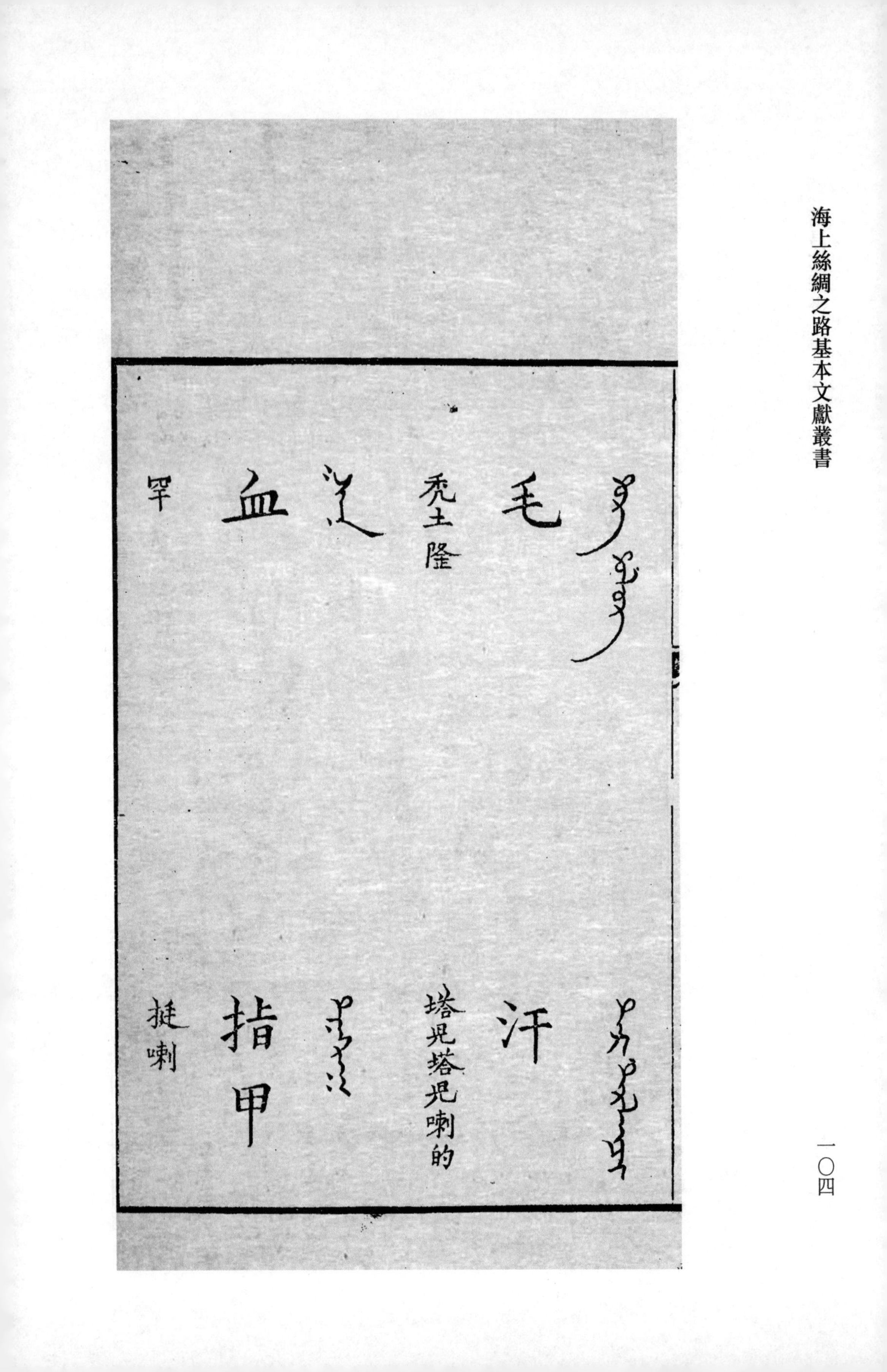

毛

禿墊隆

血

罕

汗

塔兒塔兒喇的

指甲

挺喇

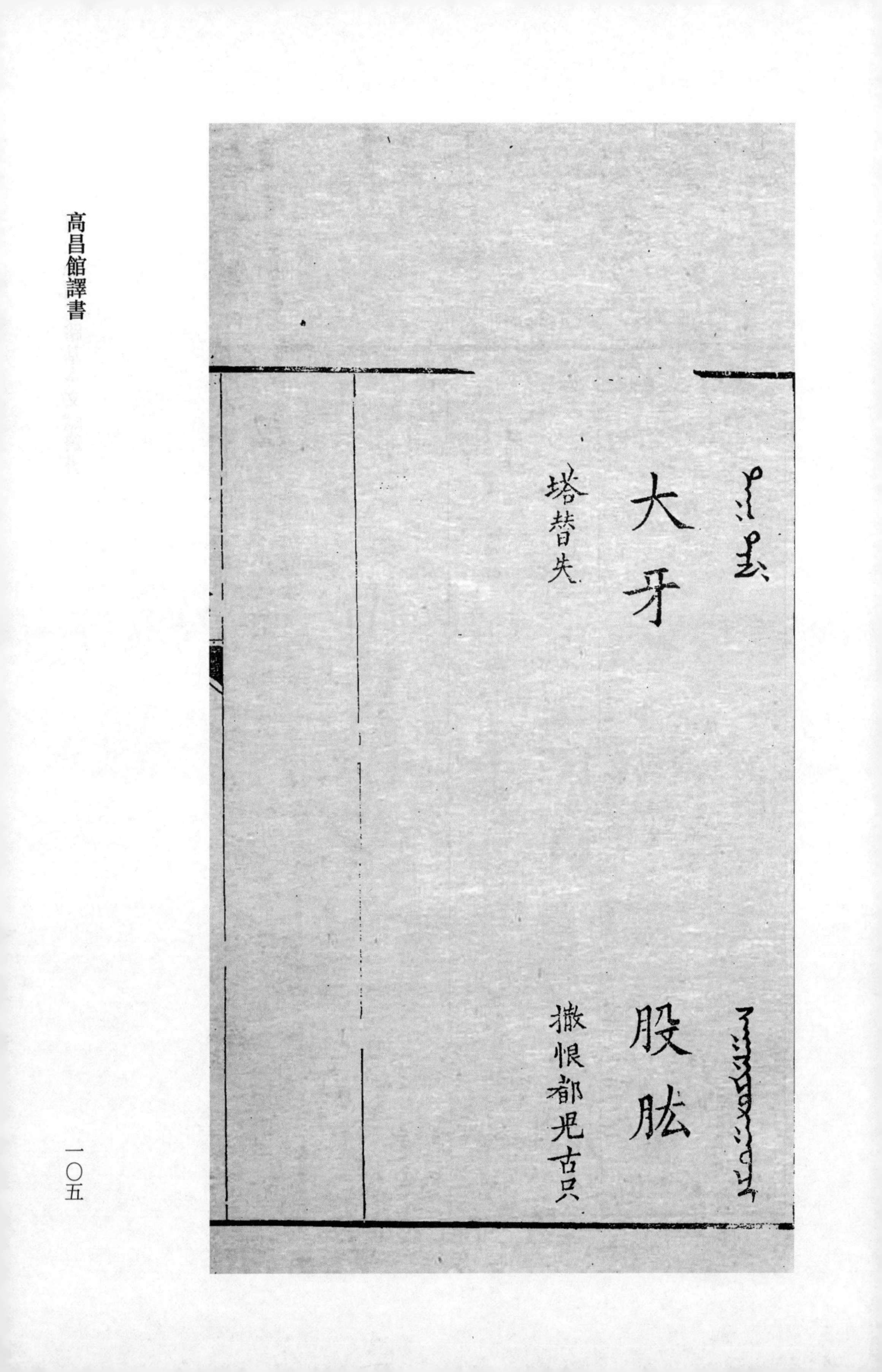

大牙
塔替失

股肱
撒恨都兒古只

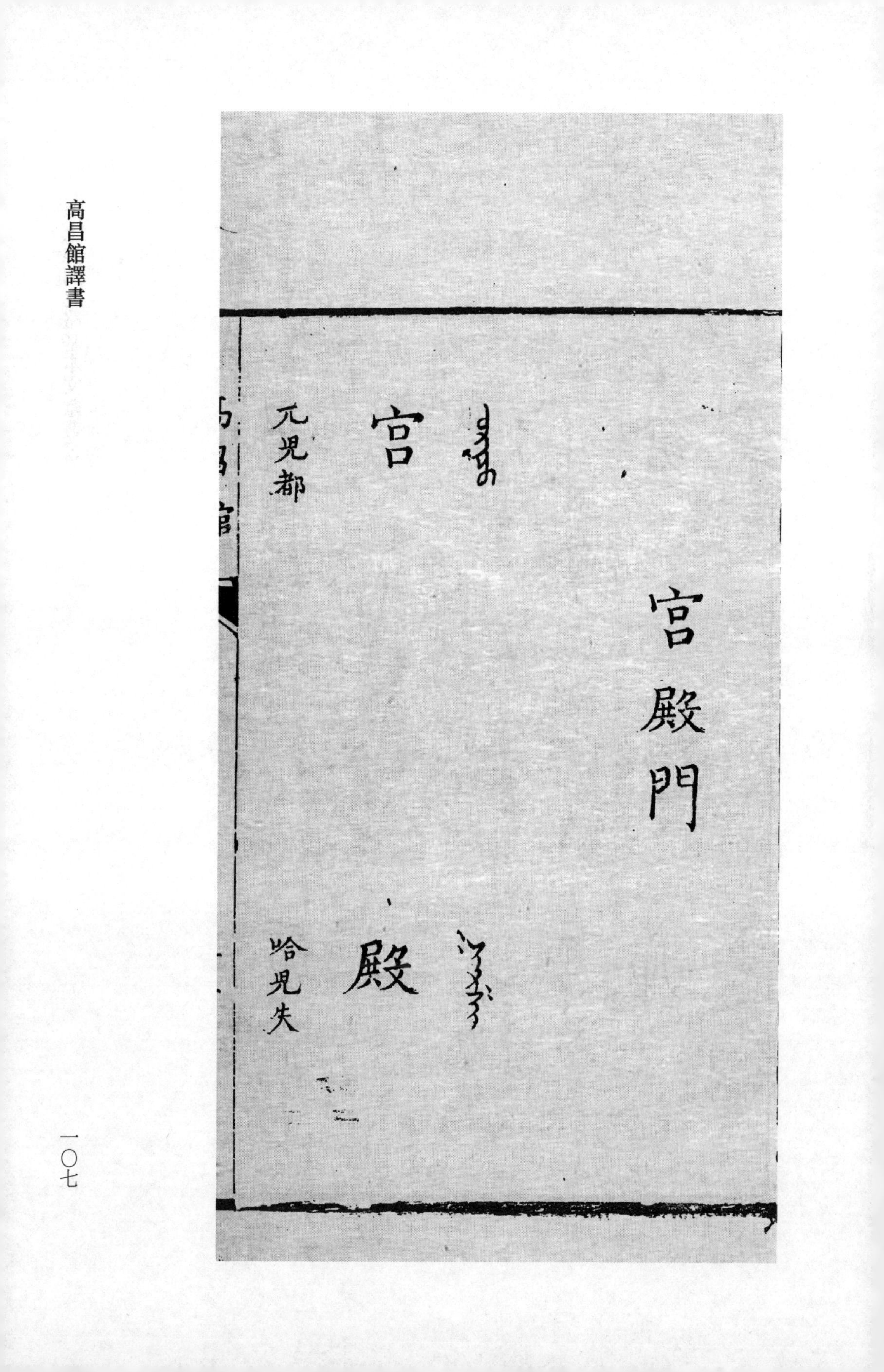

宮殿門

宮

兀兒都

殿

哈兒失

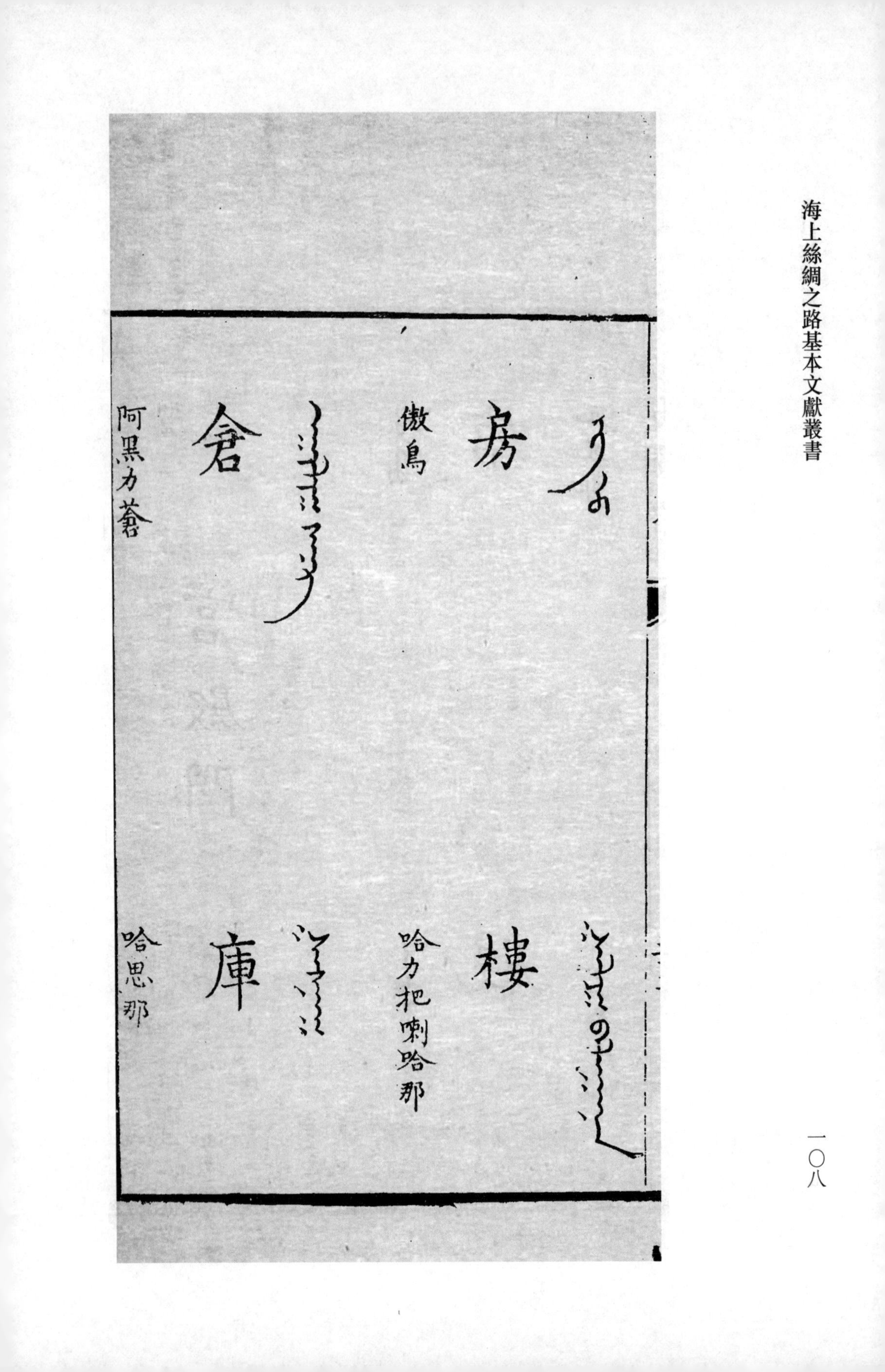

房 傲烏

樓 哈力把喇哈那

倉 阿黑力蒼

庫 哈思那

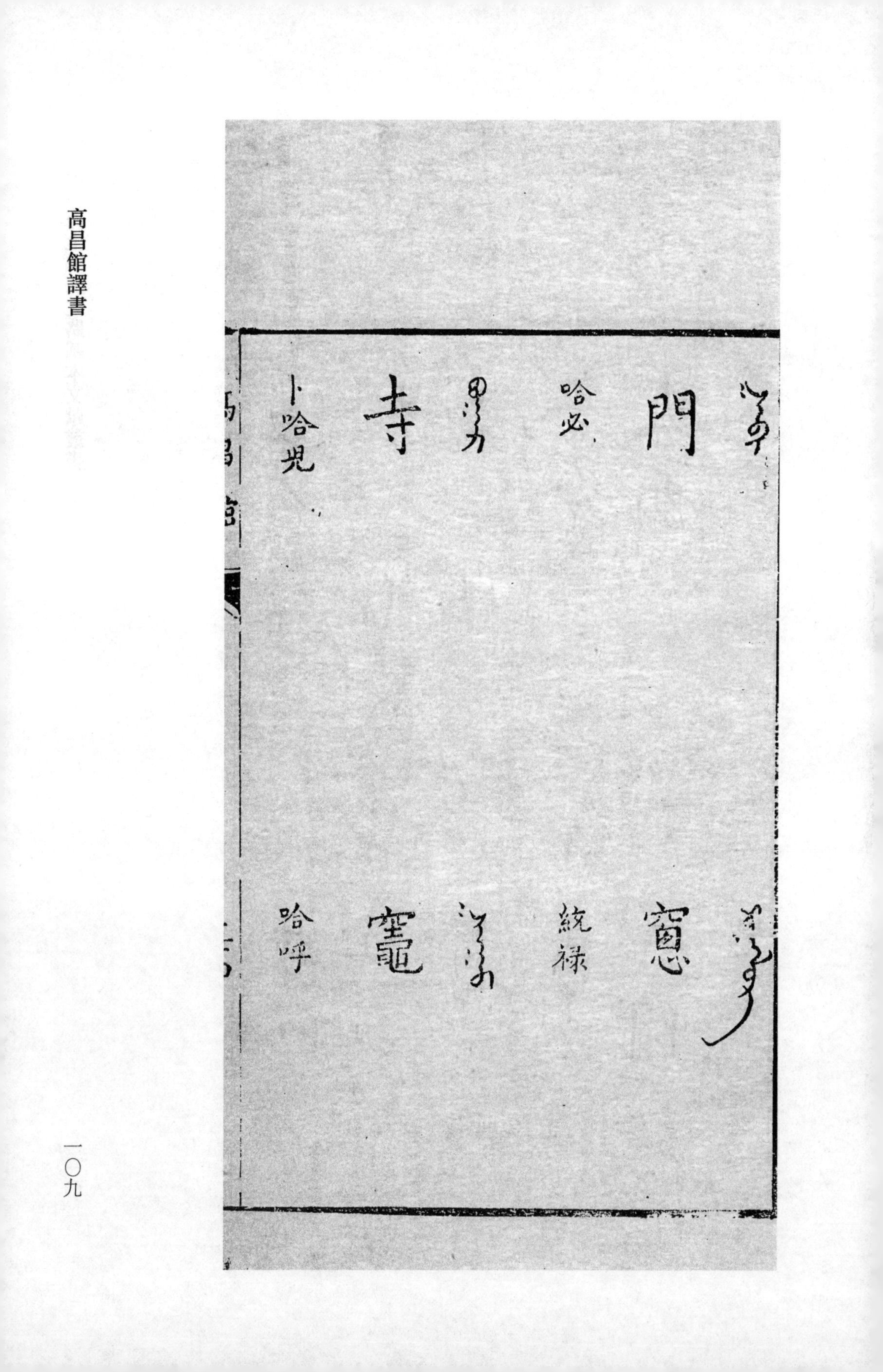

門 哈必

窻 統祿

寺 卜哈兒

竈 哈呼

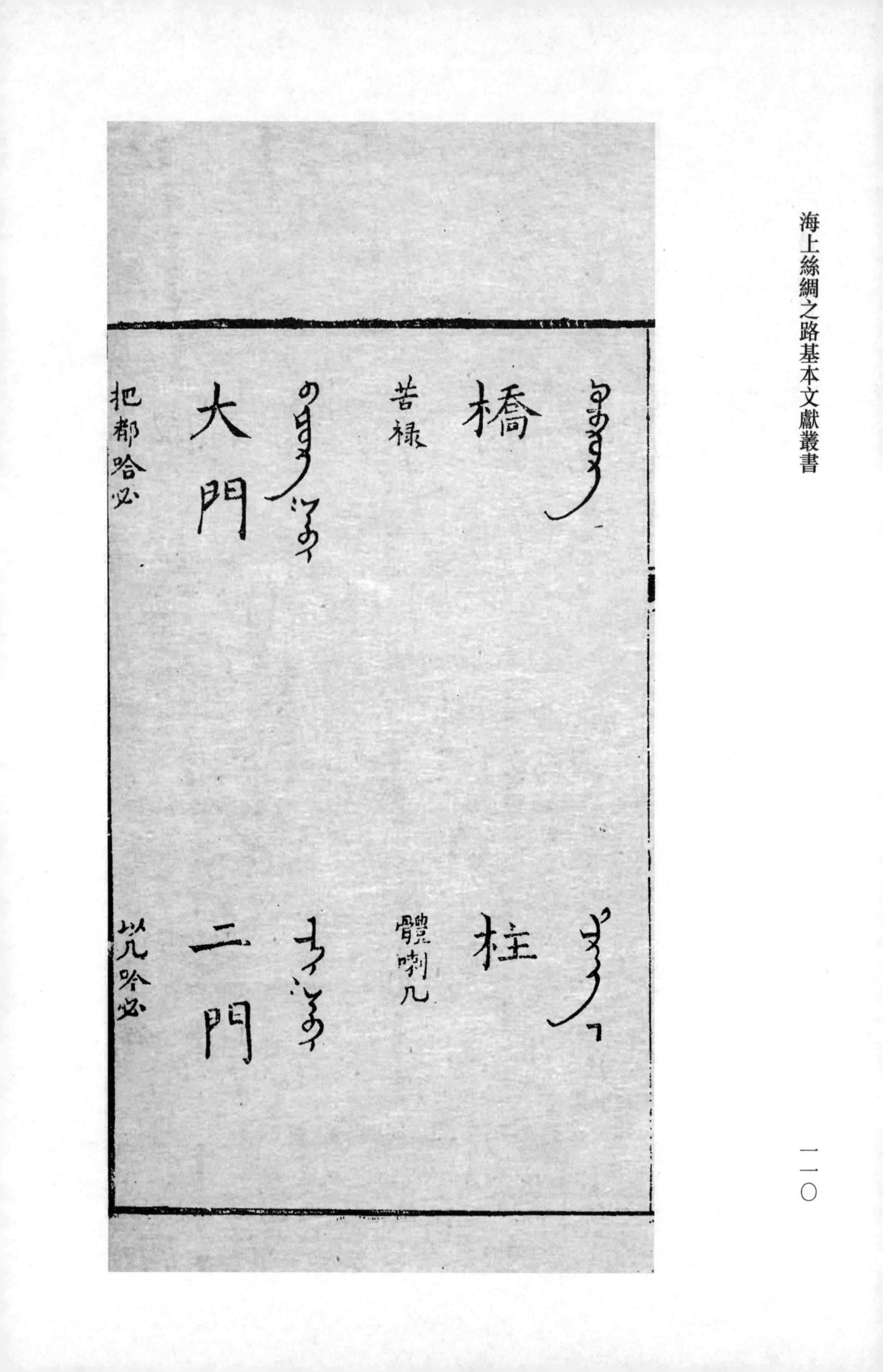

橋

苦祿

大門

把都哈必

柱

體喇几

二門

以几哈必

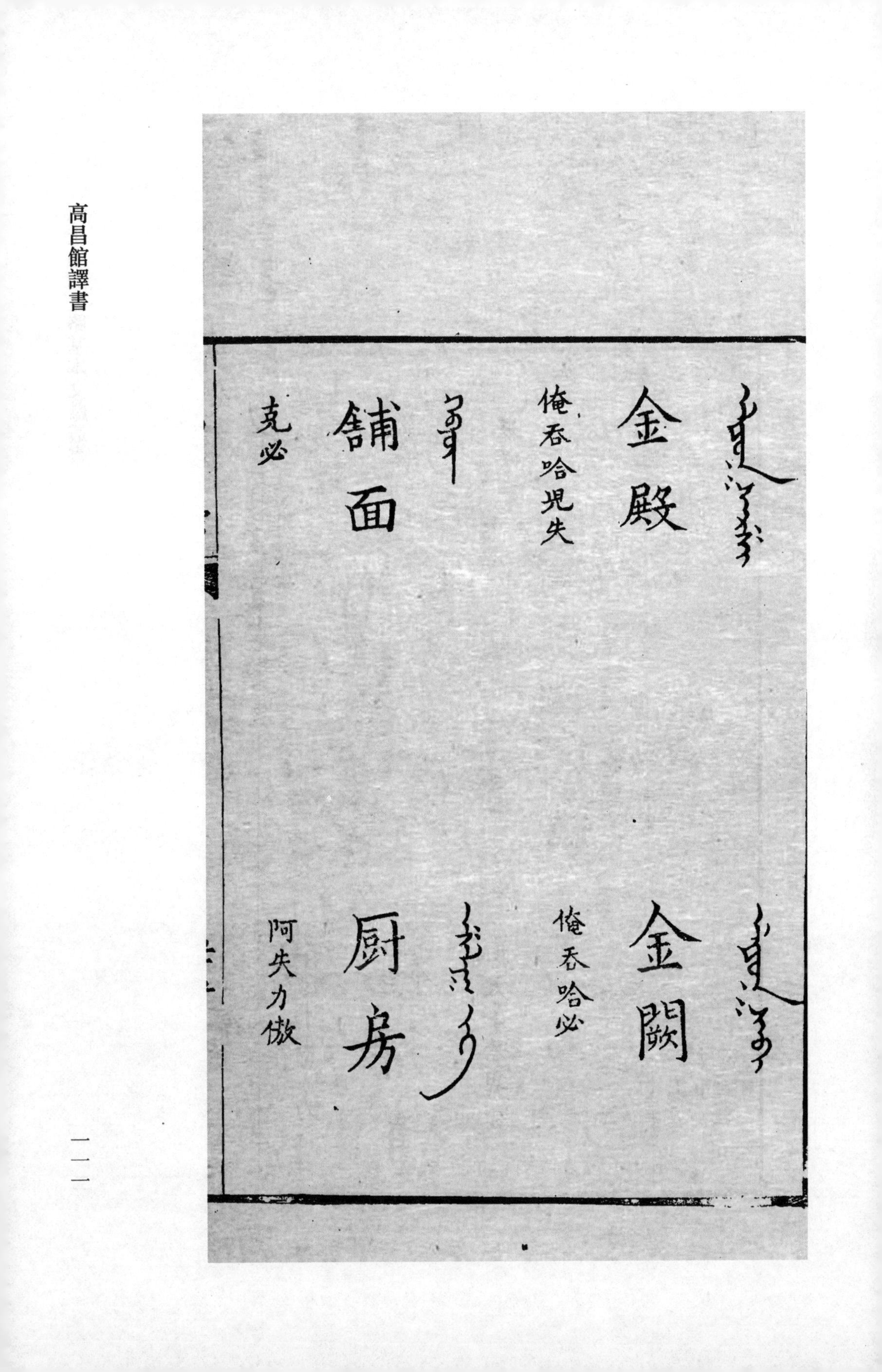

金殿 俺吞哈兒失

舖面 克必

金闕 俺吞哈必

廚房 阿失力儆

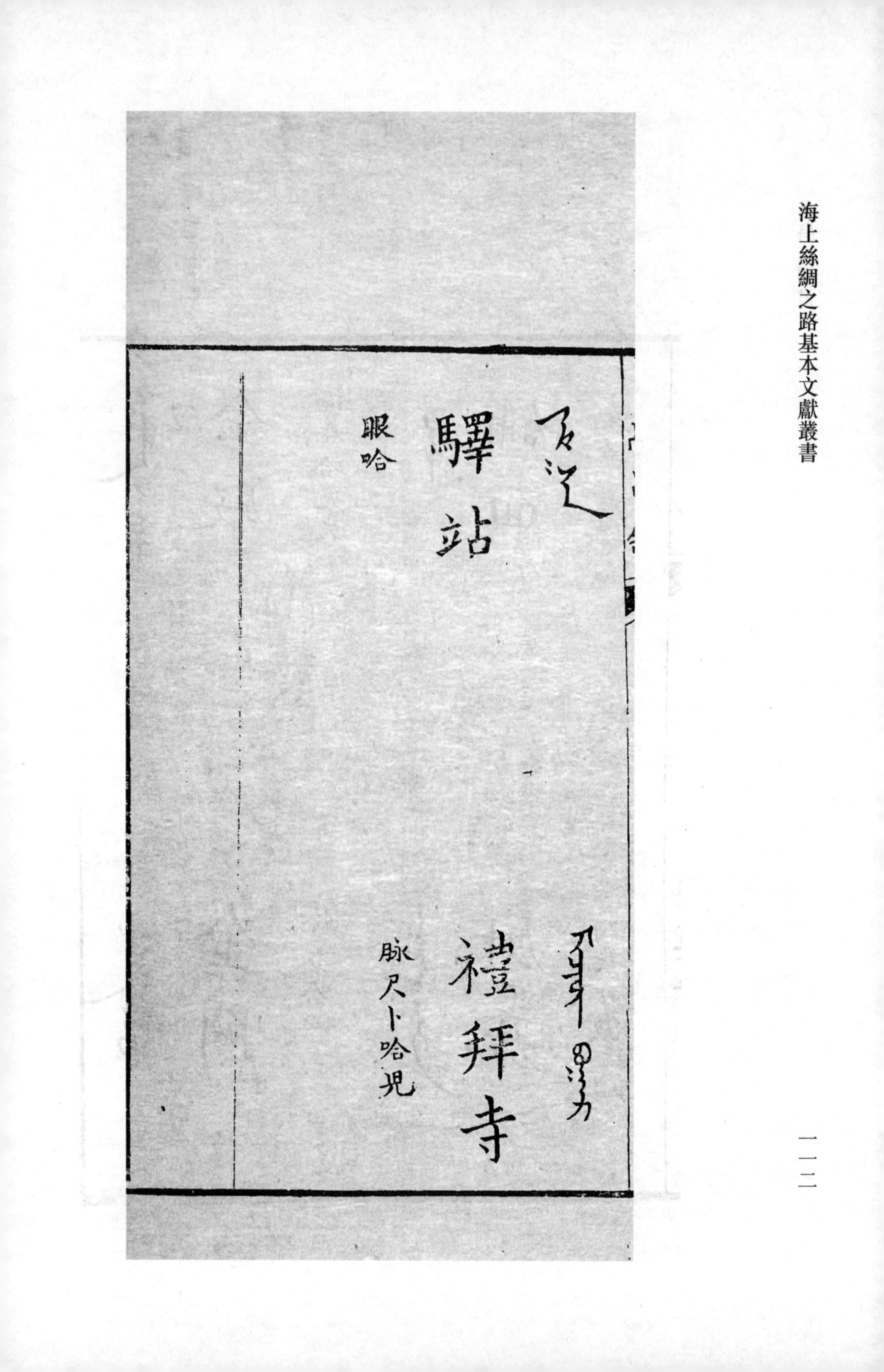

驛站

眼哈

禮拜寺

脉尺卜哈兒

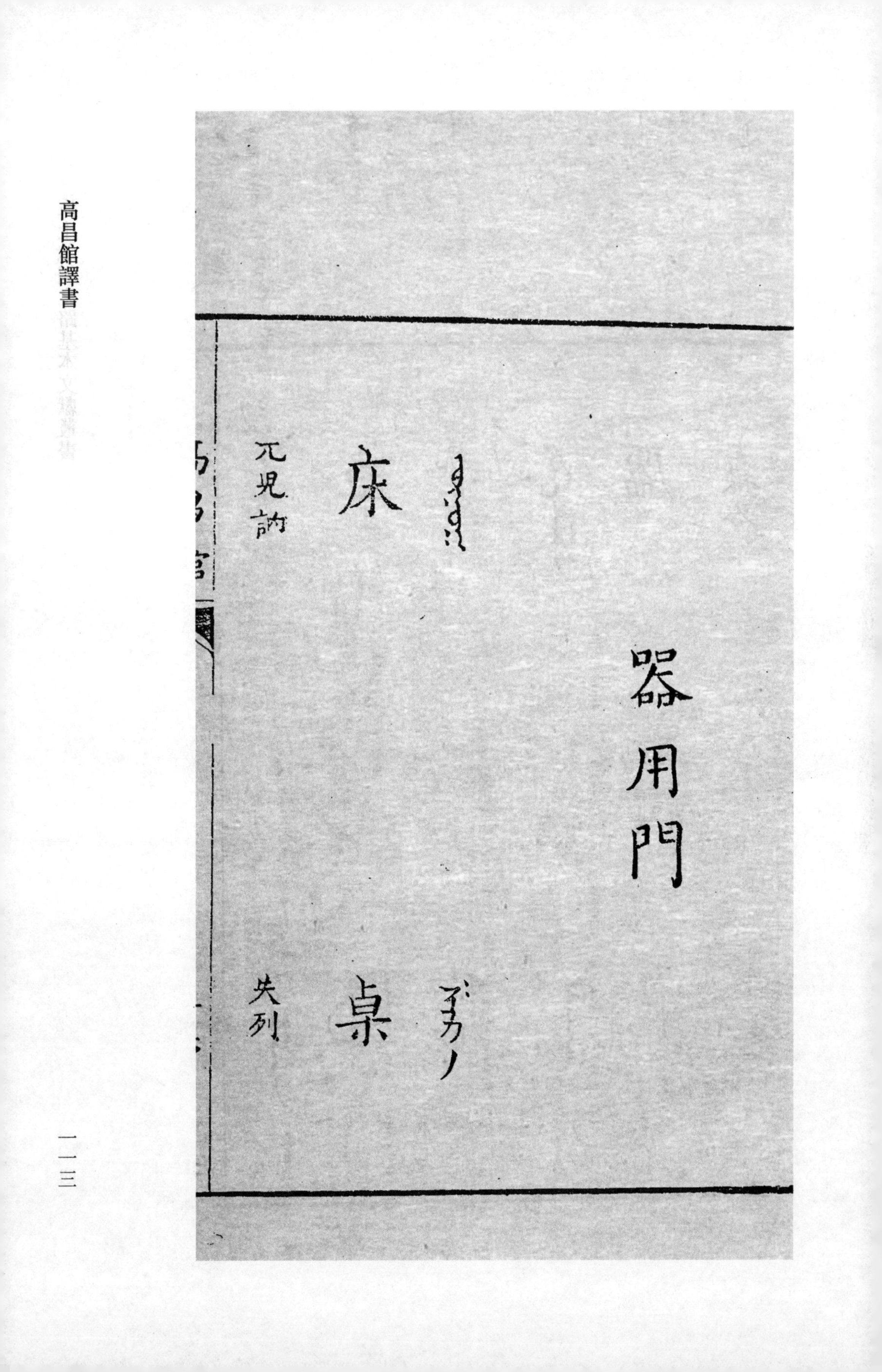

器用門

床

兀兒訥

桌

失列

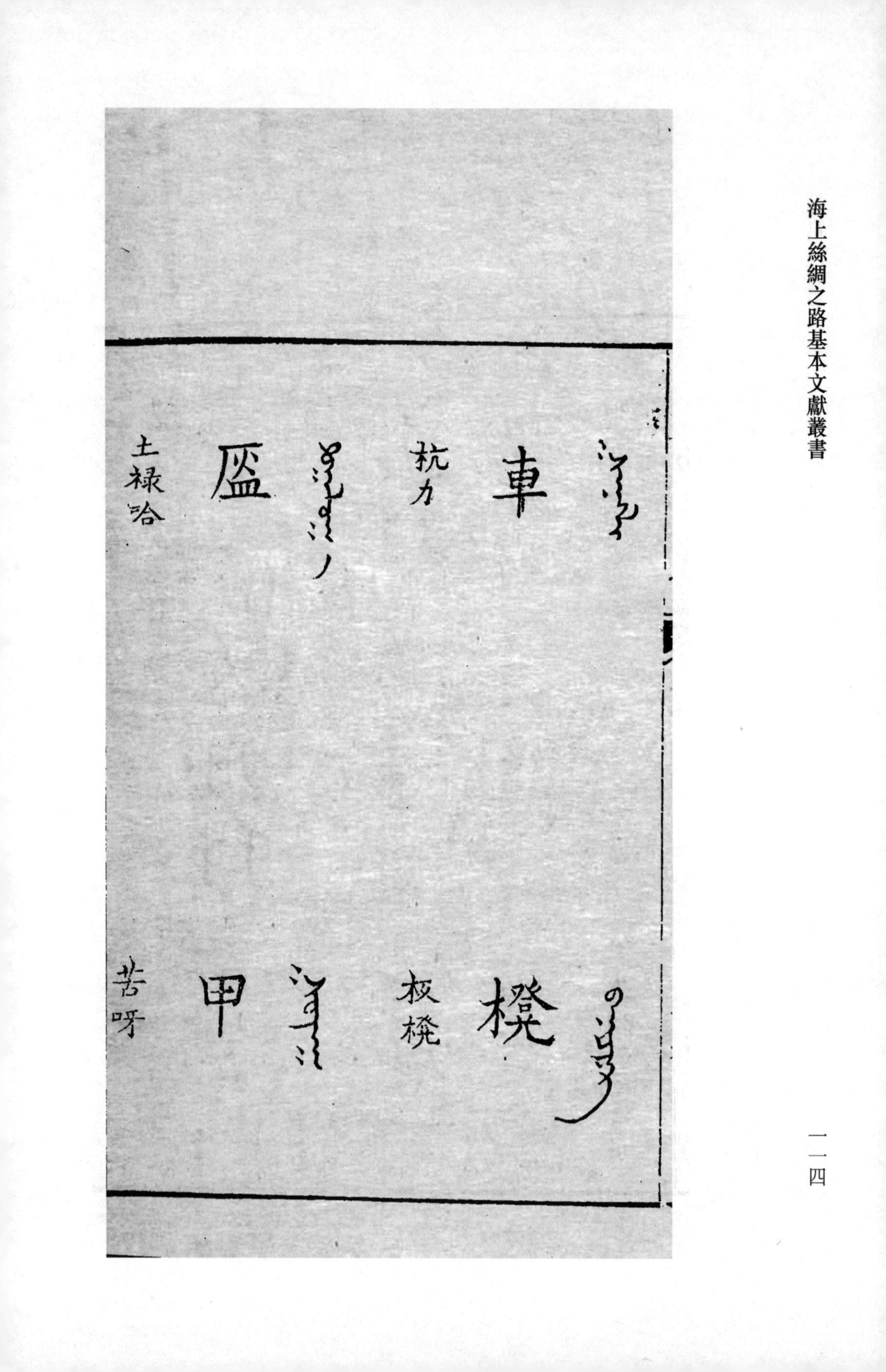

車 杭力

匳 土禄哈

櫈 板櫈

甲 苦呀

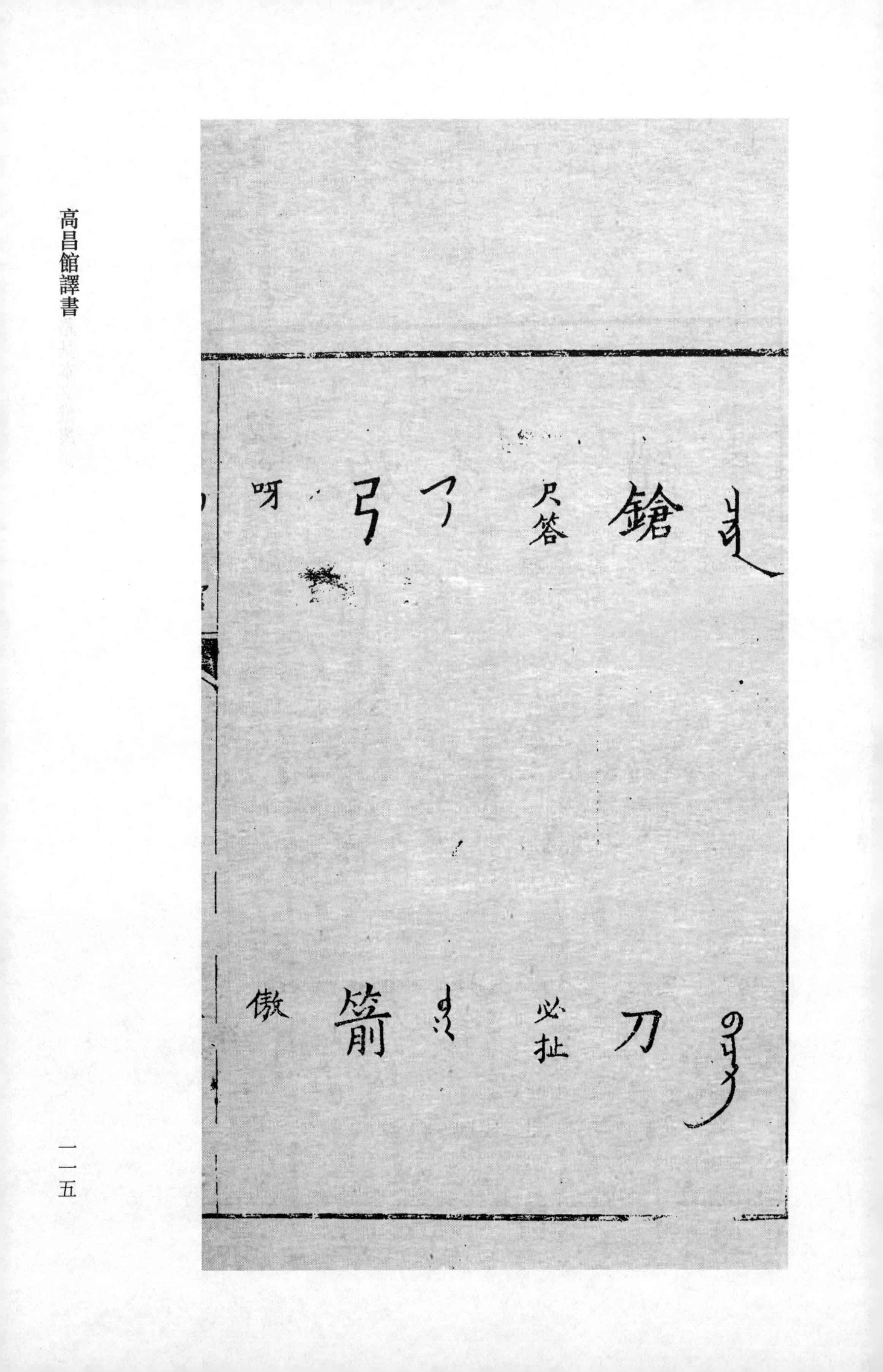

鎗 只答

刀 必扯

弓 呀

箭 傲

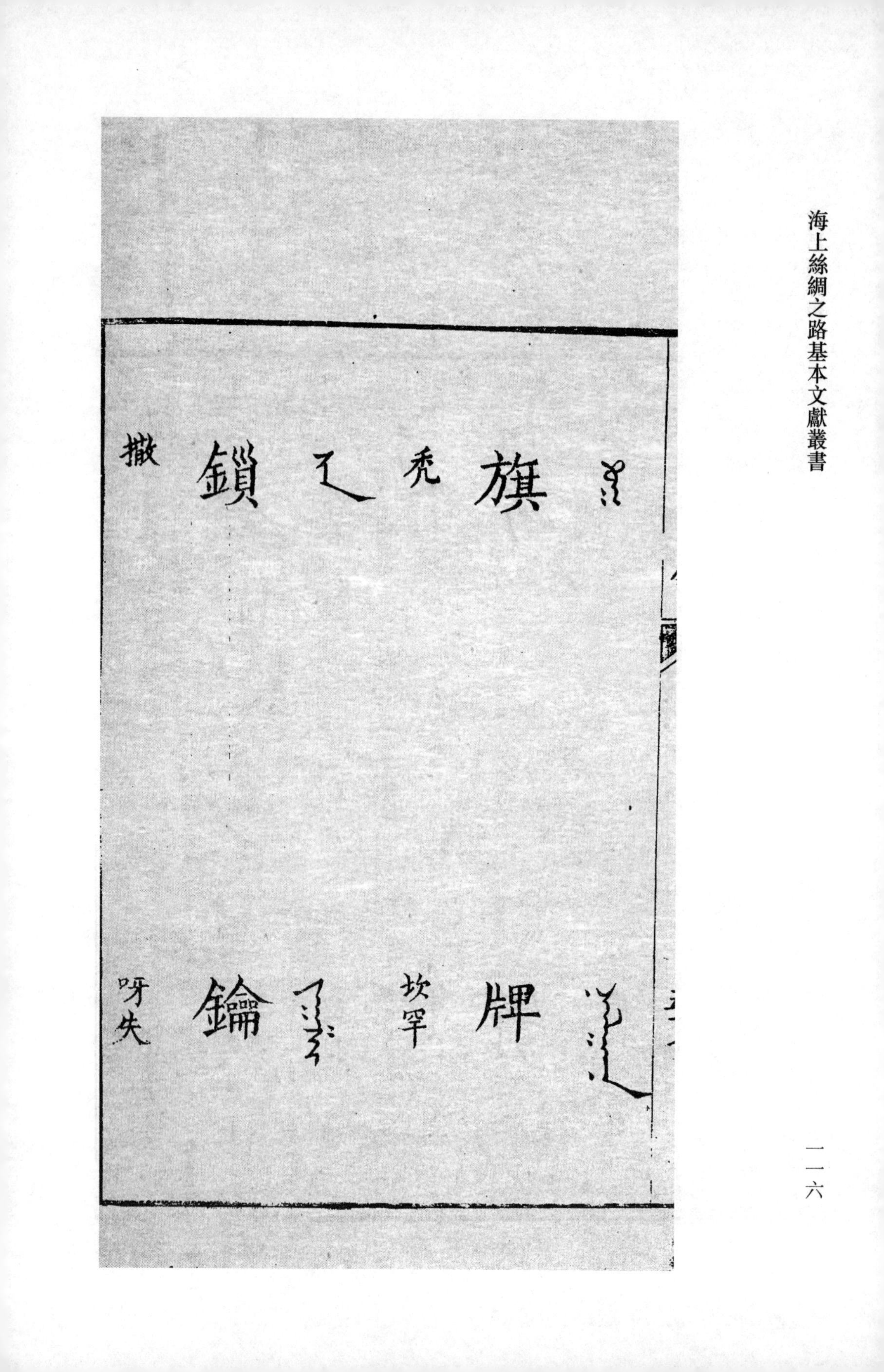

旗 禿

鎖 撒

牌 坎罕

鑰 呀失

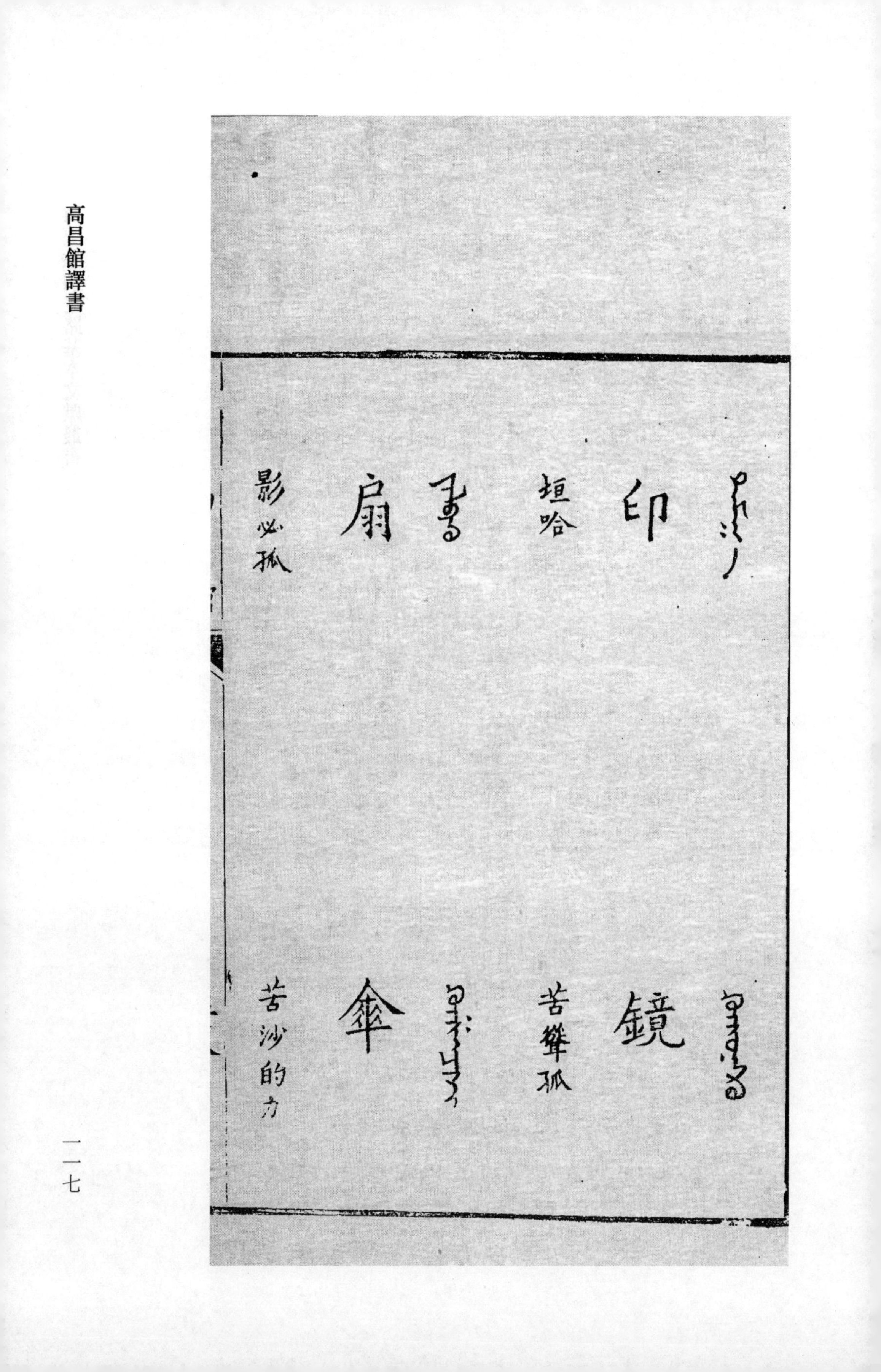

印 垣哈

扇 影必孤

鏡 苦聳孤

傘 苦沙的力

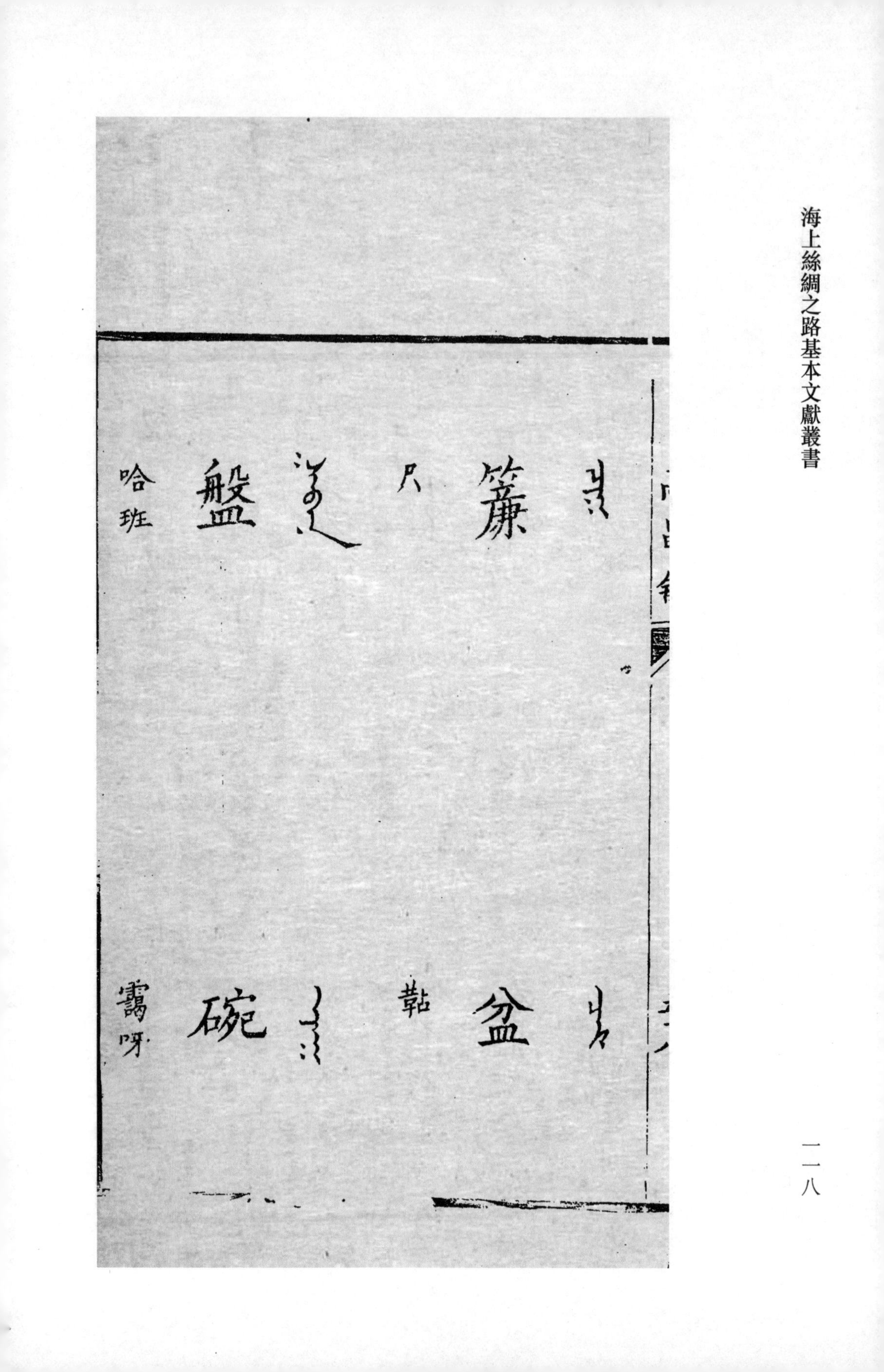

簾 只 盤 哈班

盆 鞊 碗 靄呀

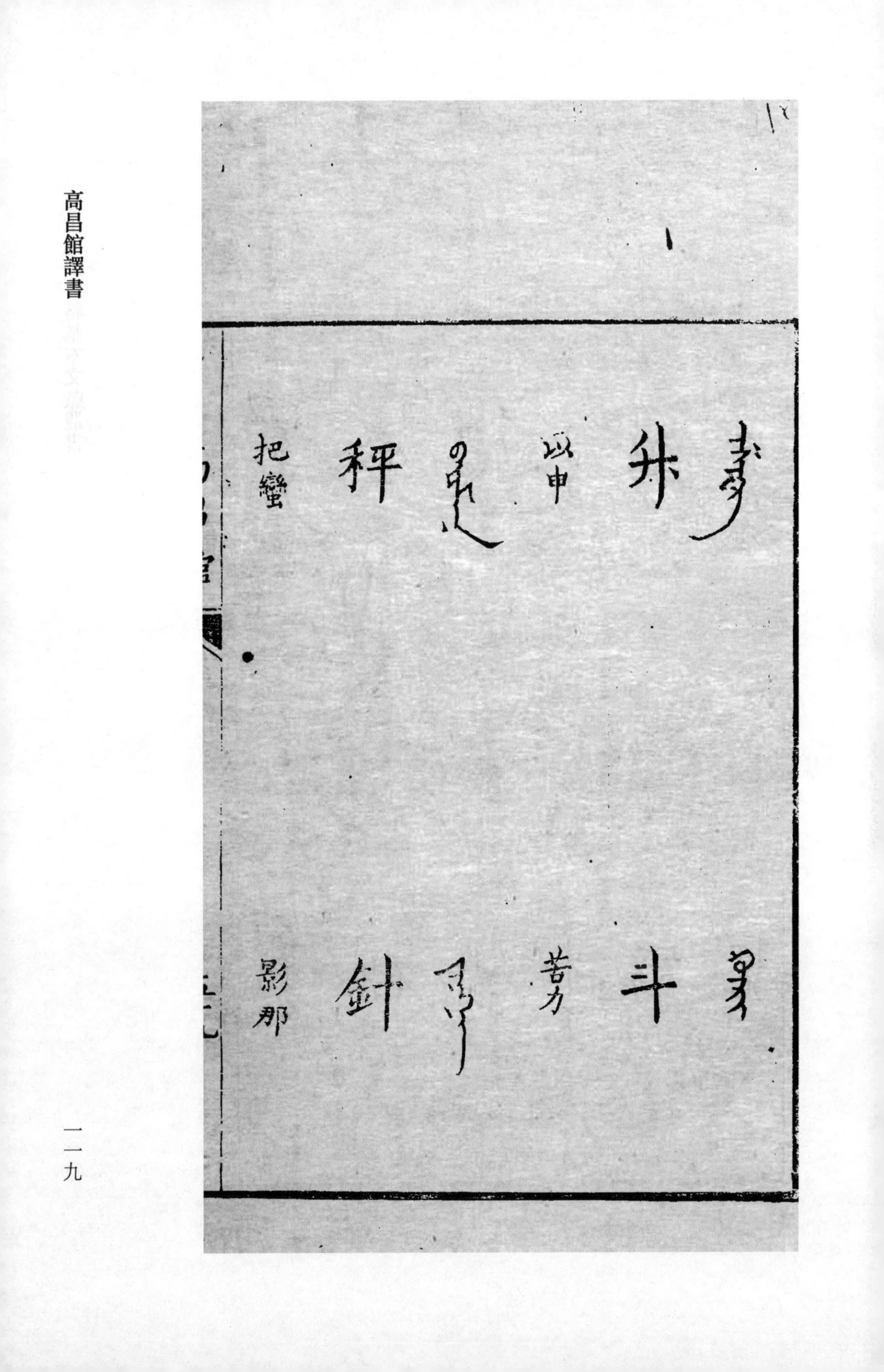

升 以申

秤 把鑾

斗 苦力

針 影那

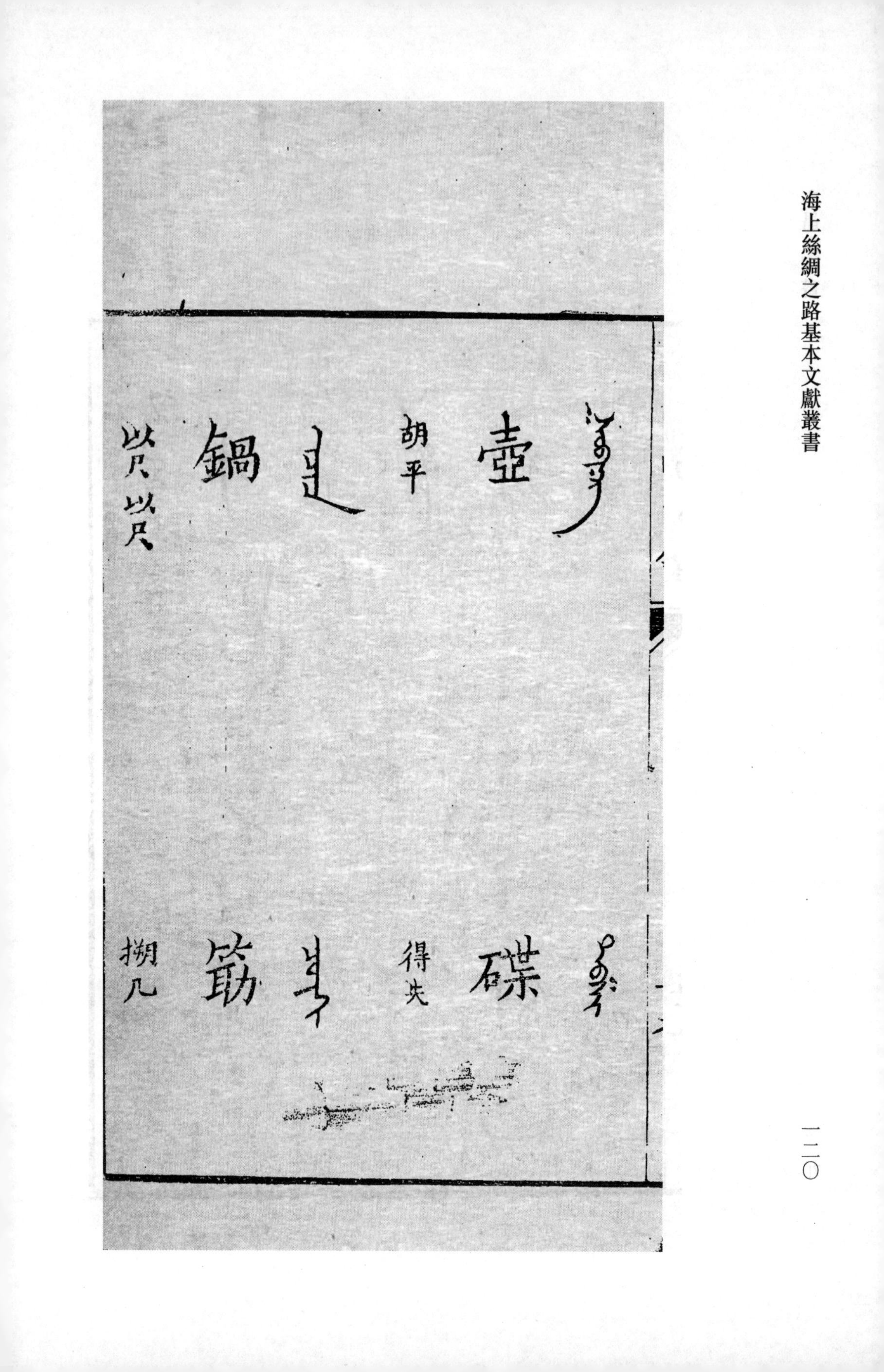

壺
胡平

鍋
以尺以尺

碟
得失

筯
搠几

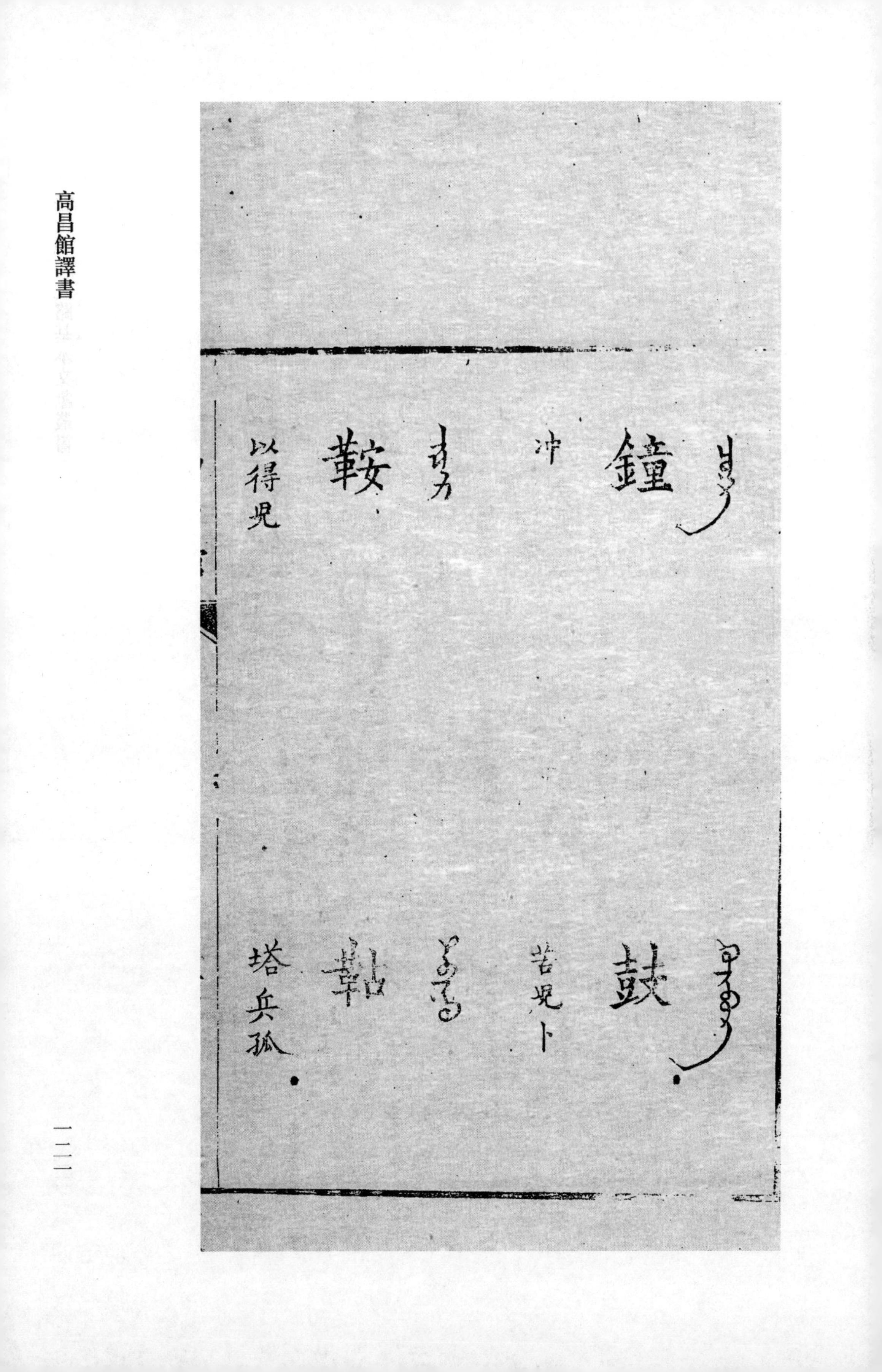

鐘 沖

鞍 以得兒

鼓 苦兒卜

鞊 塔兵孤

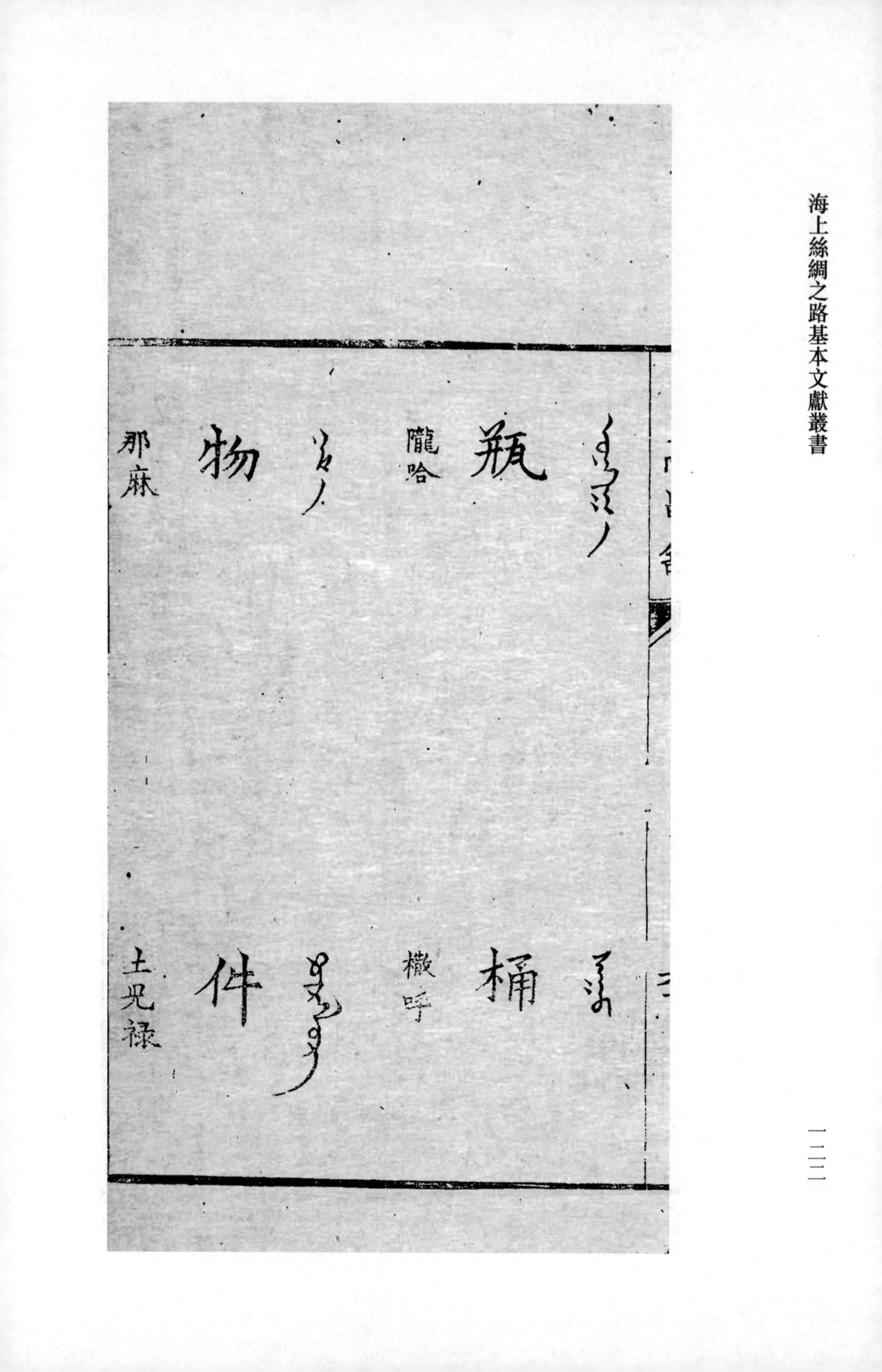

瓶 朧哈

物 那麻

桶 橵呼

件 土兒祿

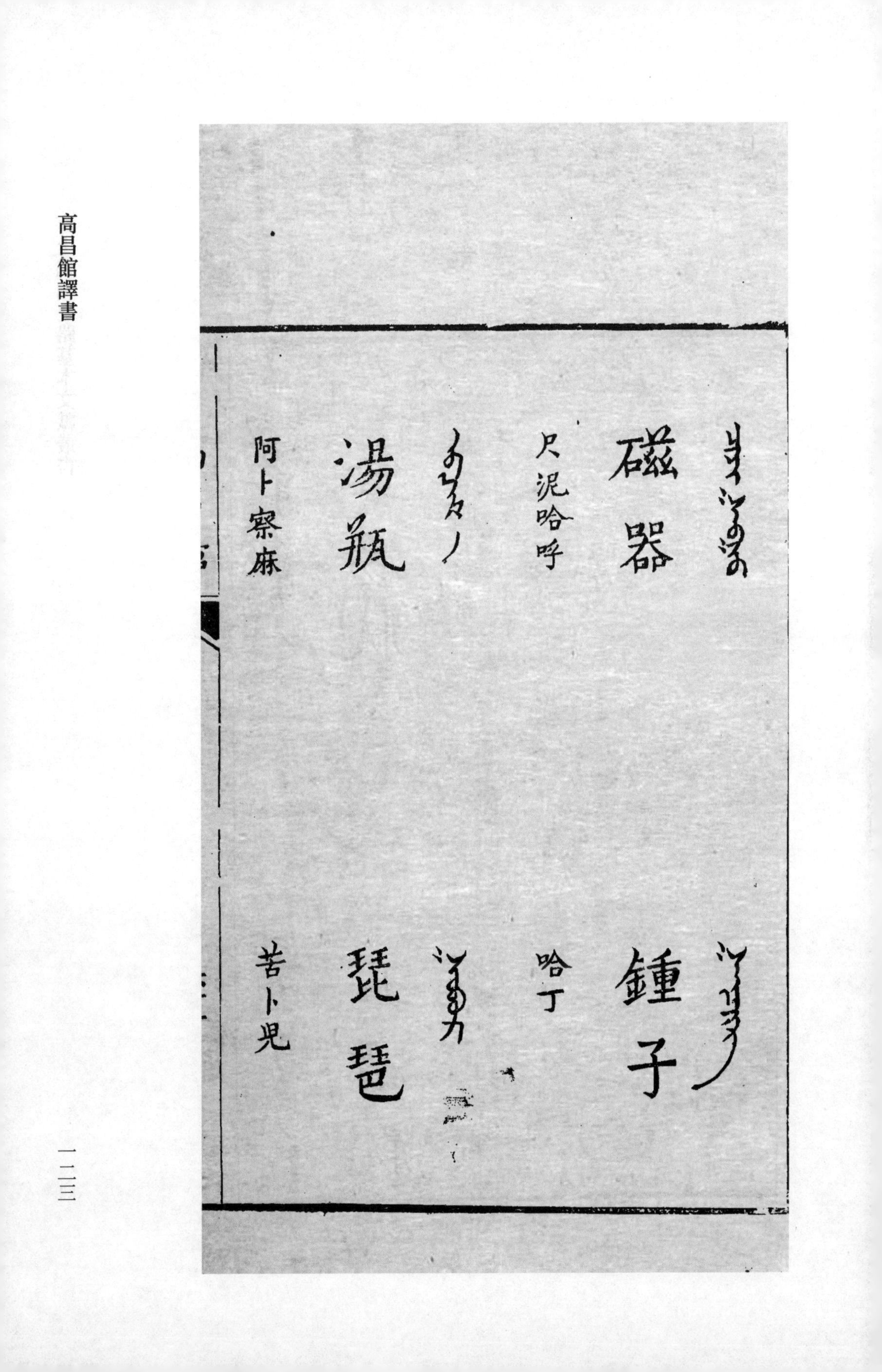

磁器
只泥哈呼

湯瓶
阿卜察麻

鍾子
哈丁

琵琶
苦卜兒

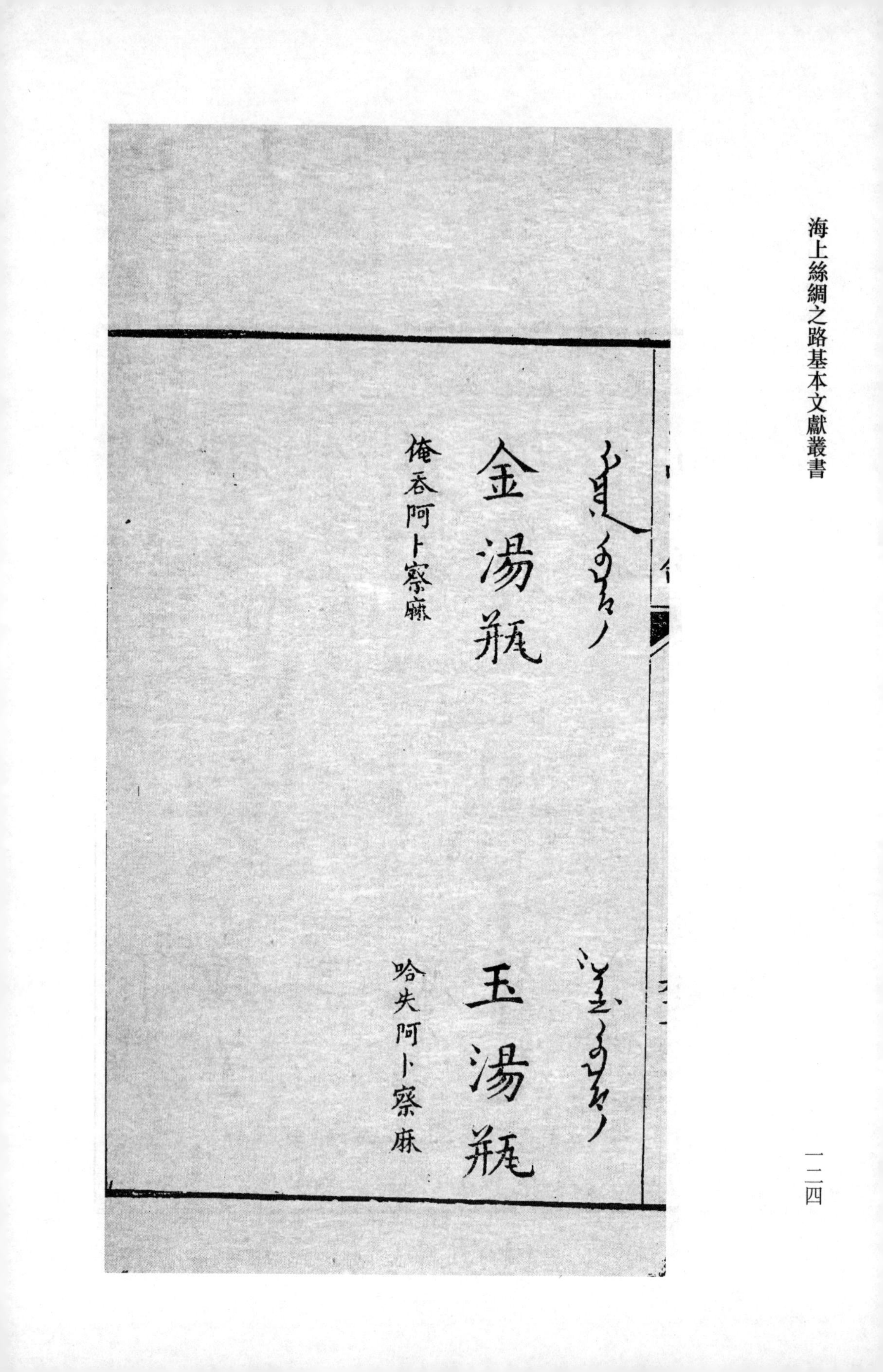

金湯瓶
俺吞阿卜察麻

玉湯瓶
哈失阿卜察麻

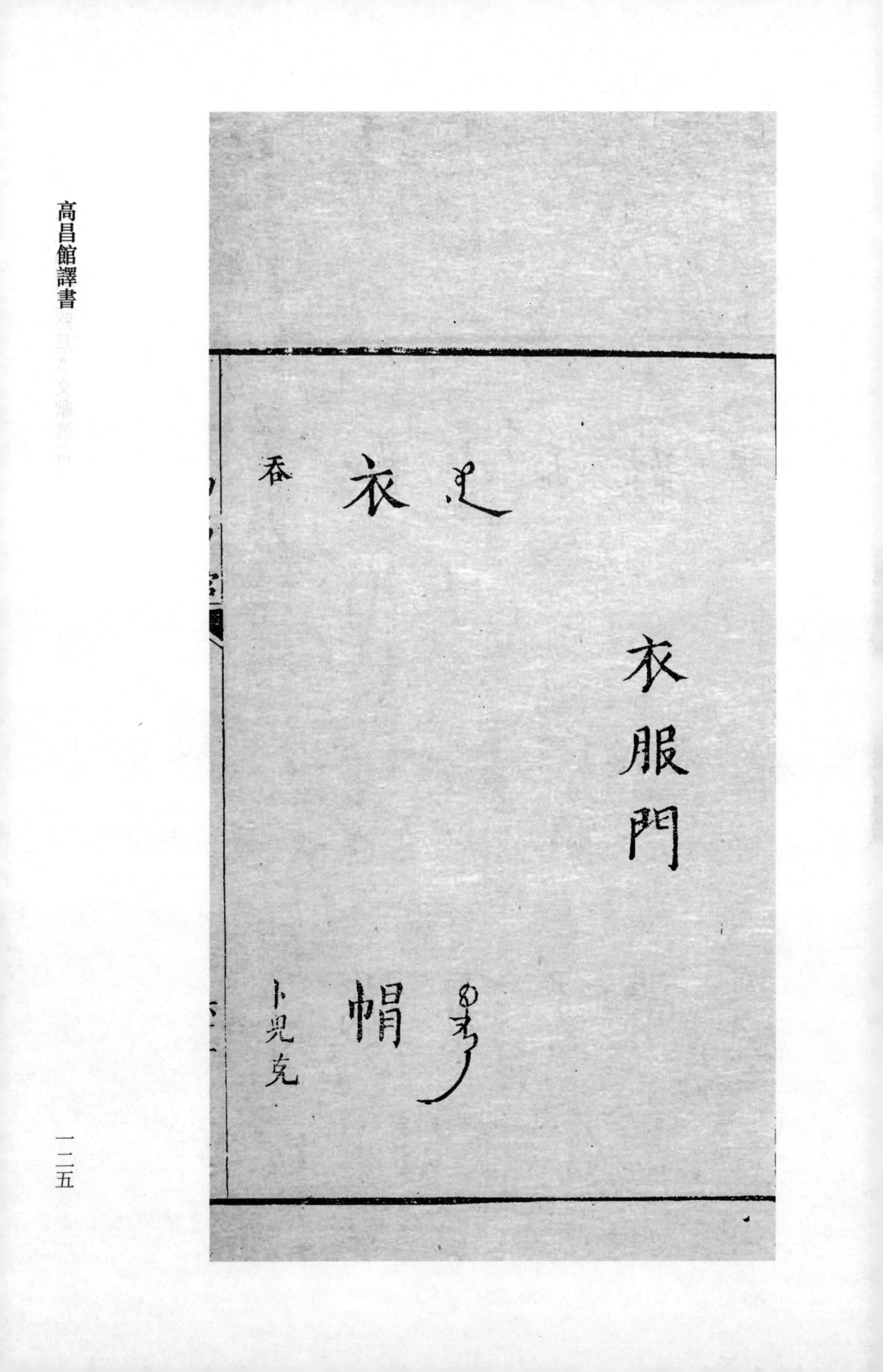

衣服門

衣 呑

帽 卜兒克

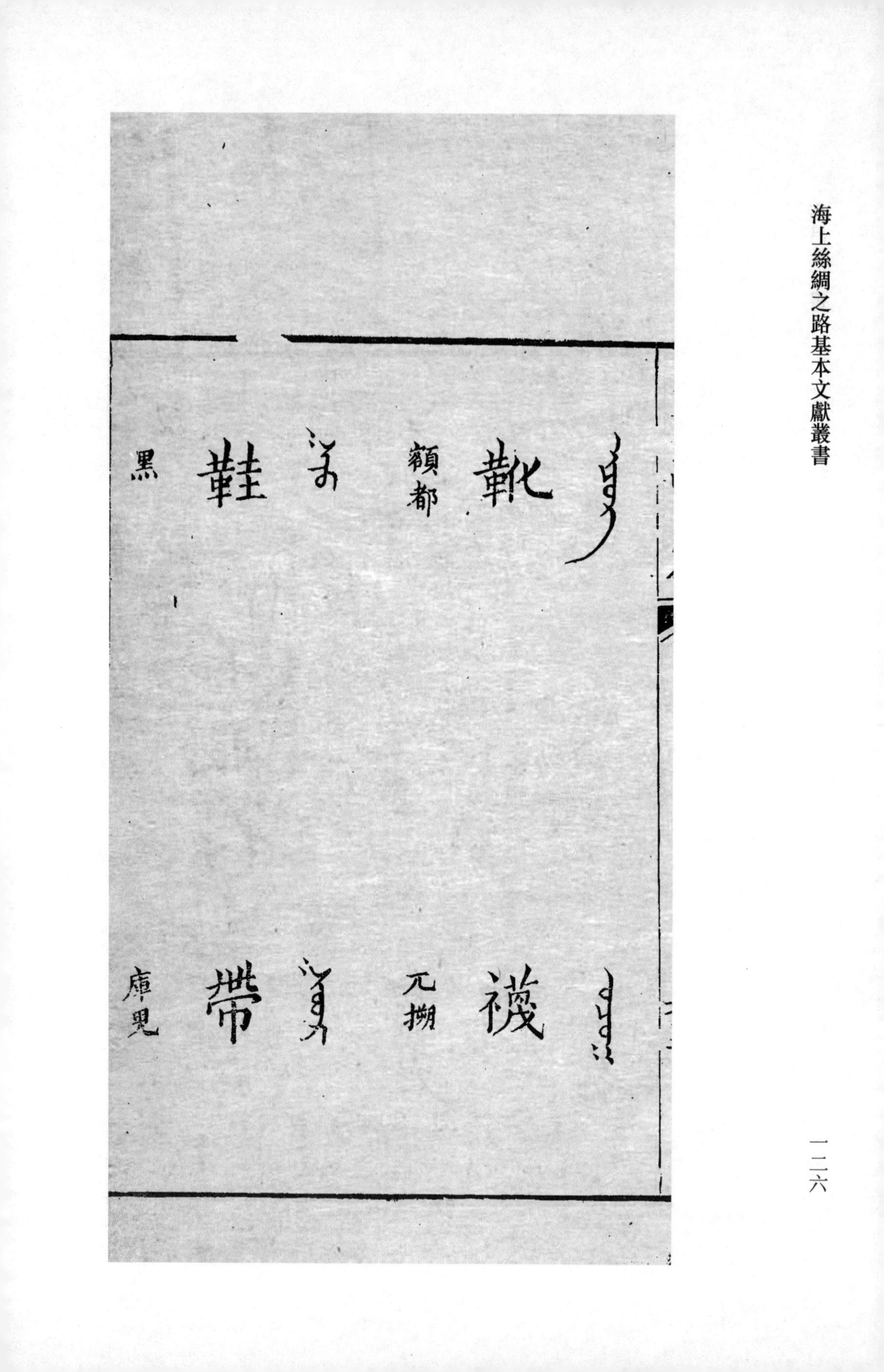

鞾
額都

鞋
黑

襪
兀掤

帶
庫兒

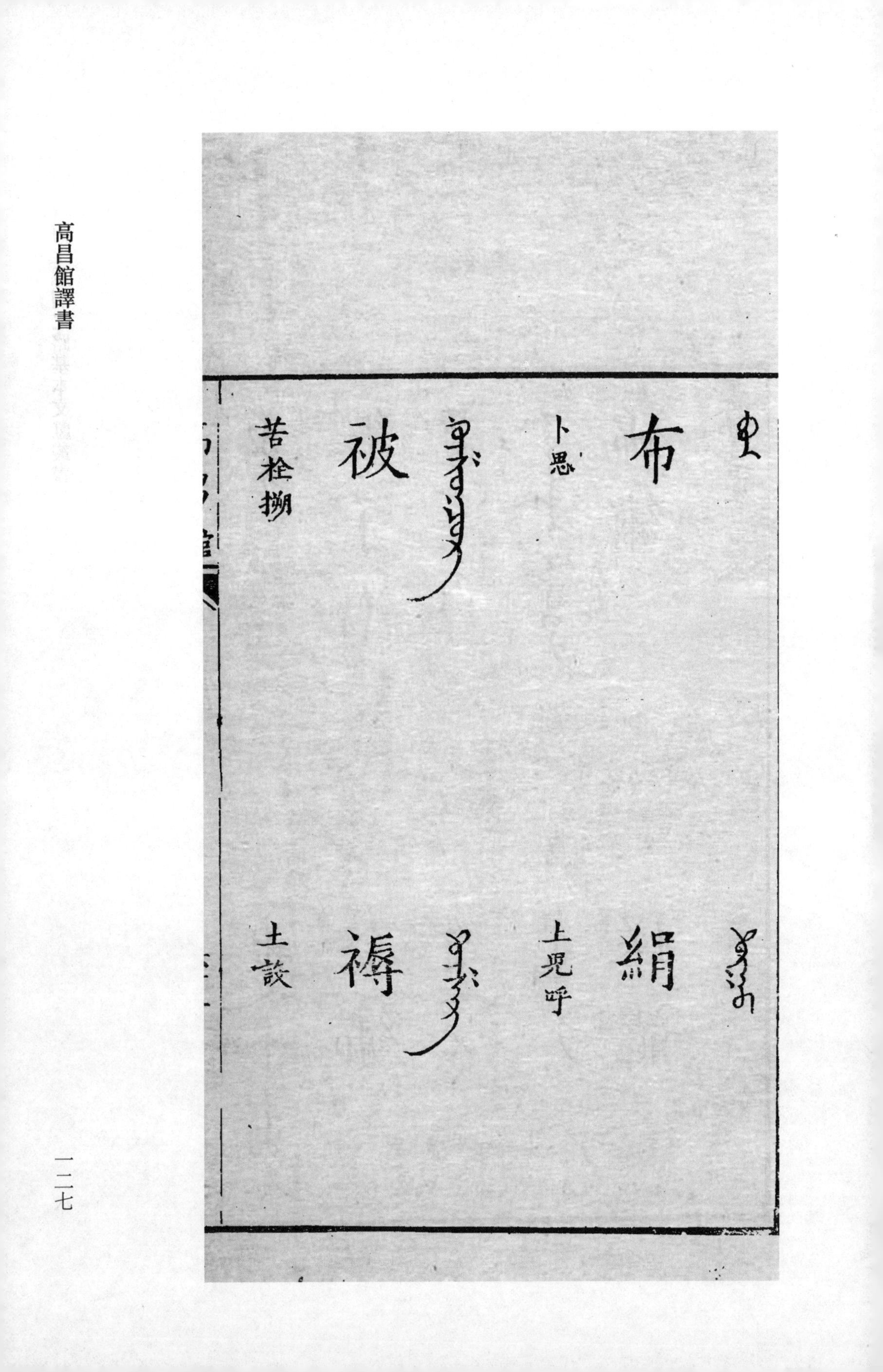

布 卜思

絹 上兒呼

被 苦栓搠

褥 土該

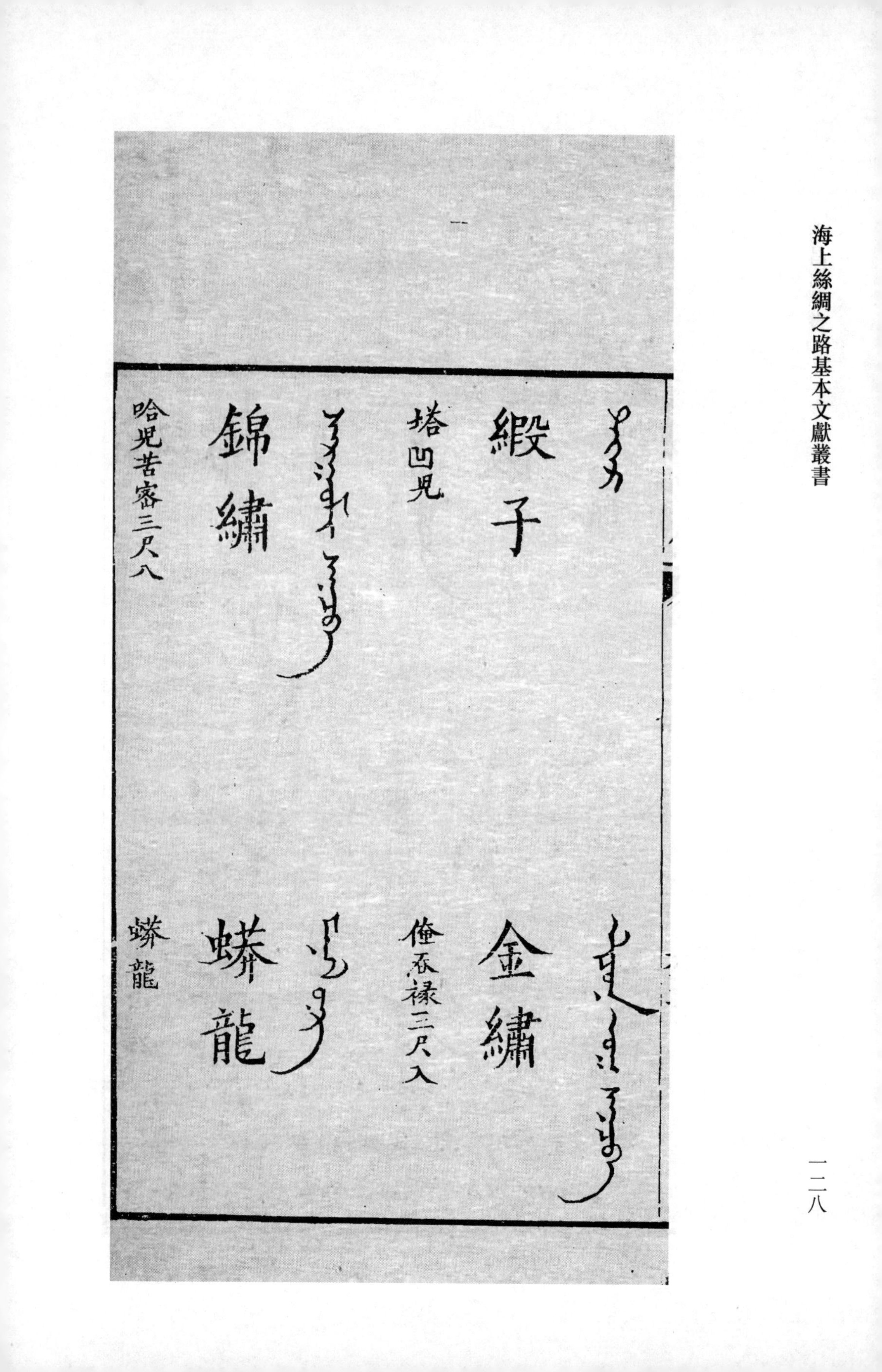

緞子
塔凹兒

錦繡
哈兒苦嵤三尺八

金繡
俺忝禄三尺入

蟒龍
蟒龍

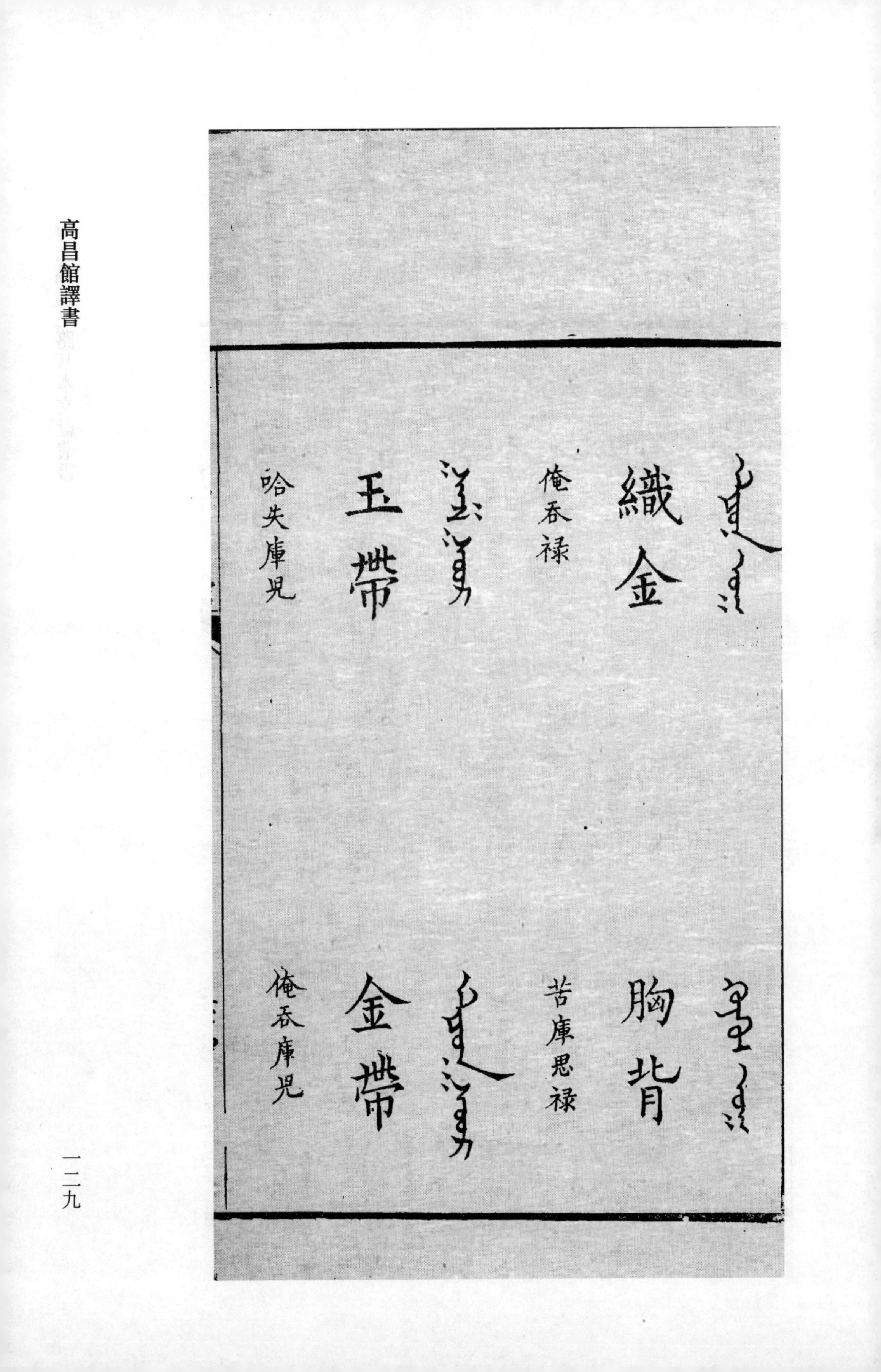

織金
俺吞祿

玉帶
哈失庫兒

胸背
苦庫思祿

金帶
俺吞庫兒

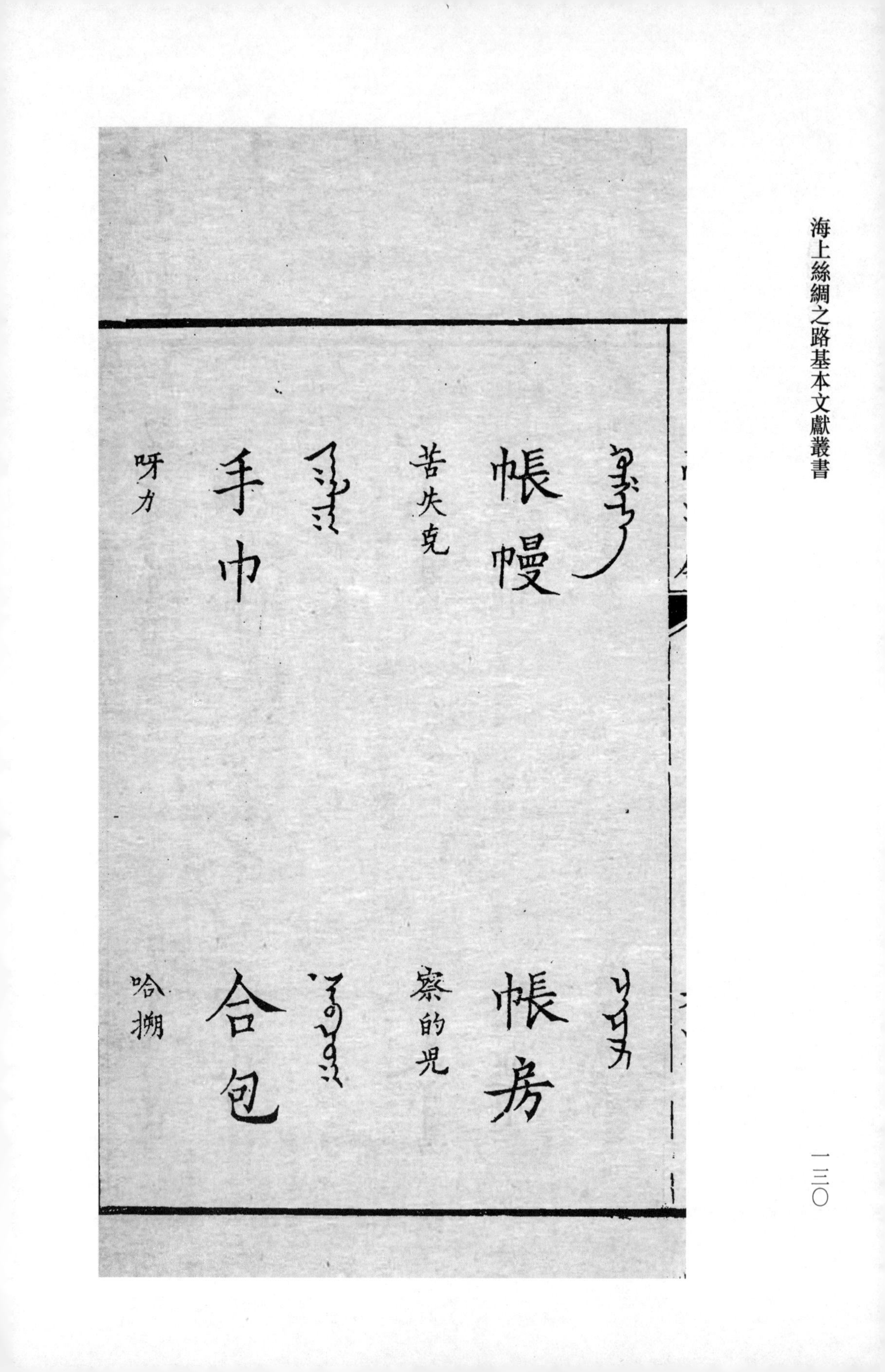

帳幔

苦失克

手巾

呀力

帳房

察的兒

合包

哈搠

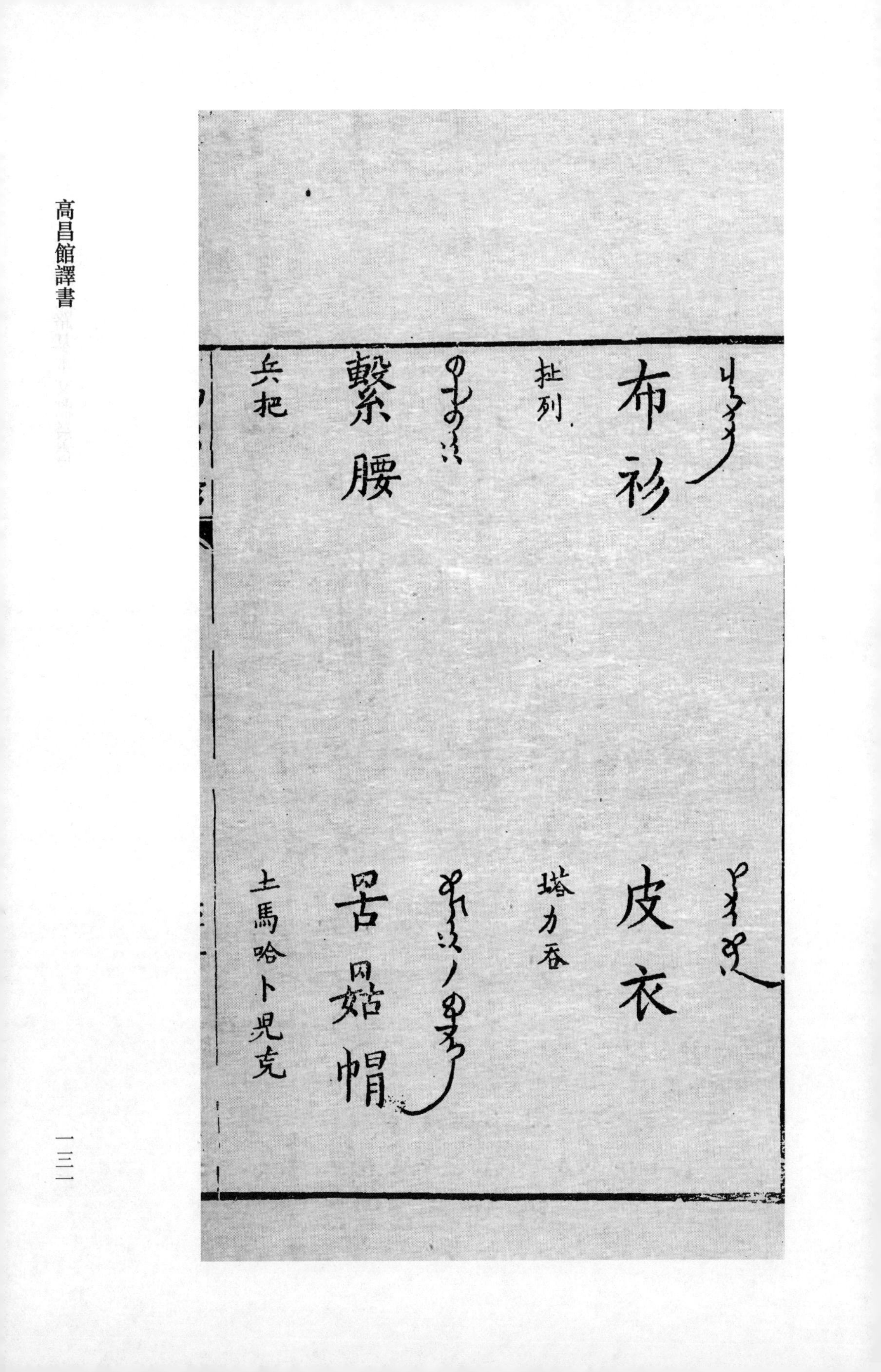

布衫 扯列

繫腰 兵把

皮衣 塔力吞

罟罟帽 土馬哈卜兒克

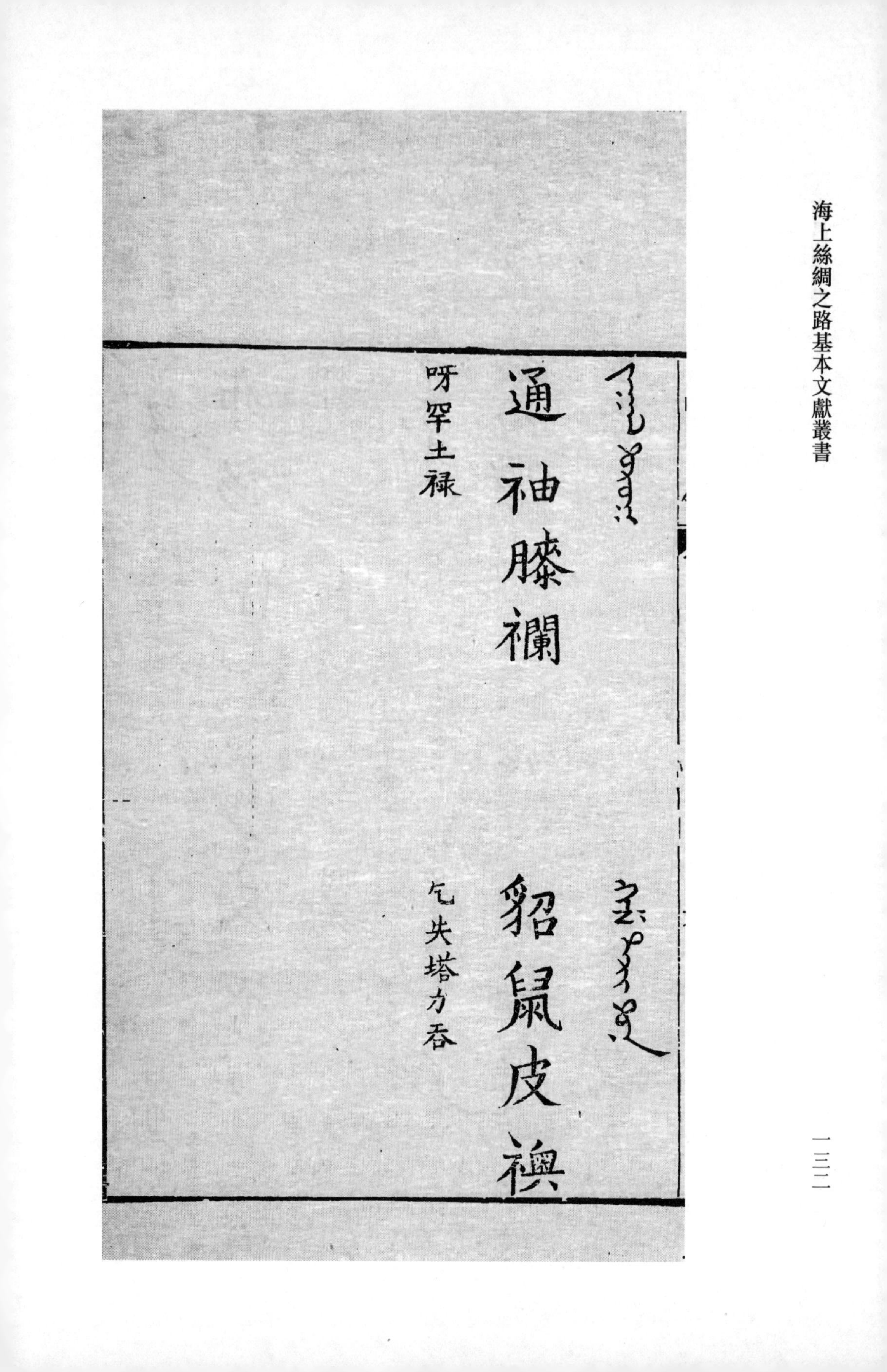

通袖膝襴

呀罕土禄

貂鼠皮襖

乞失塔力呑

珍寶門

金
俺吞

銀
苦木失

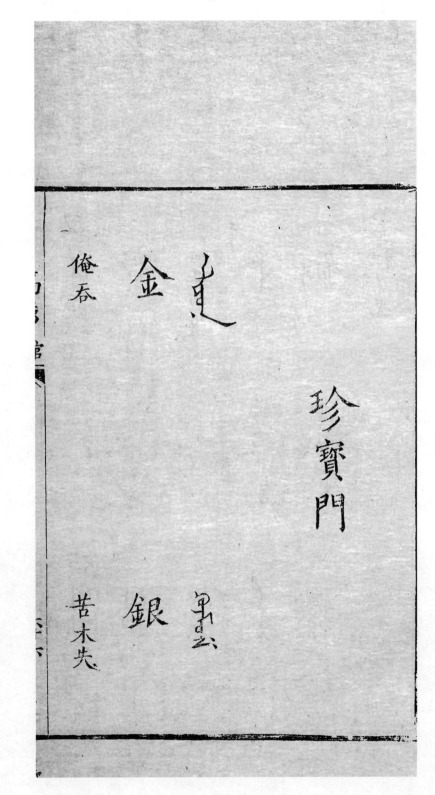

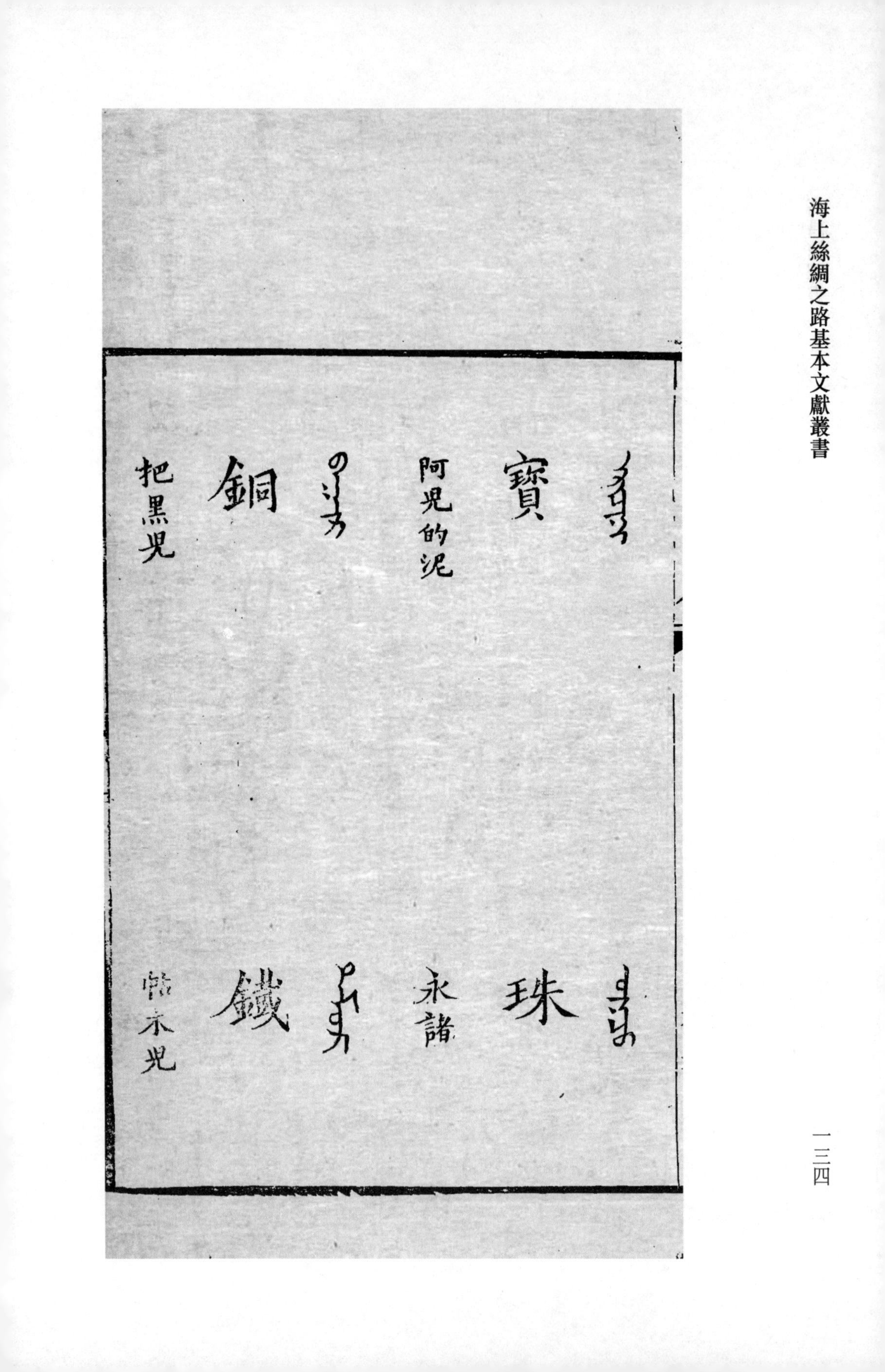

寶 阿兒的泥

珠 永諸

銅 把黑兒

鐵 帖木兒

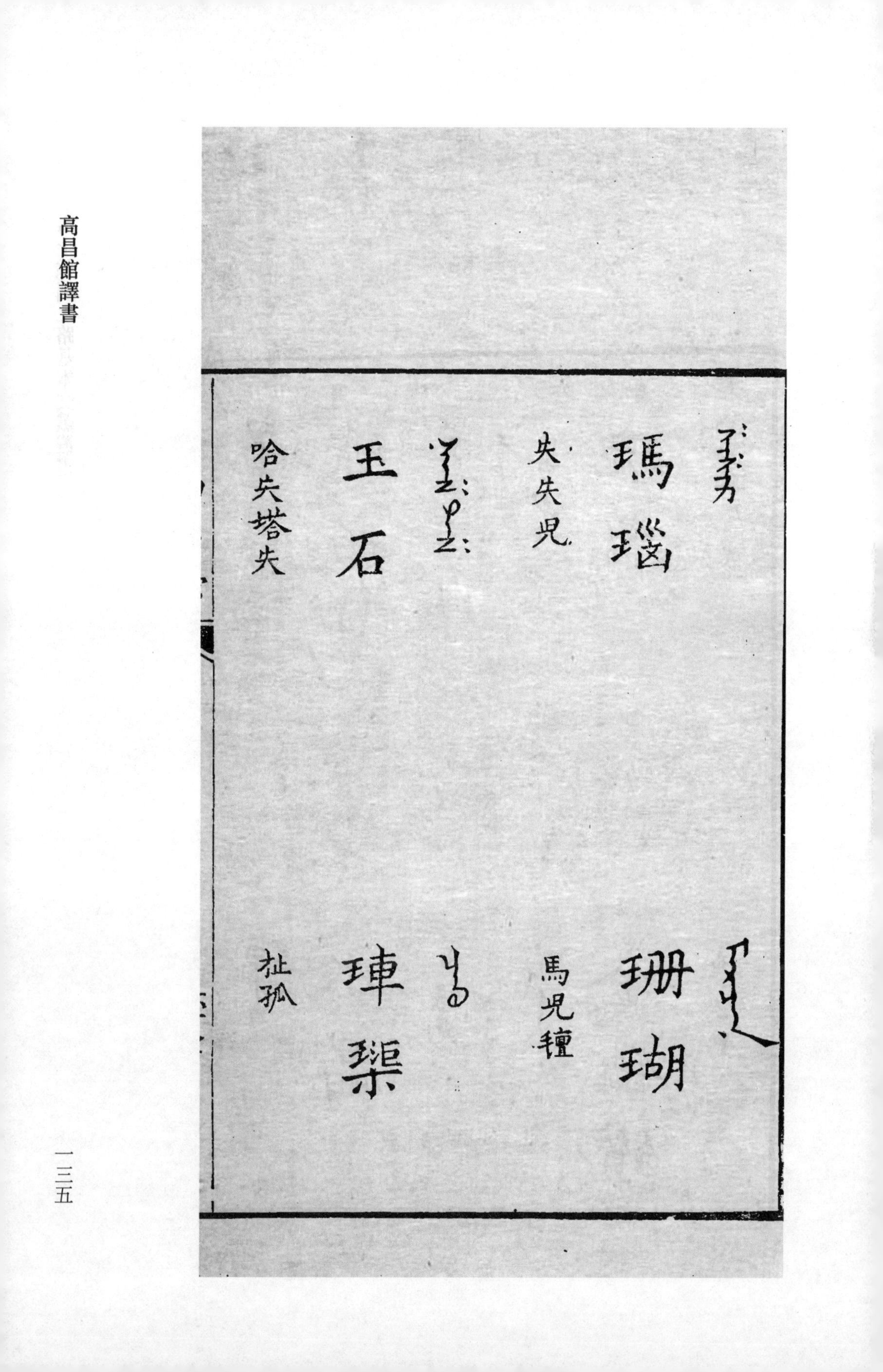

瑪瑙
失失兒

玉石
哈失塔失

珊瑚
馬兒鐔

硨磲
扯孤

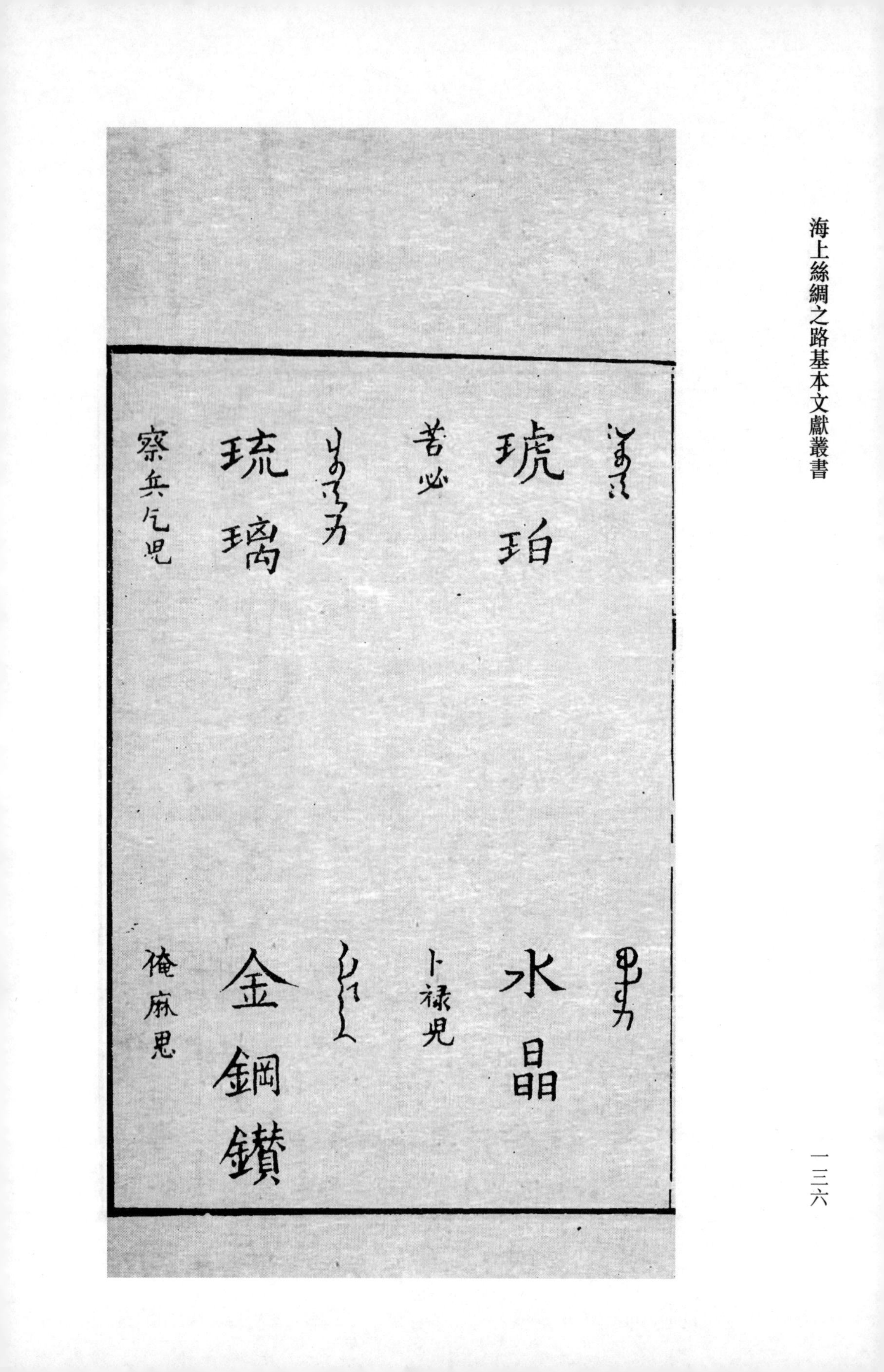

琥珀
苦必

琉璃
察兵乞兒

水晶
卜禄兒

金鋼鑽
俺麻思

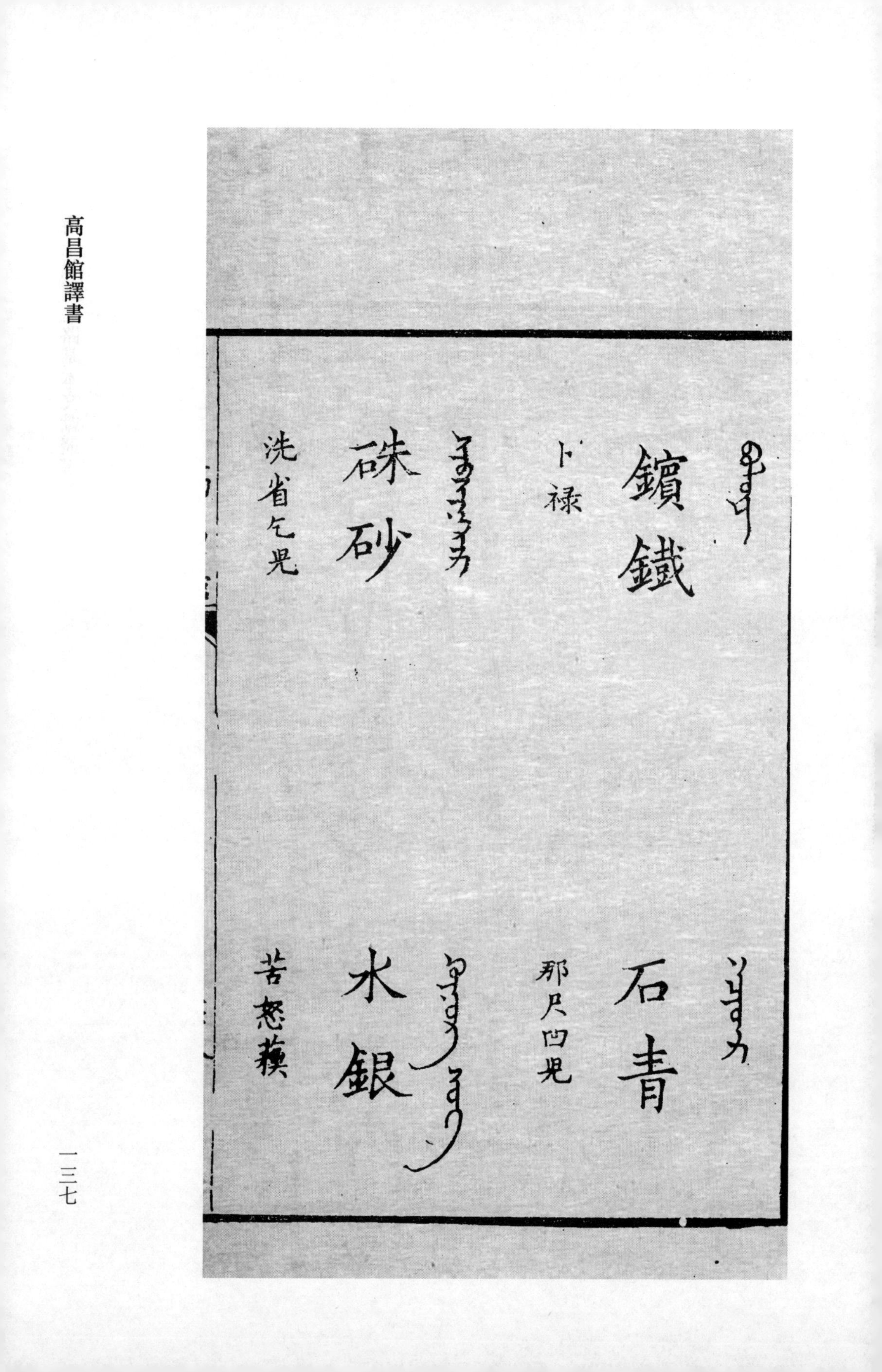

鑌鐵
卜禄

石青
那尺凹兒

硃砂
洗省乞兒

水銀
苦怒藾

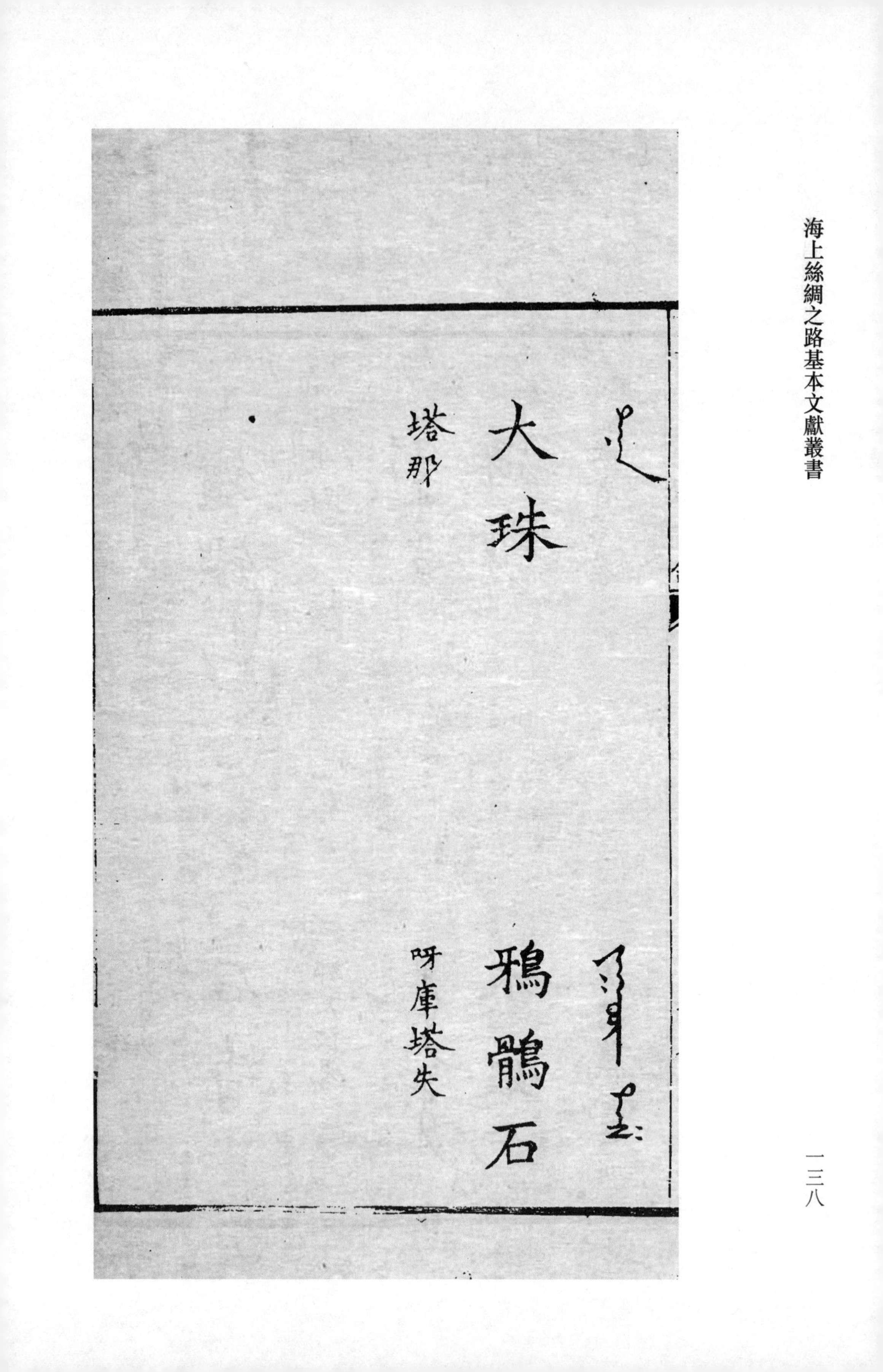

大珠
塔那

鴉鶻石
呀庫塔失

飲饌門

酒 琑兒麻

飯 阿失

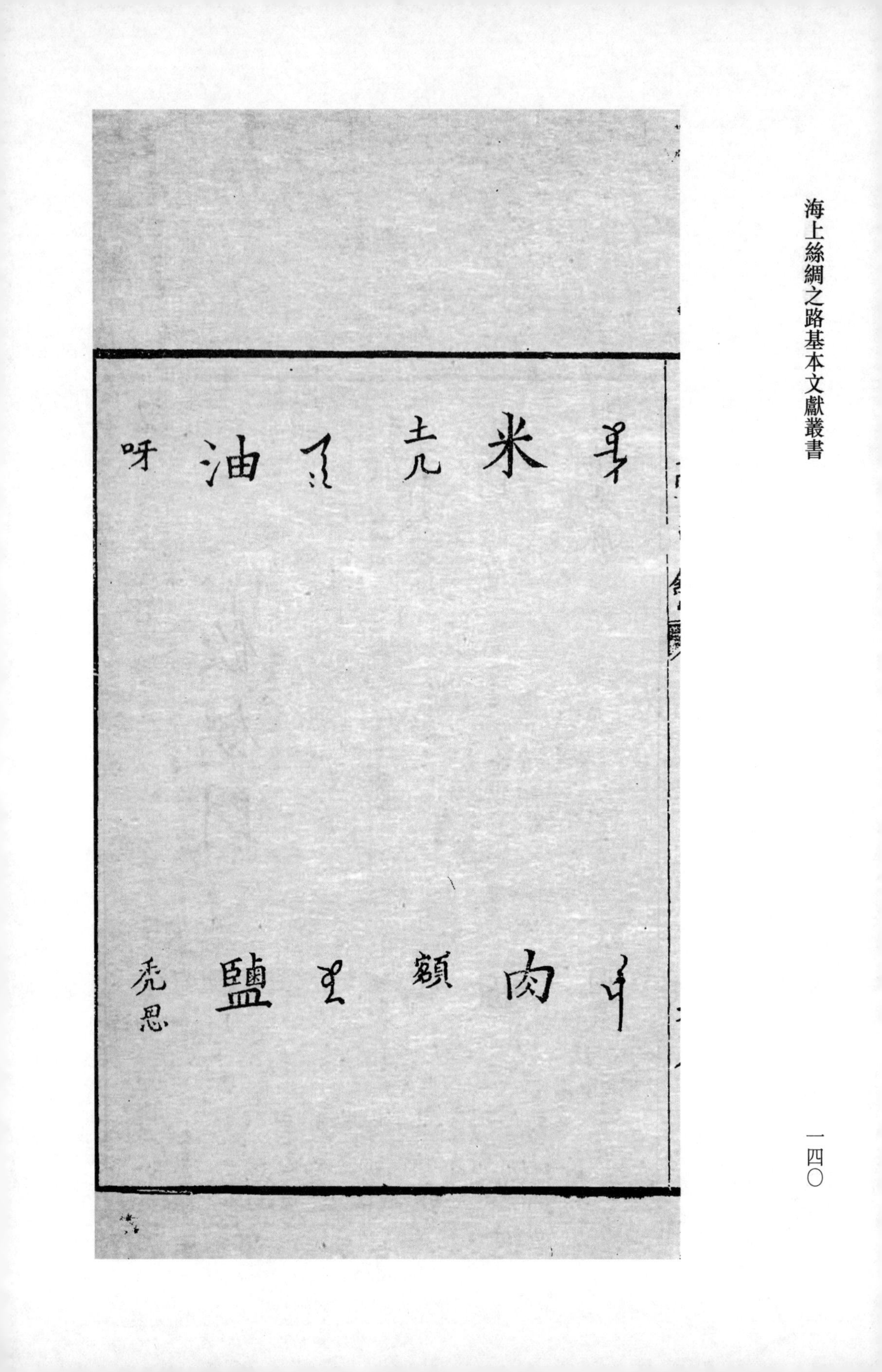

米 壳

油 呀

肉 額

鹽 秃思

麪 喇沙

茶 察

醋 洗兒克

湯 淑兒伯

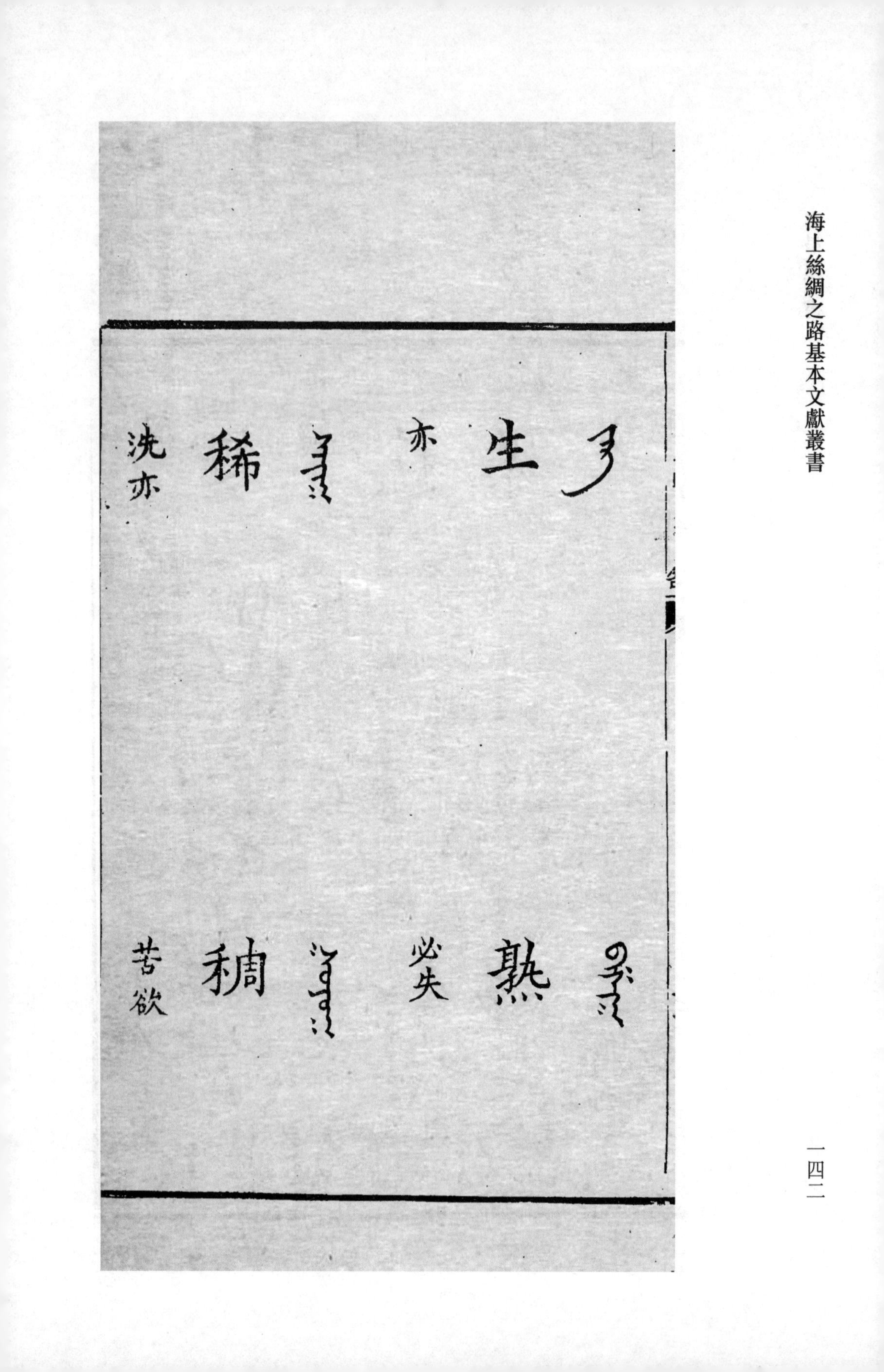

生 亦

稀 洗亦

熟 必失

稠 苦欲

酸
洗兒克

炒麪
坦罕

醎
淑兒塔兒哈

燒餅
兀麻

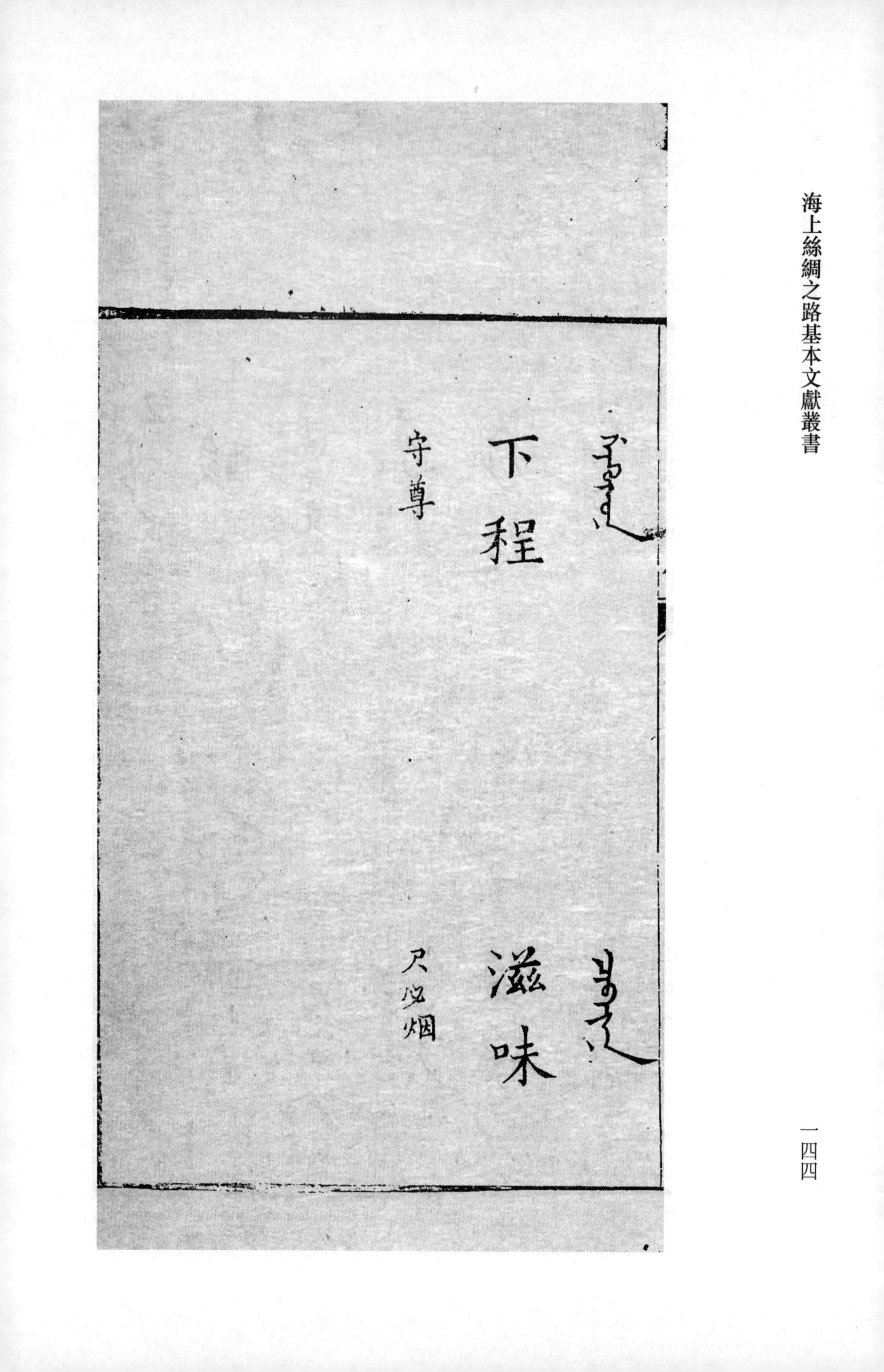

下程

守尊

滋味

尺必烟

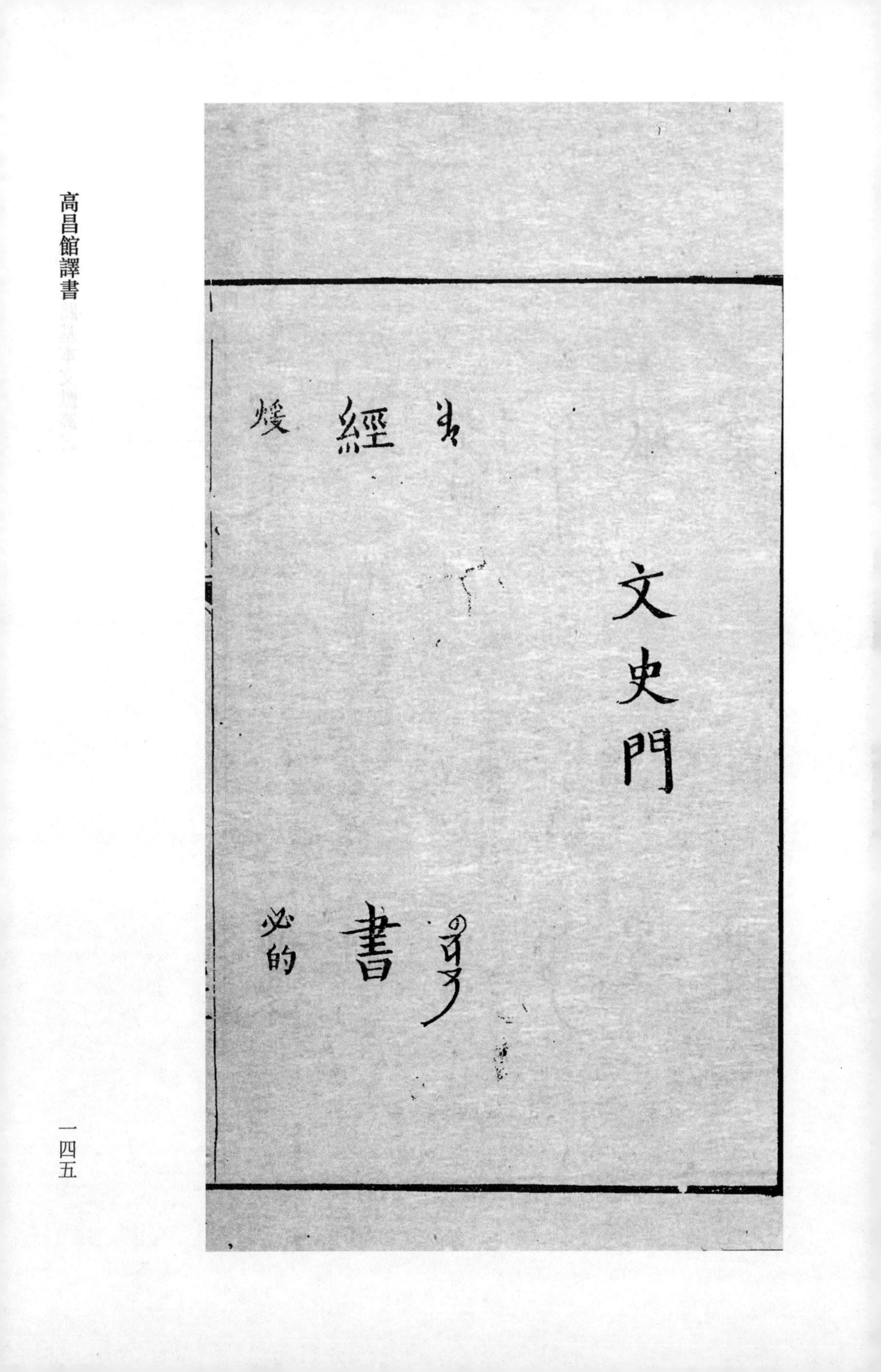

文史門

書 必的

經 煖

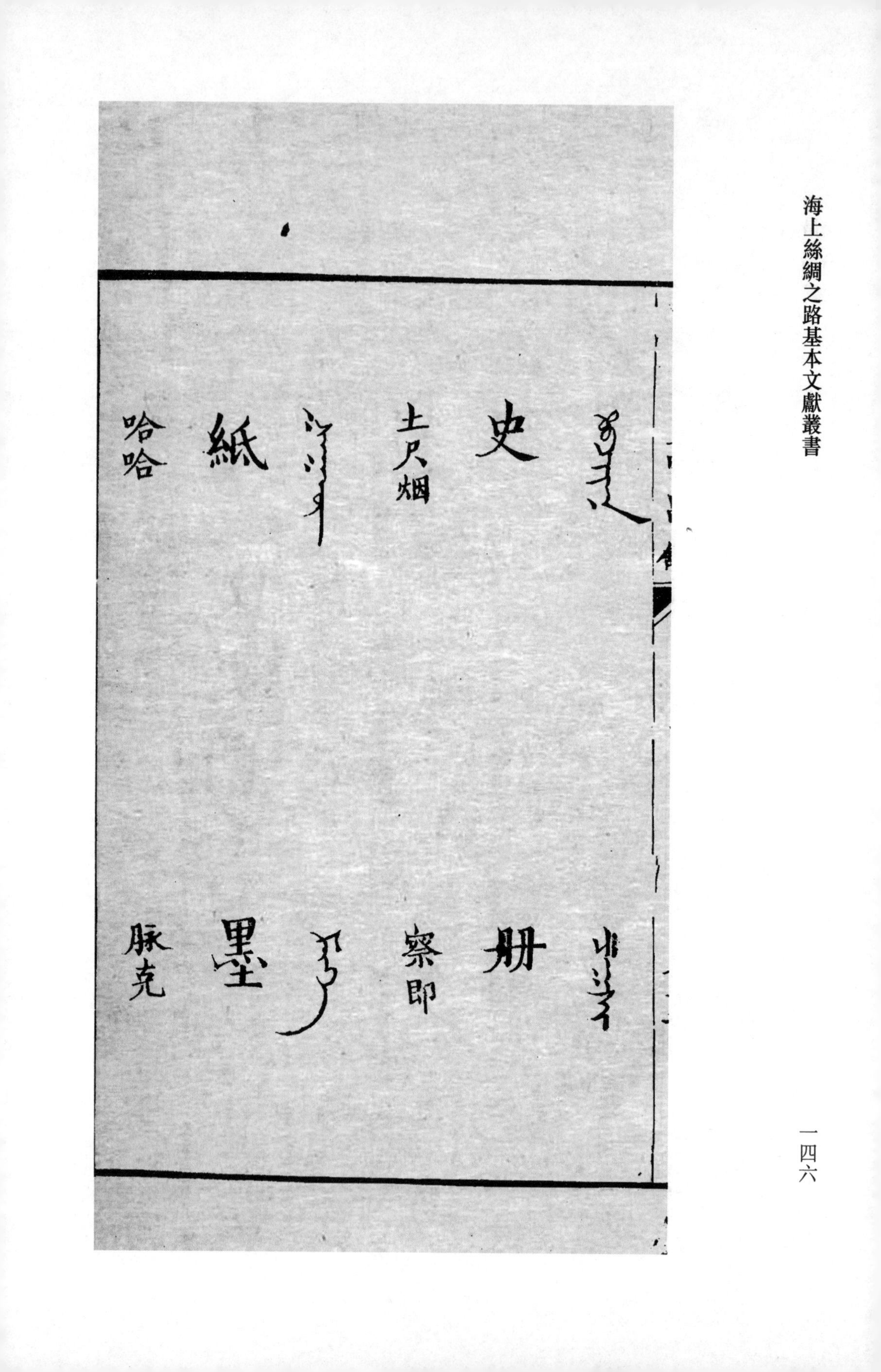

史 土尺烟

紙 哈哈

册 察郎

墨 脉克

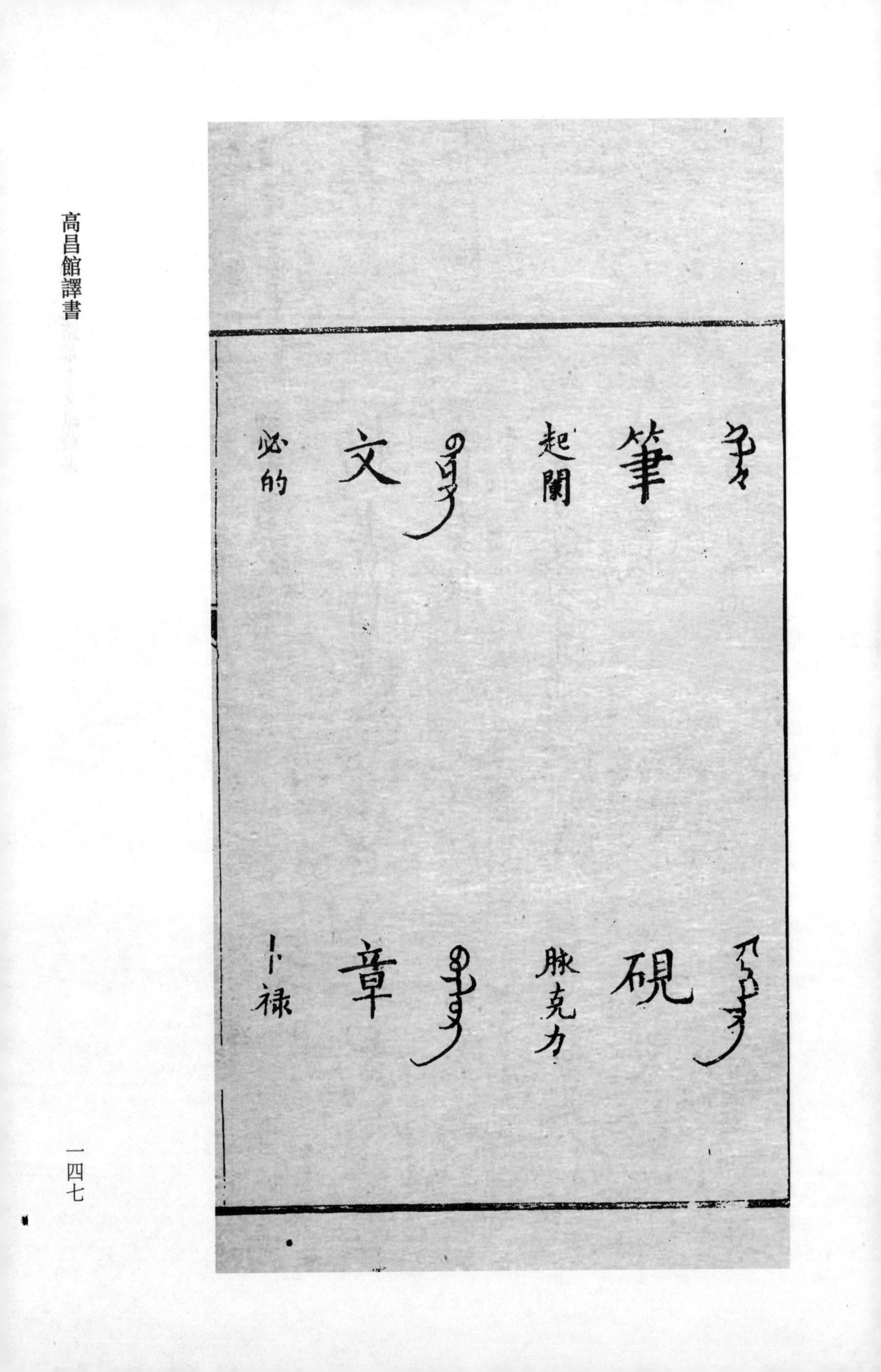

筆 起闌

硯 脉克力

文 必的

章 卜祿

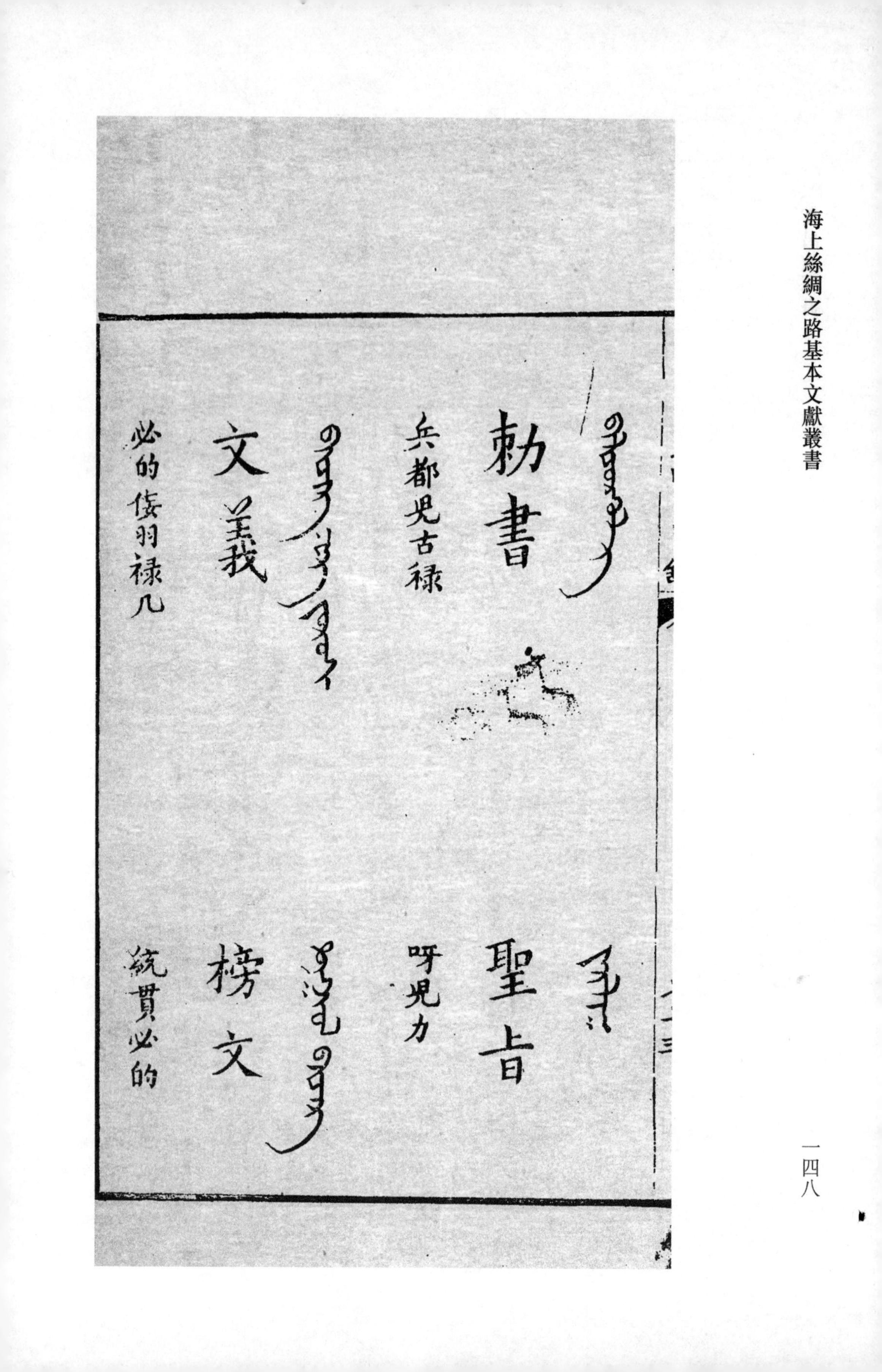

勅書
兵都兒古祿

聖旨
呀兒力

文義
必的傢羽祿几

榜文
統貫必的

讀書

必的兀黑

作文

必的倿呀喇失都魯

寫字

必的兀失

雜字

傘庫兒必的

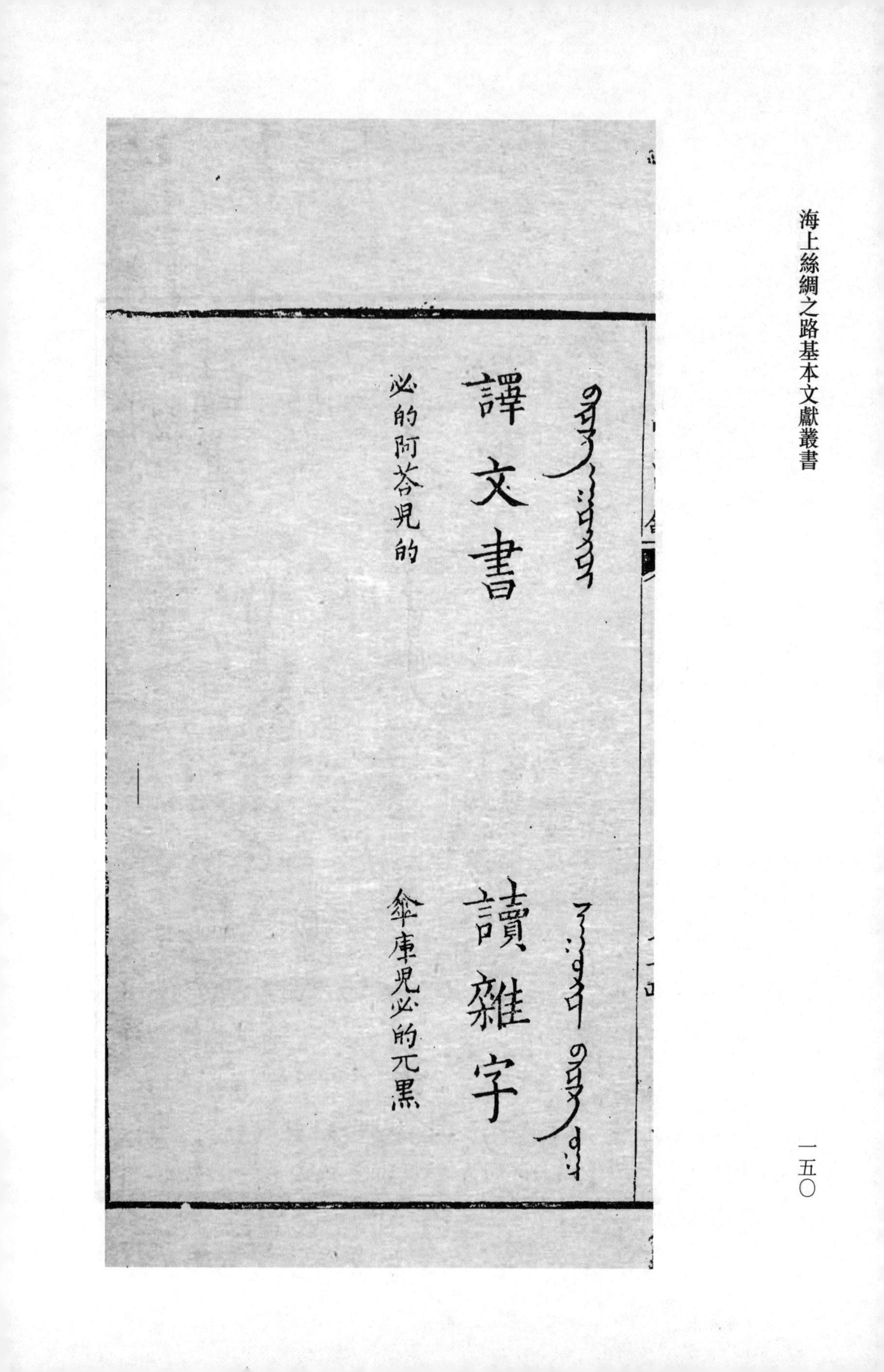

譯文書　讀雜字

必的阿荅兒的　傘庫兒必的兀黑

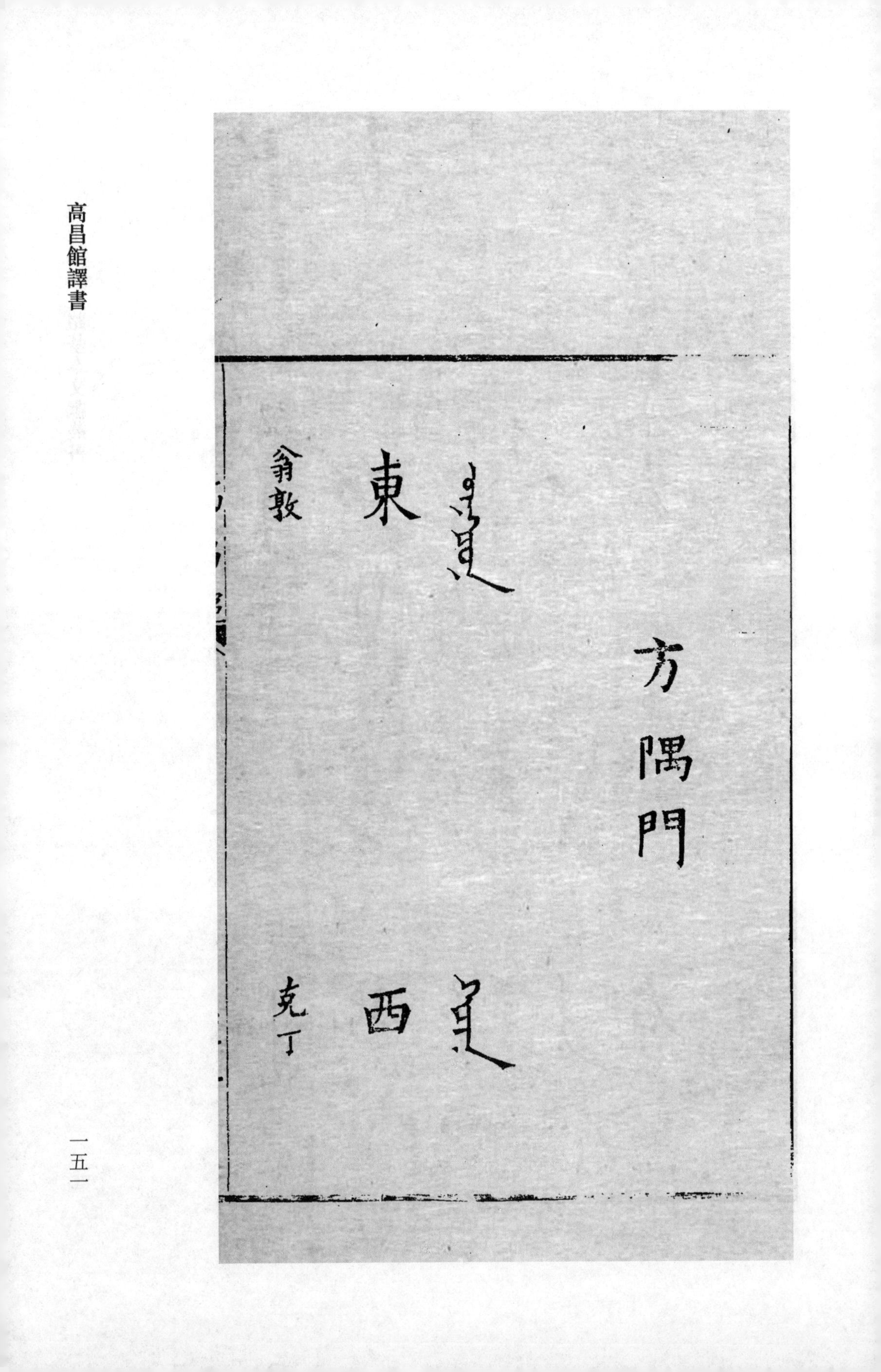

方隅門

東 翁敦

西 克丁

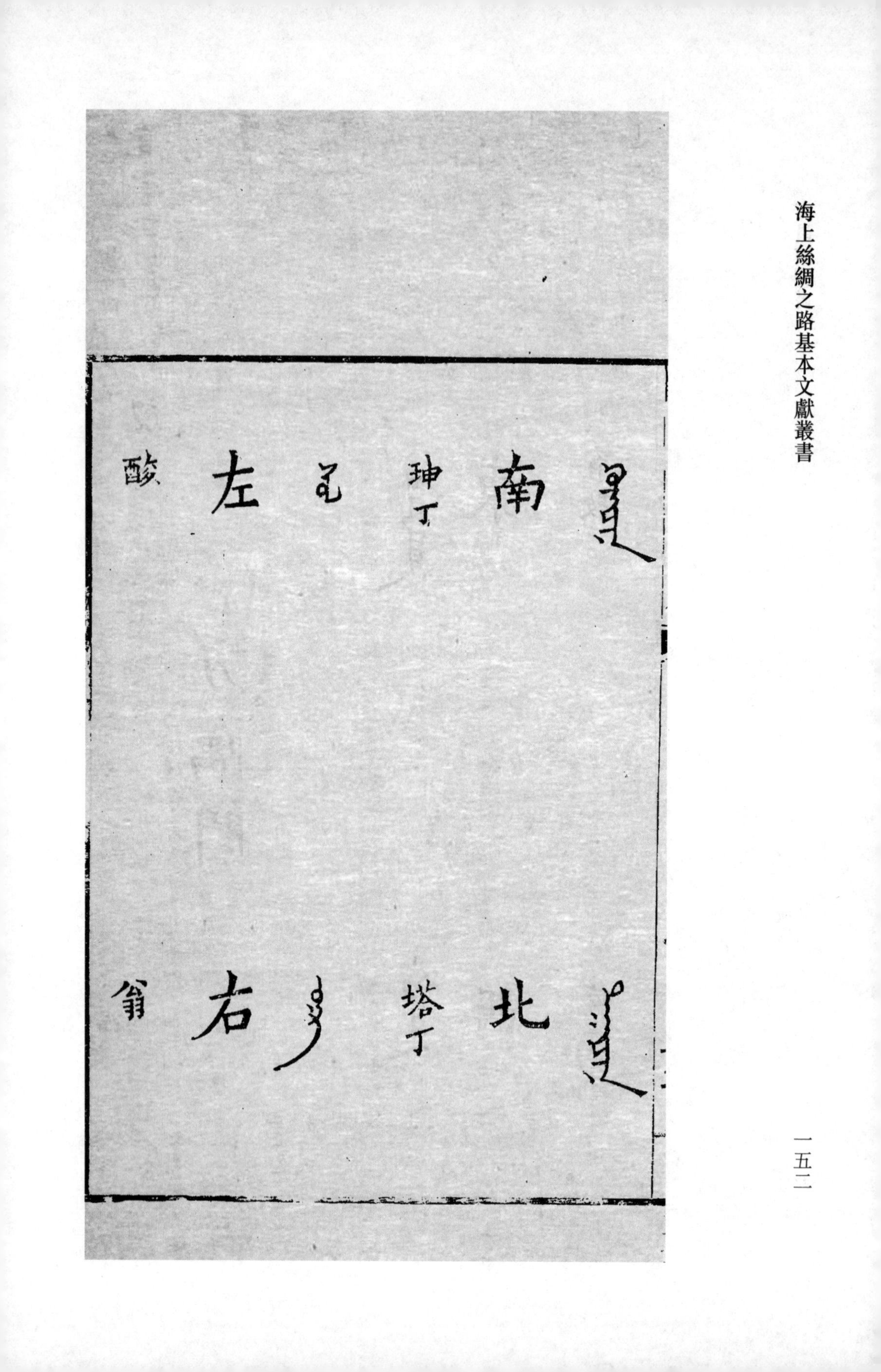

南 珅丁

左

酸

北 塔丁

右

翁

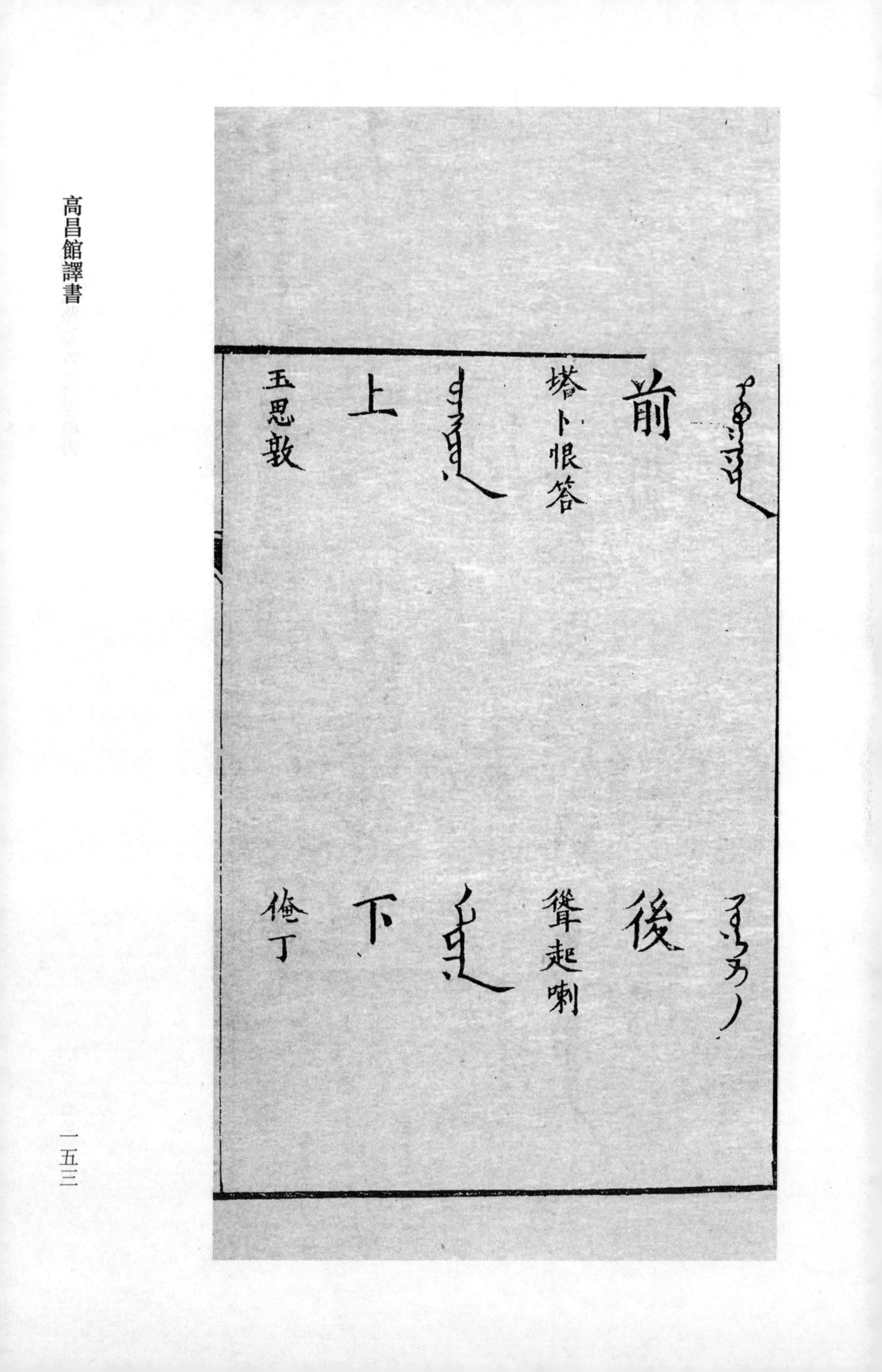

前 塔卜恨答

後 聳起喇

上 玉思敦

下 俺丁

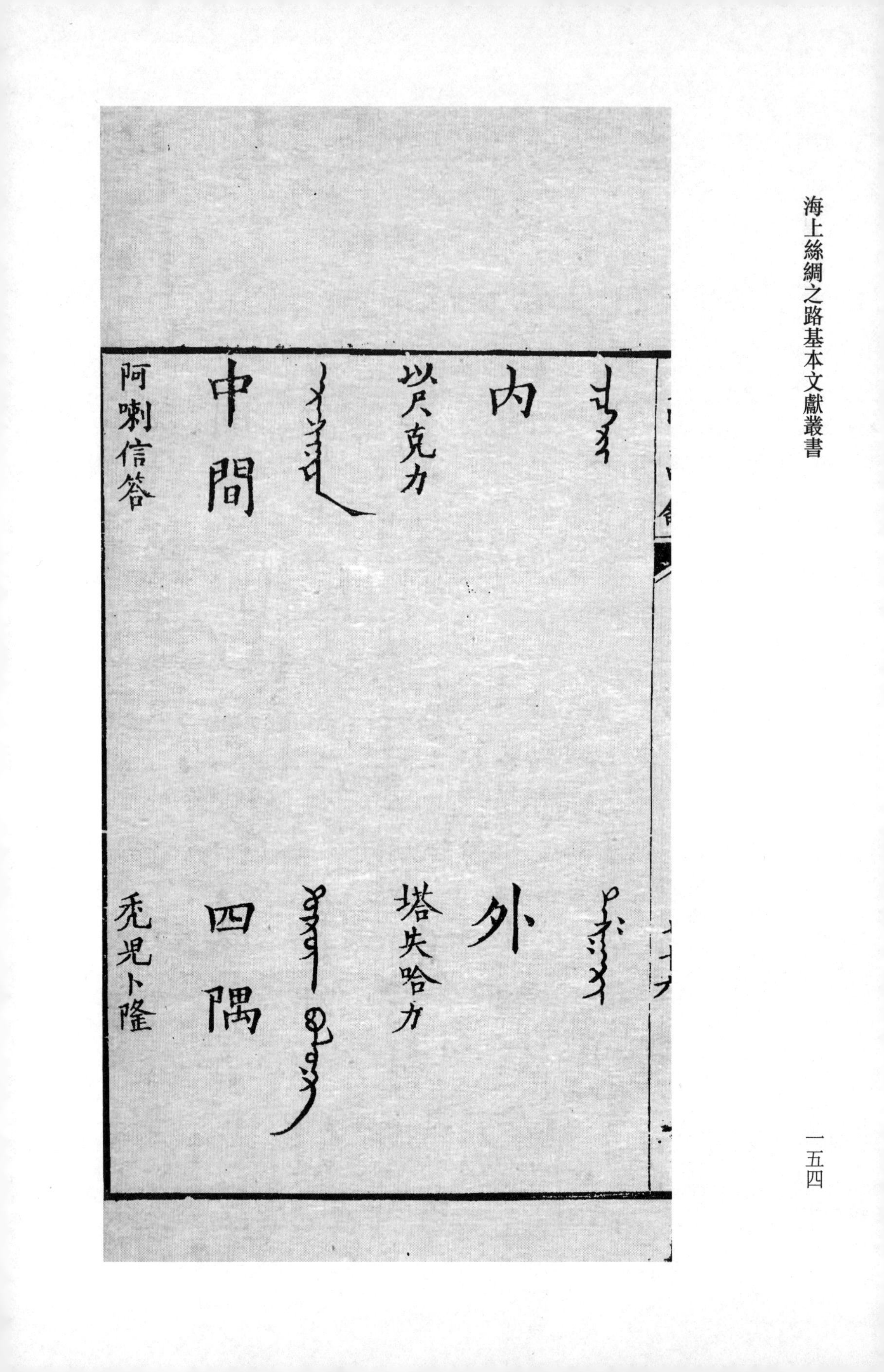

内
以只克力

中間
阿喇信答

外
塔失哈力

四隅
秃兒卜隆

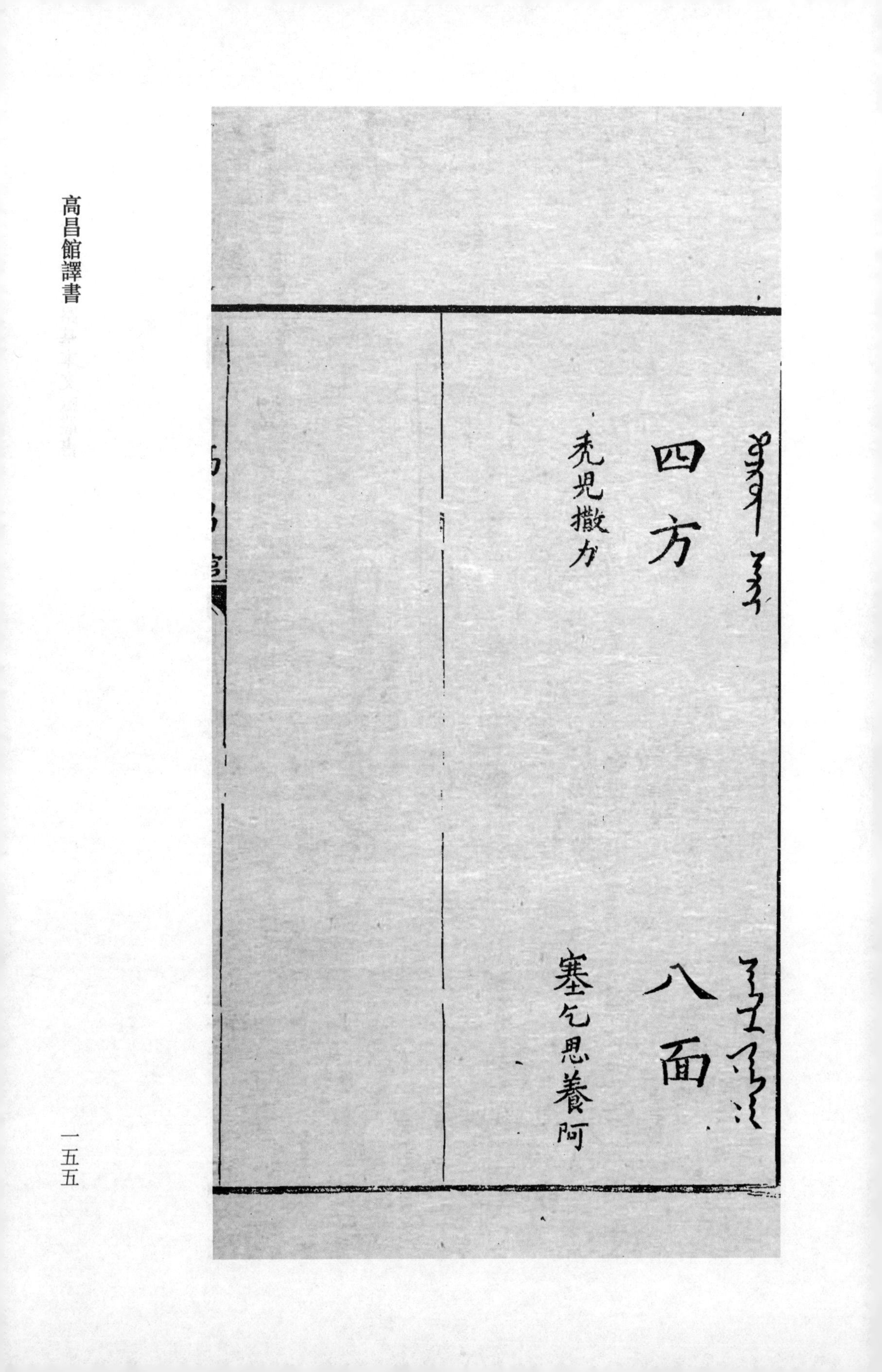

四方
秃兒撒力

八面
塞乞思養阿

聲色門

青 渴

黃 撒力

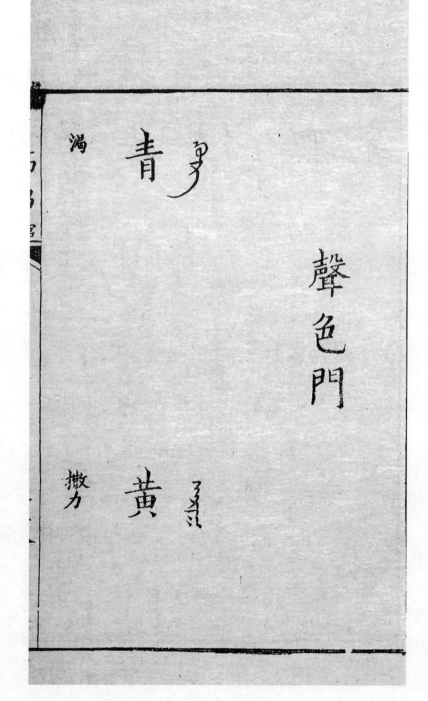

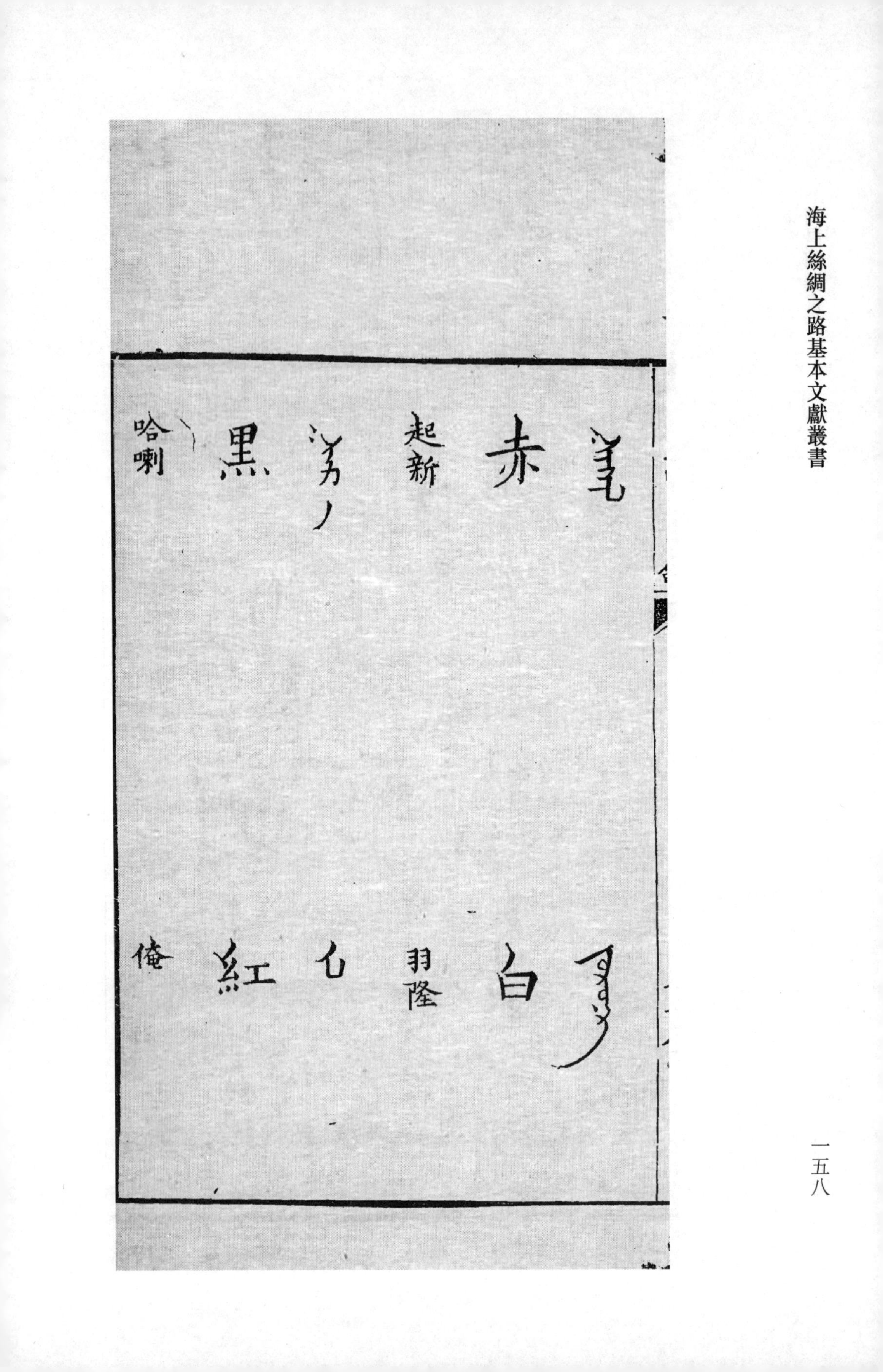

赤 起新

黑 哈喇

白 羽隆

紅 俺

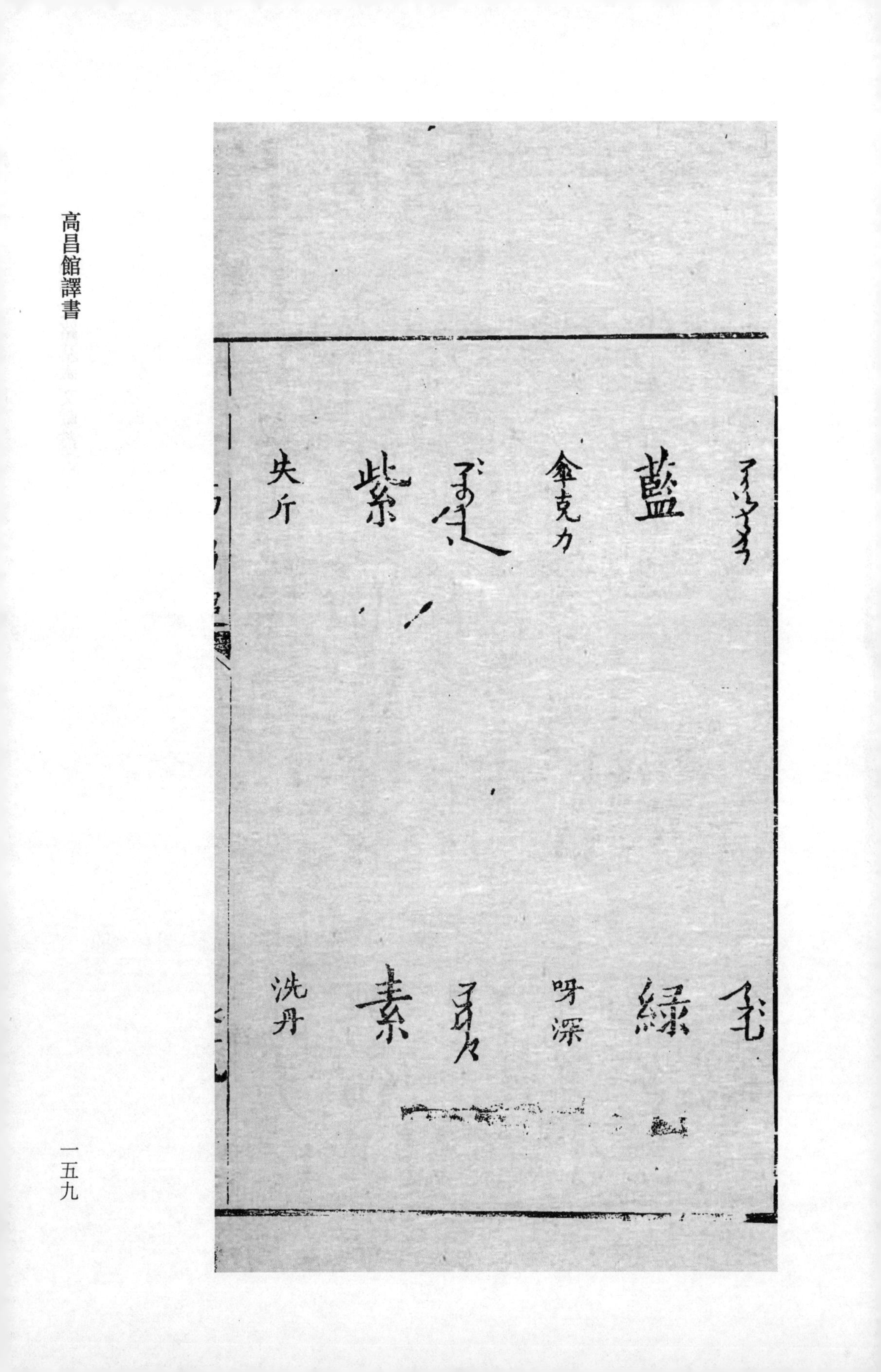

藍 傘克力

綠 呀深

紫 失斤

素 洗丹

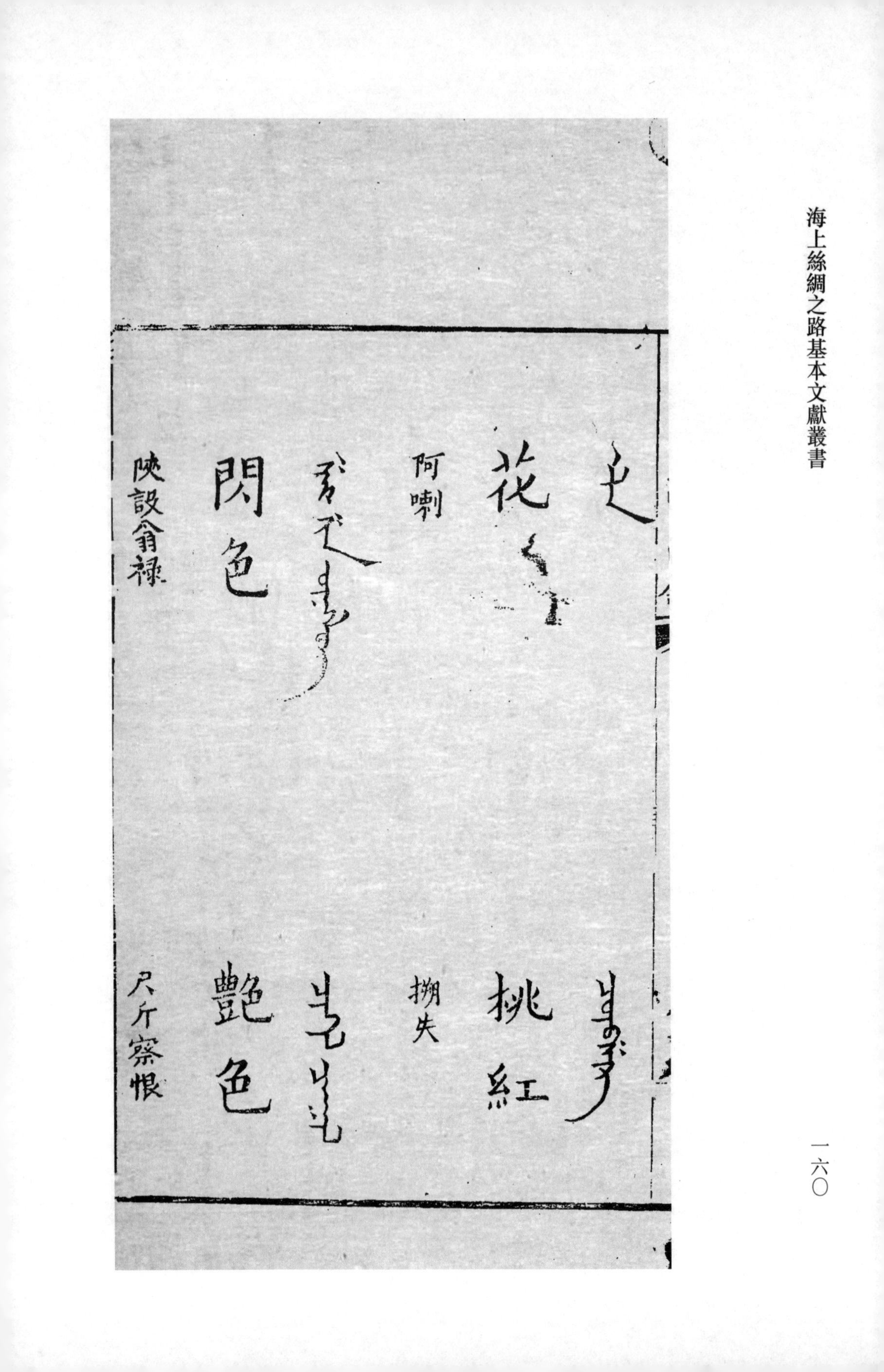

花

阿喇

閃色

陝設翁祿

桃紅

搠失

艷色

只斤察恨

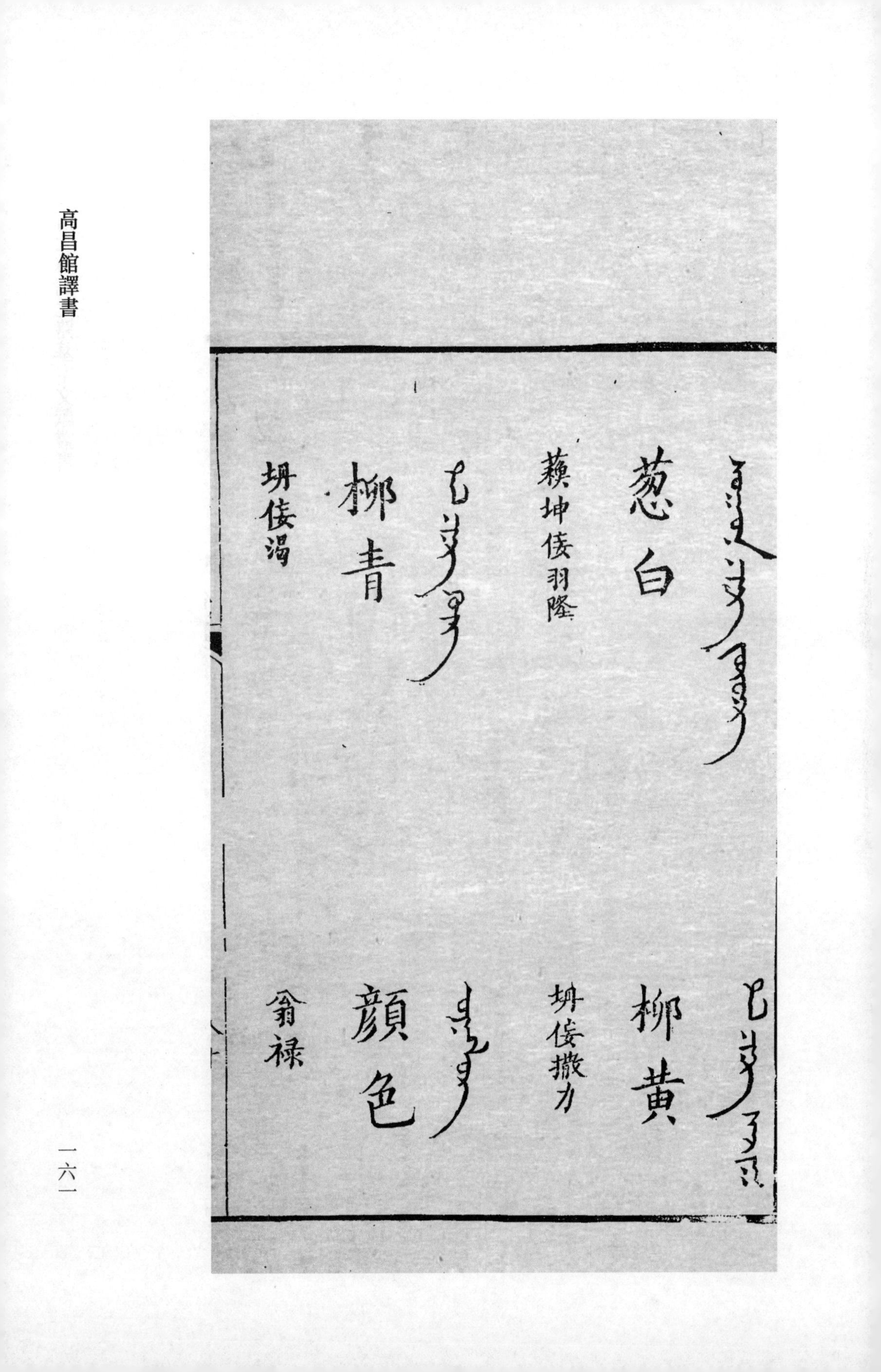

葱白
藾坤倭羽隆

柳青
坍倭渴

柳黄
坍倭撒力

顏色
翁禄

數目門

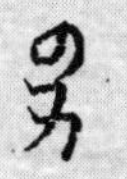
一
必兒

二
以几

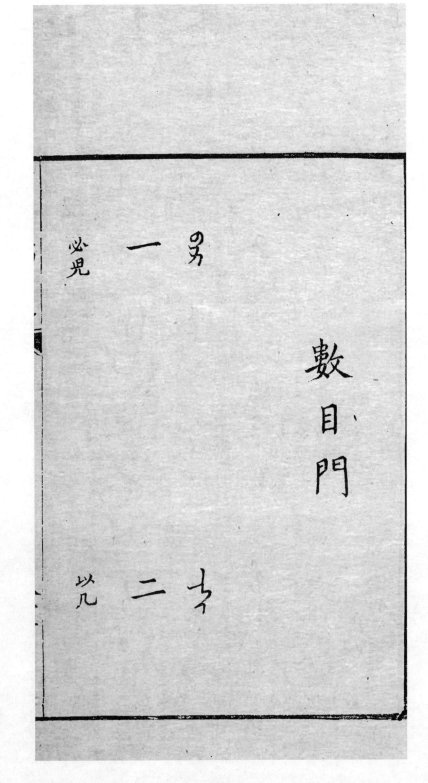

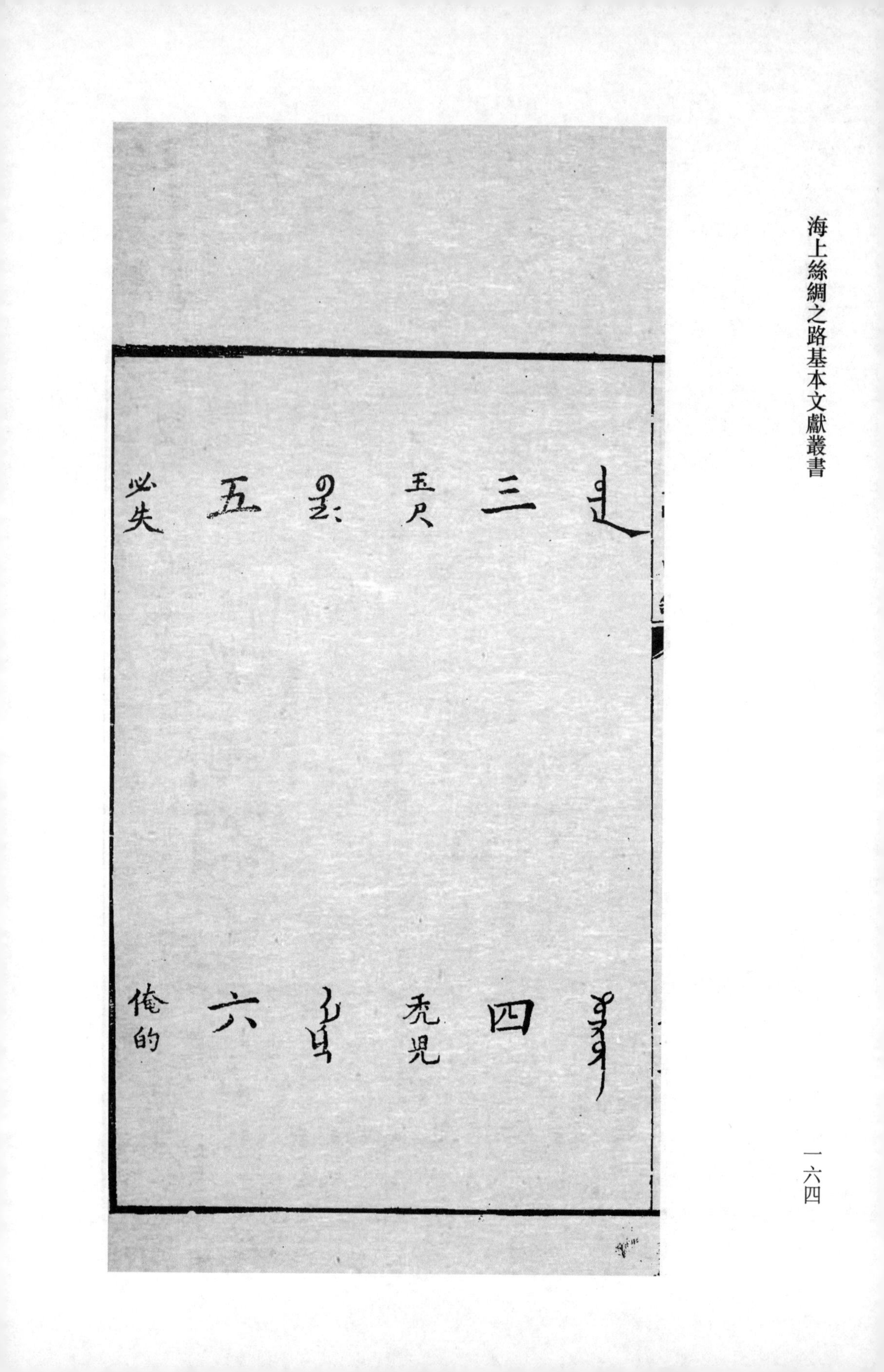

三
五尺

四
禿兒

五
必失

六
俺的

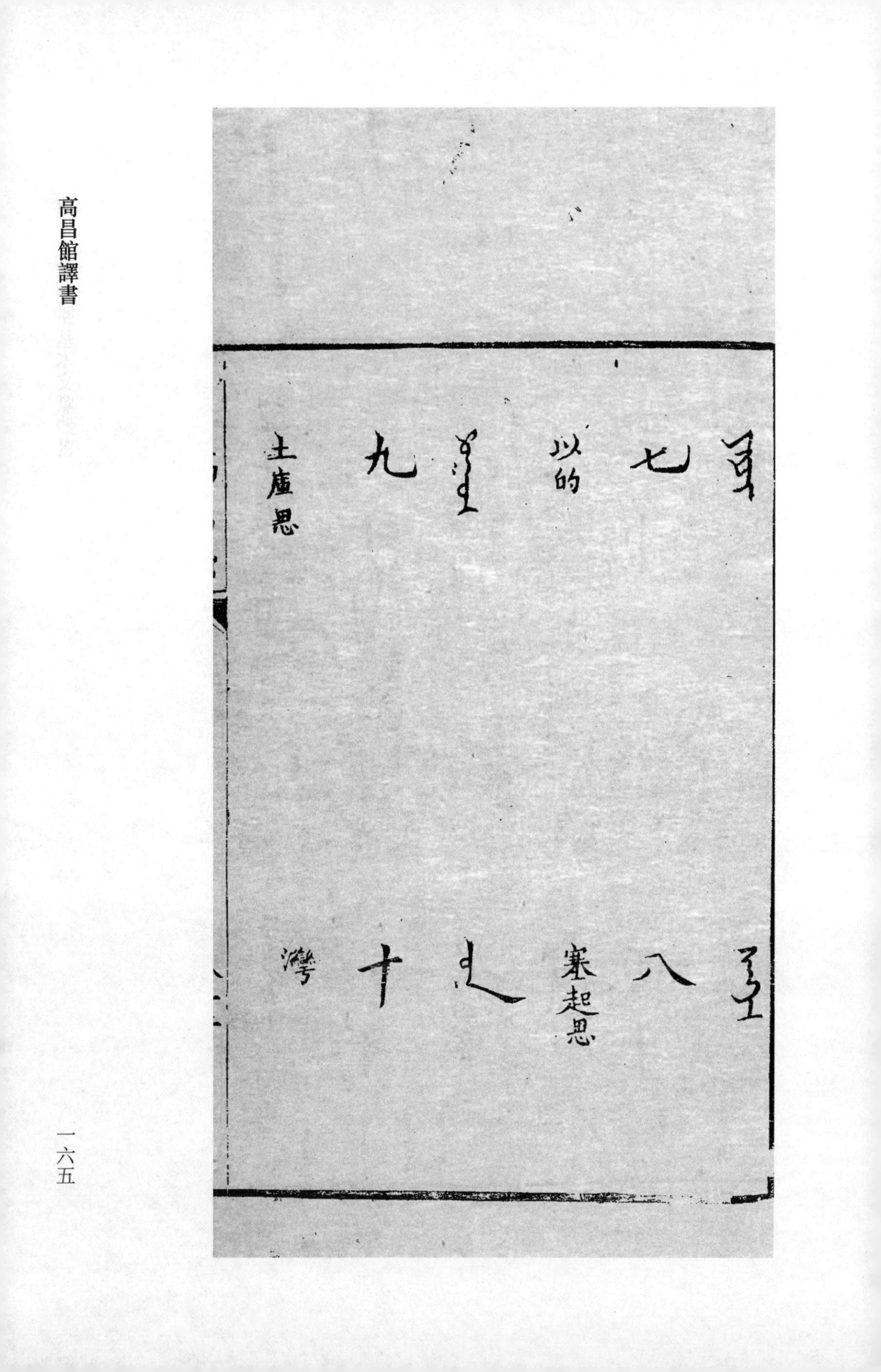

七
以的

八
塞起思

九
土盧思

十
灣

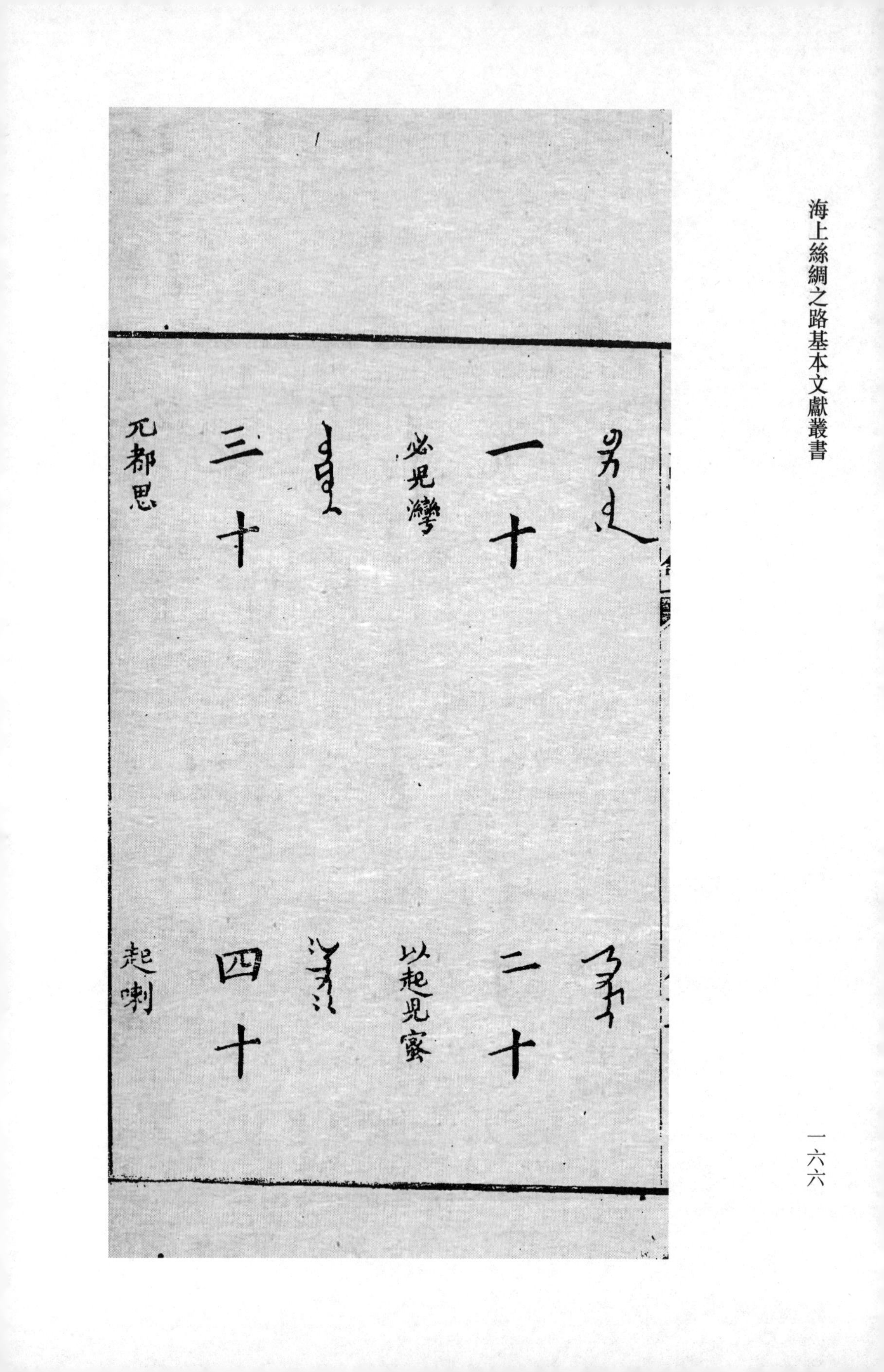

一十
必兒灣

三十
兀都思

二十
以起兒襄

四十
起喇

五十
俺力

六十
俺的蜜失

七十
以的蜜失

八十
塞起思灣

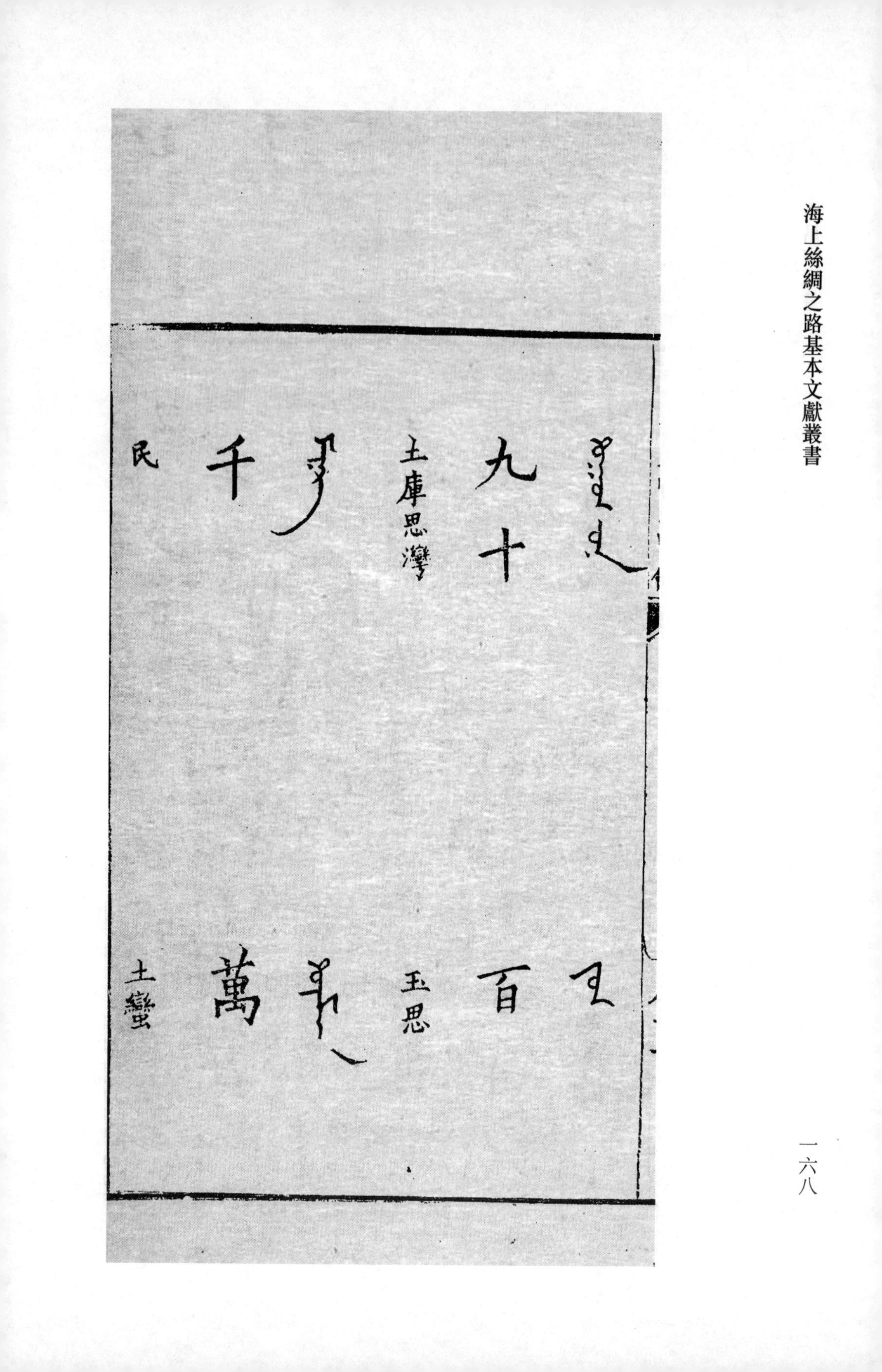

九十 土庫思灣

千 民

百 玉思

萬 土鑾

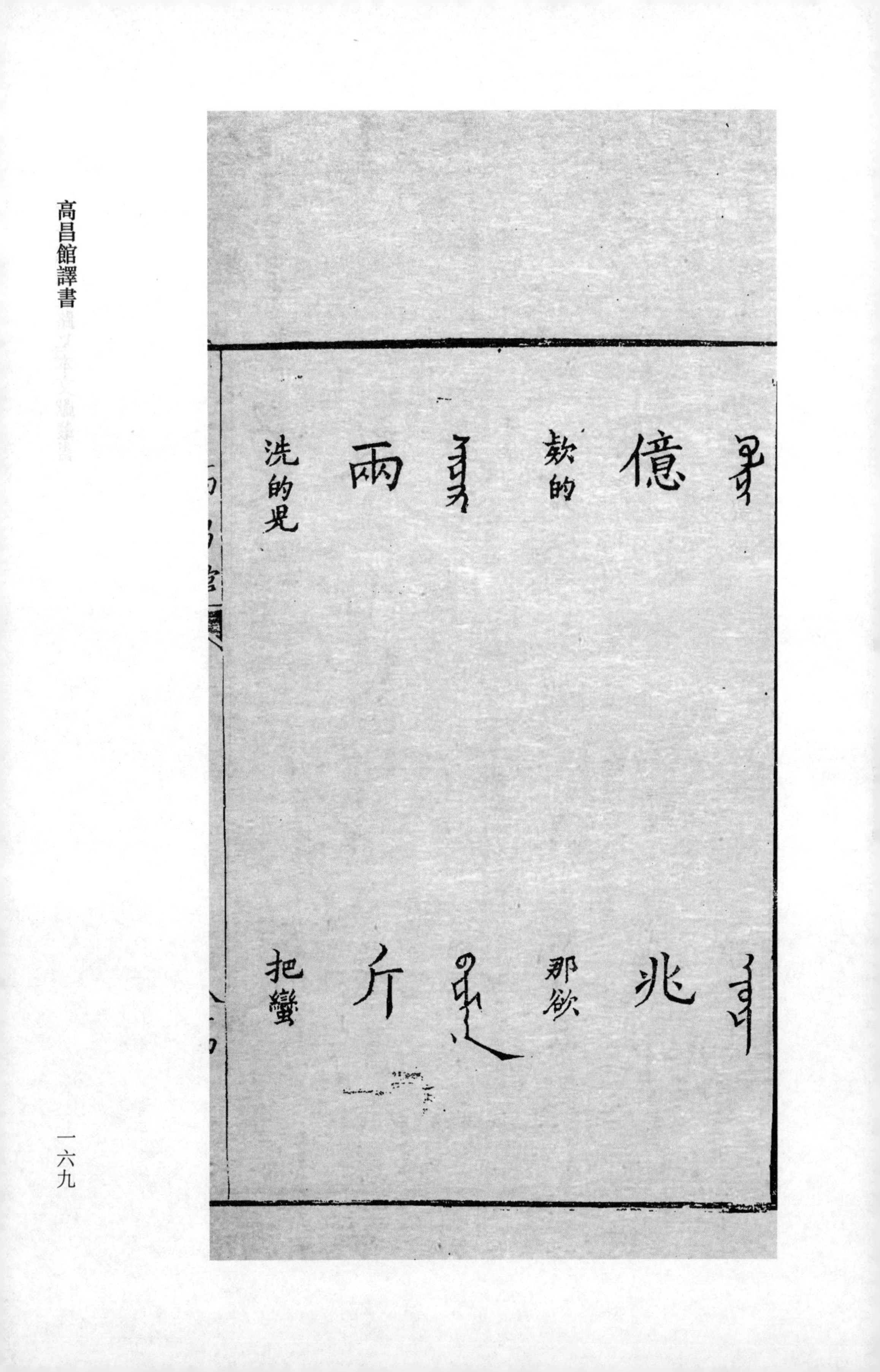

億
欵的

兆
那欲

兩
洗的兒

斤
把蠻

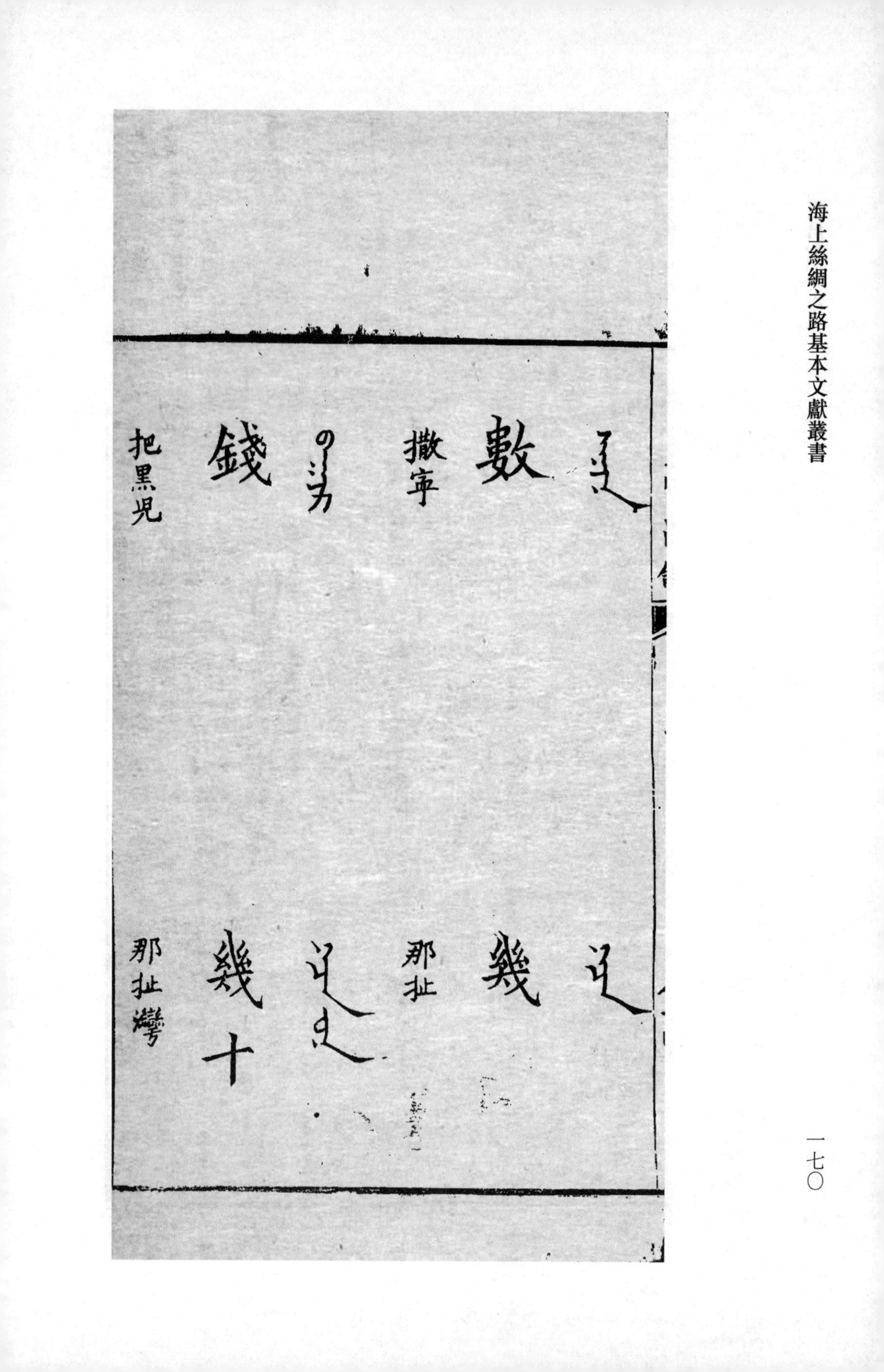

數
撒寧

錢
把黑兒

幾
那扯

幾十
那扯灣

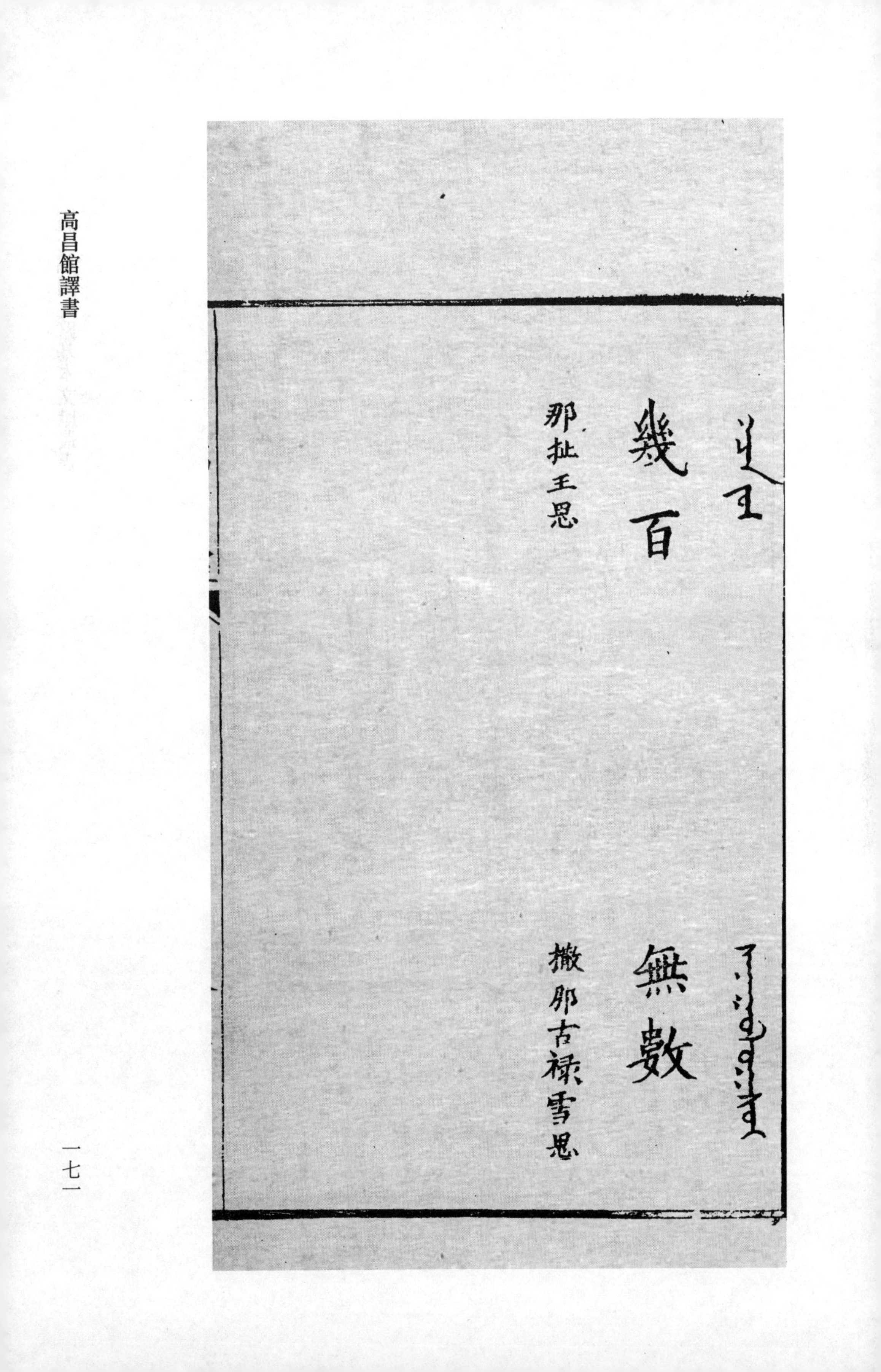

幾百
那扯王思

無數
撒那古禄雪思

人事兼通用門

喜

塞問尺

怒

尺麻

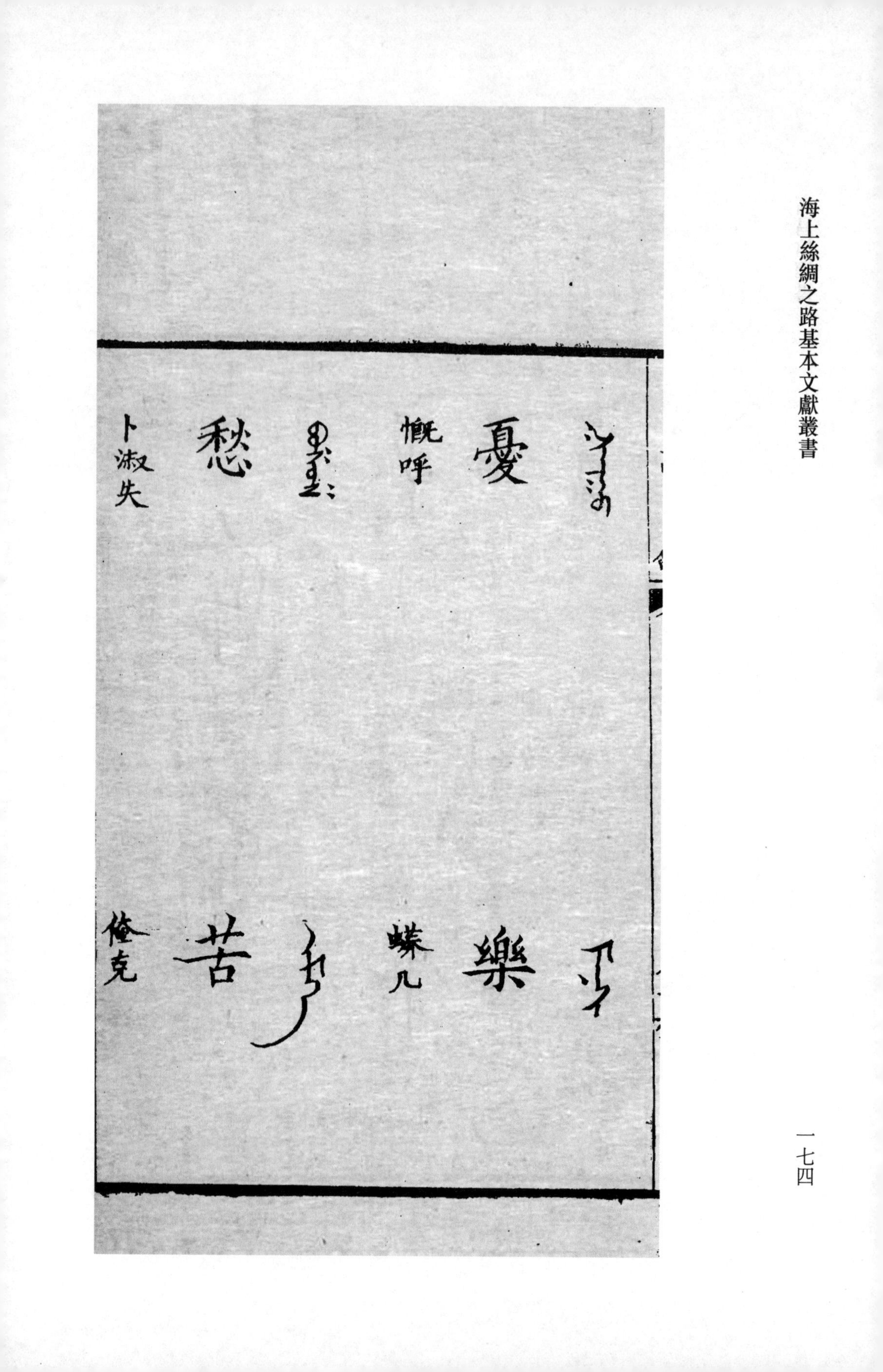

憂 慨呼

愁 卜淑失

樂 蝶几

苦 佺克

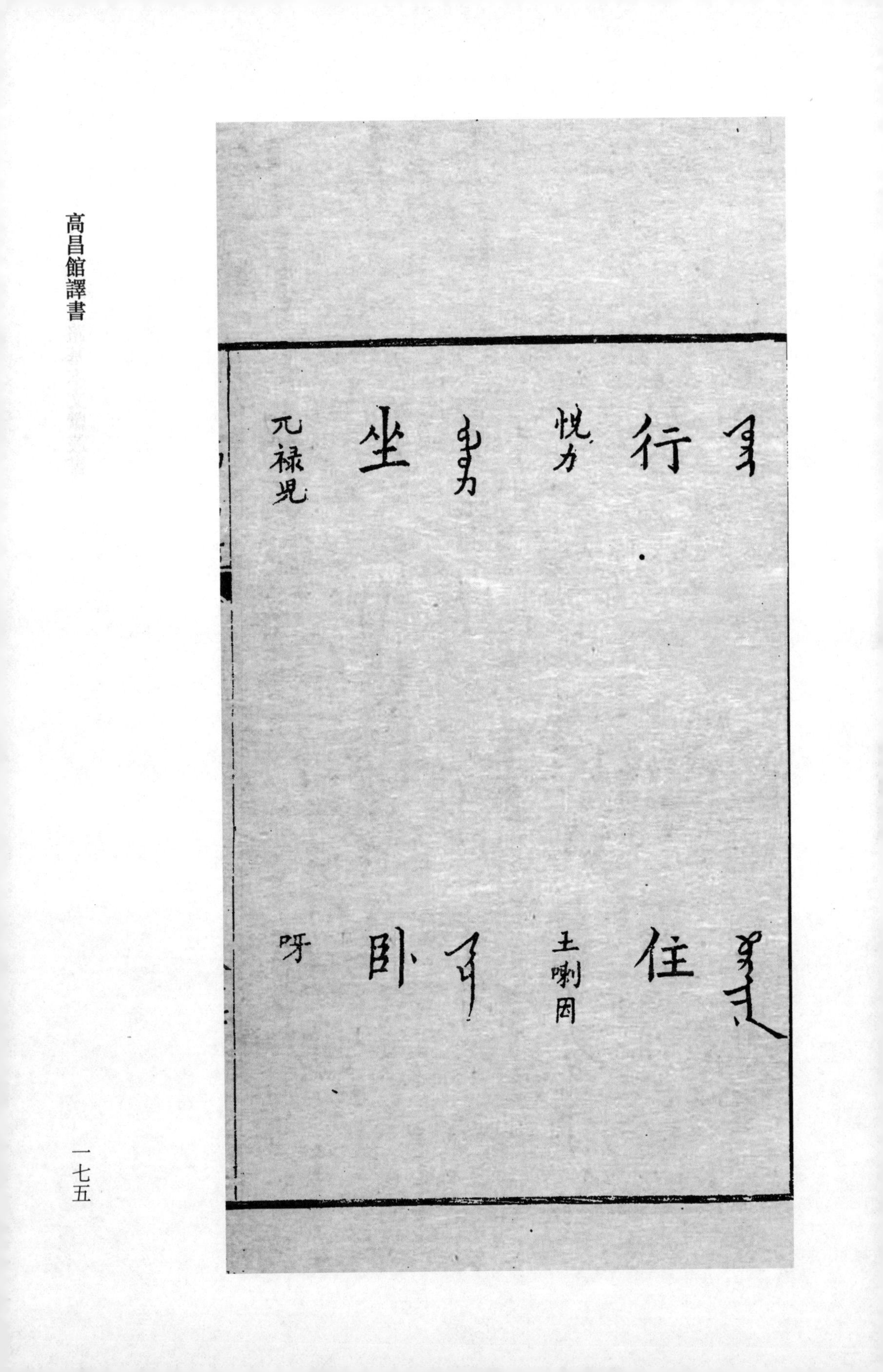

行 悦力

住 土喇因

坐 兀禄兒

卧 呀

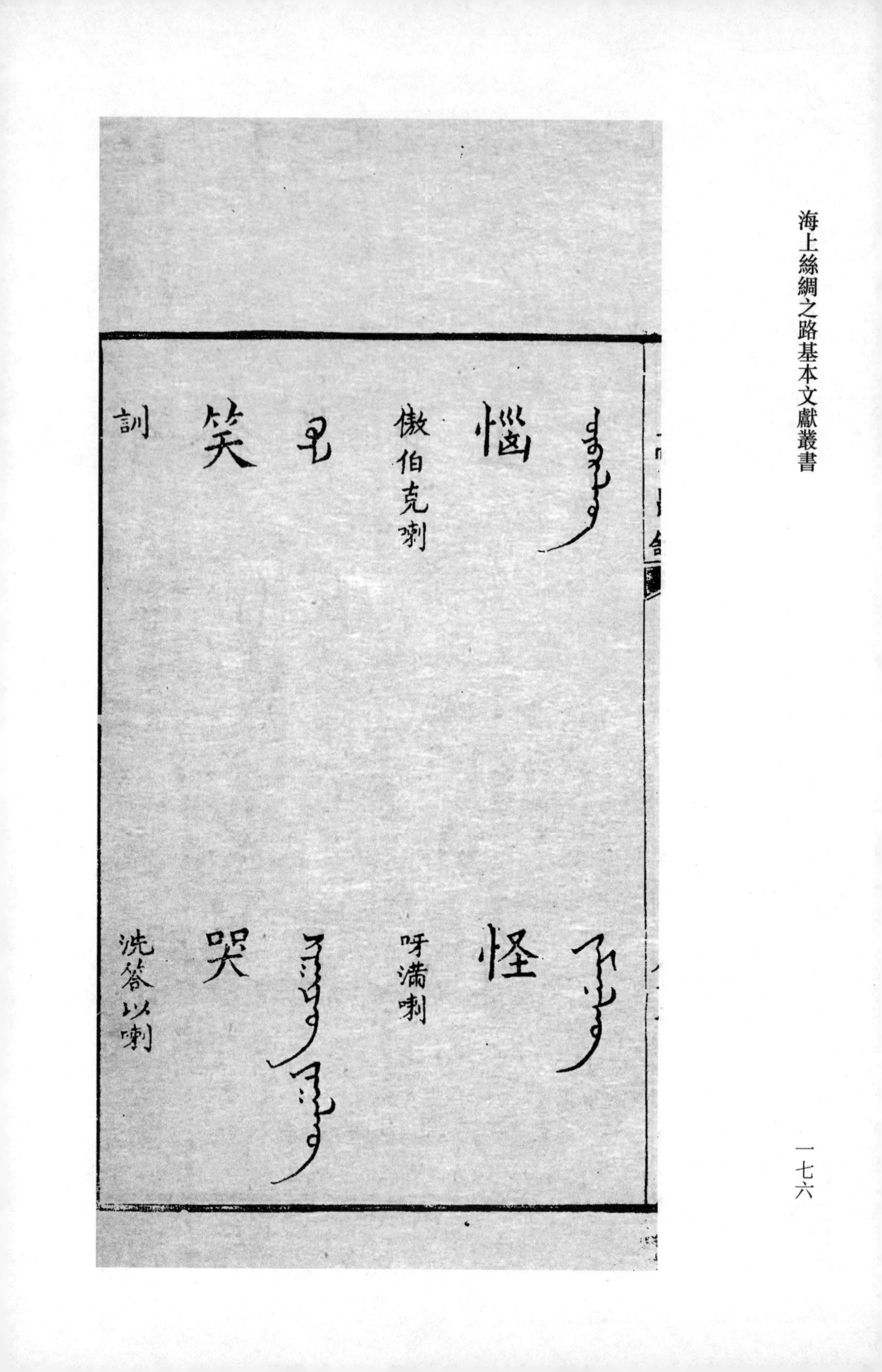

惱
傲伯克喇

笑
訓

怪
呀滿喇

哭
洸答以喇

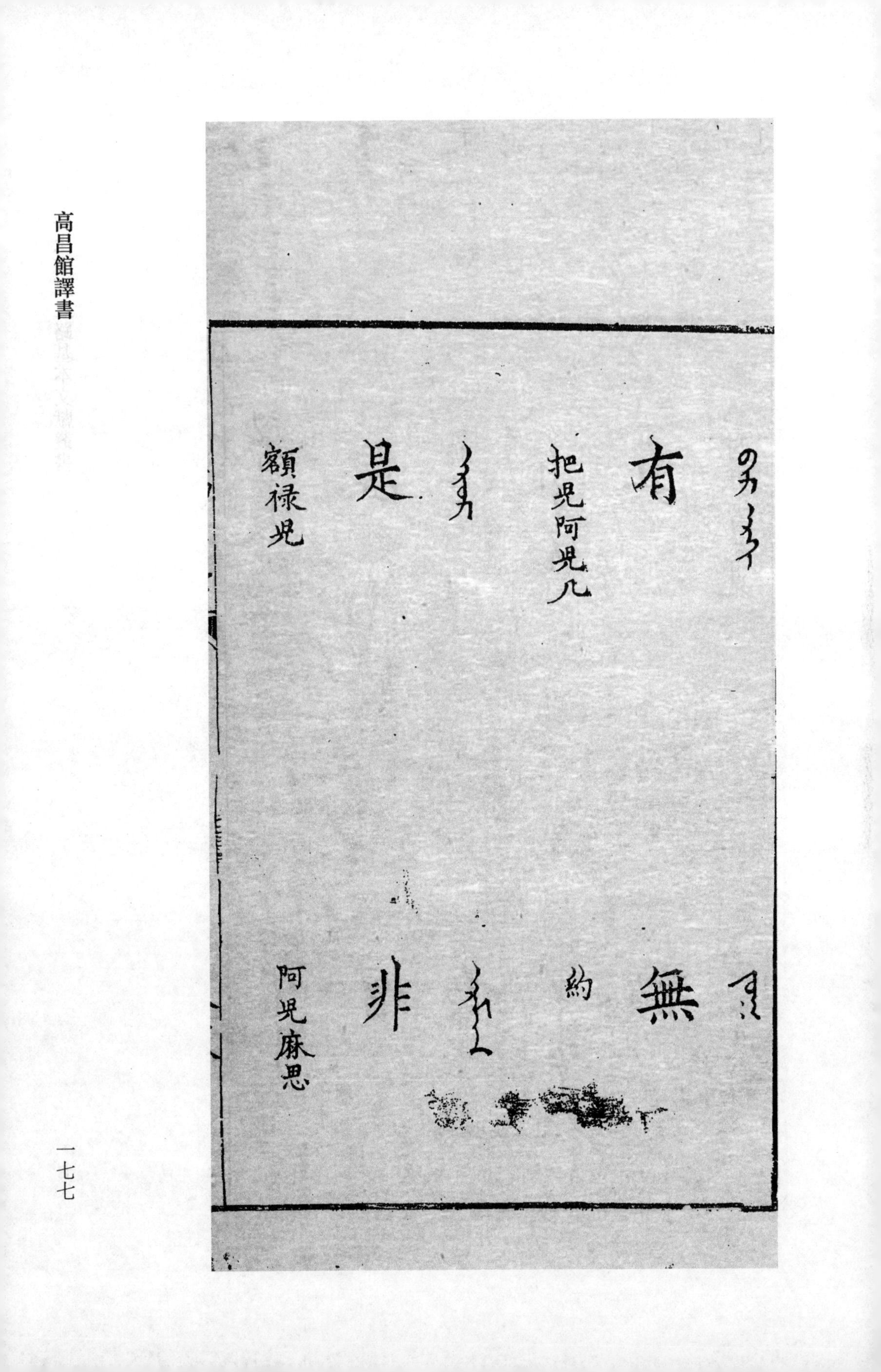

有
把兒阿兒几

無
約

是
額祿兒

非
阿兒麻思

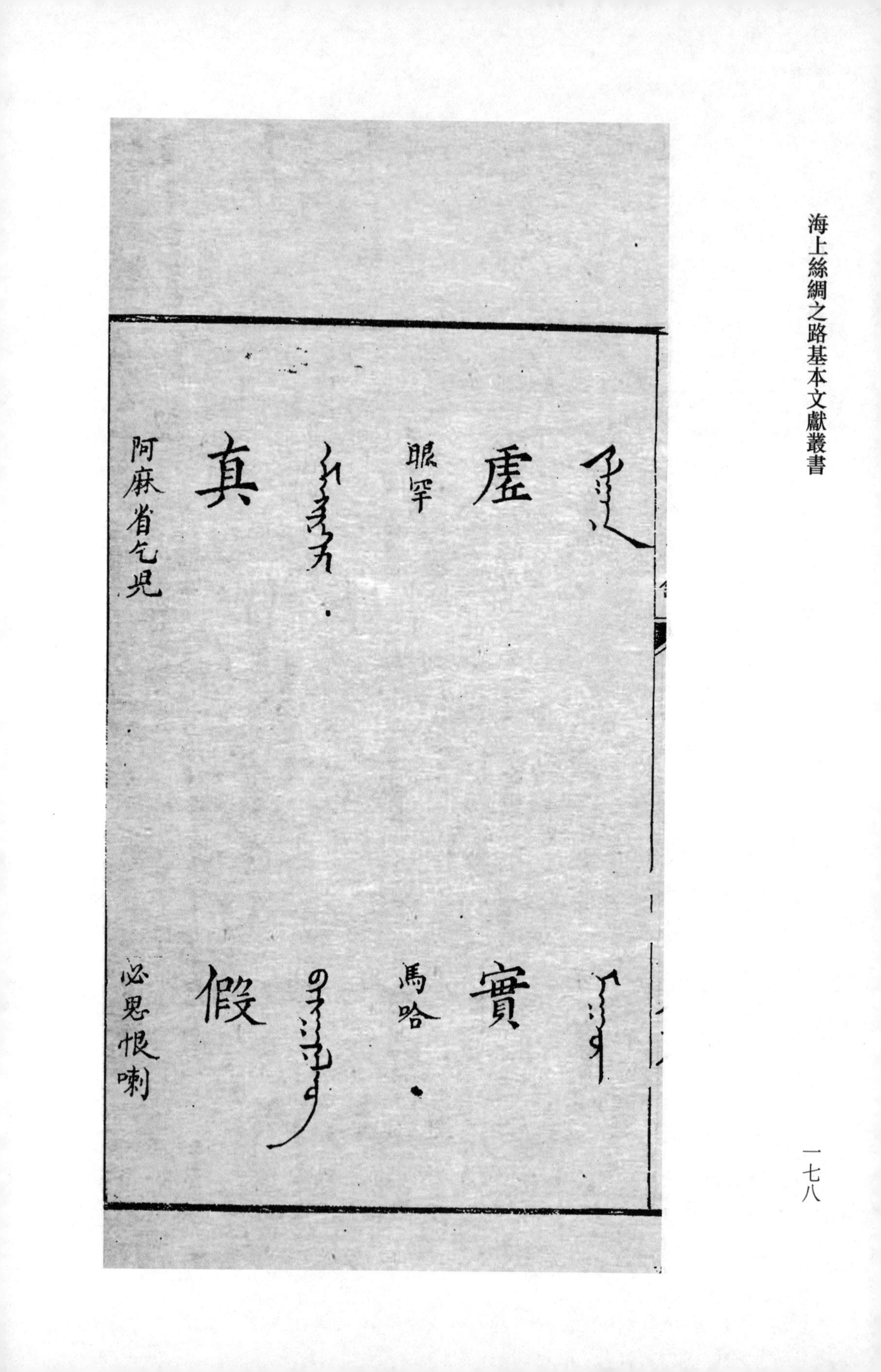

虗
眼罕

實
馬哈

真
阿麻省乞兒

假
必思恨喇

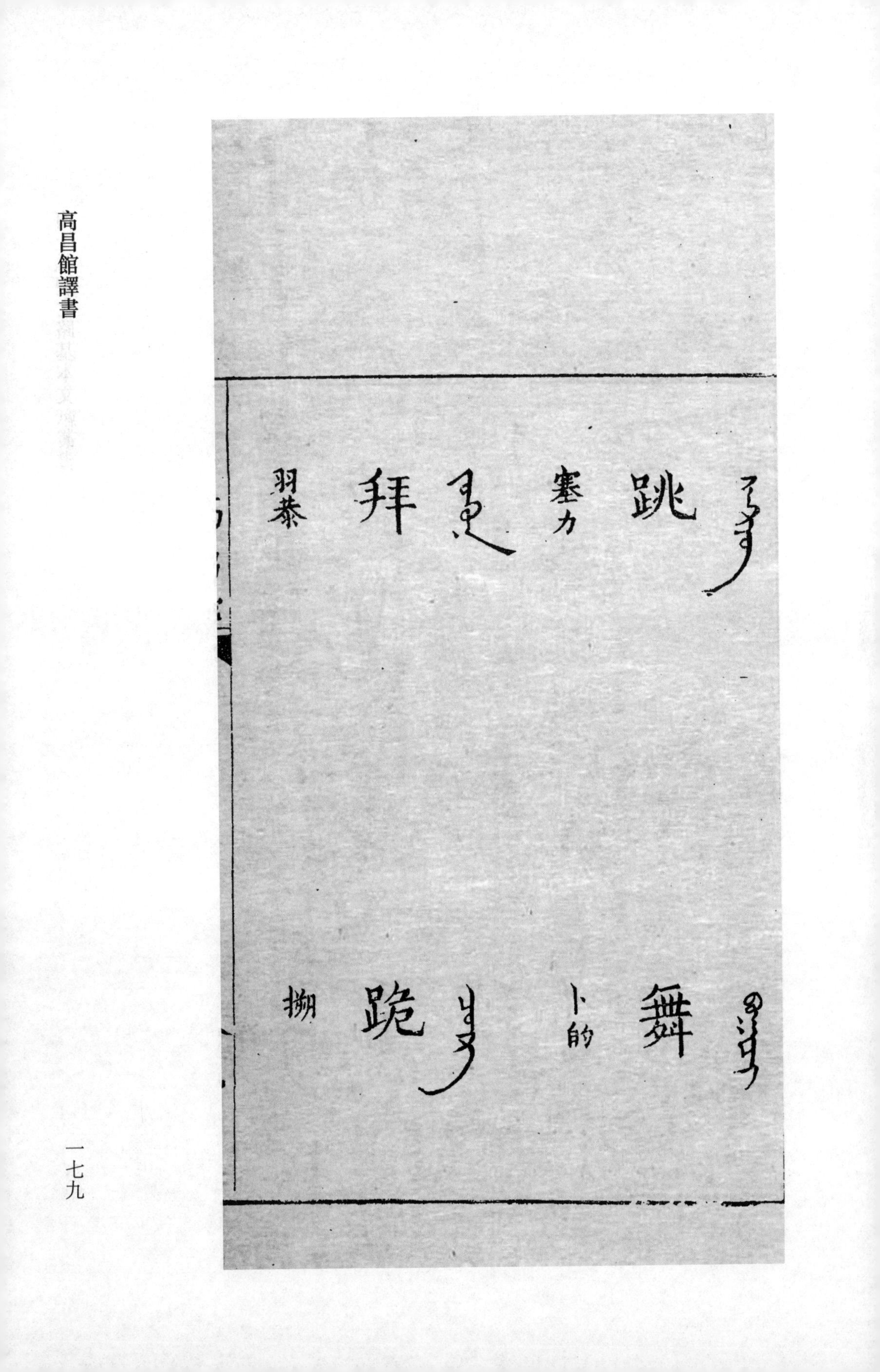

跳 塞力

拜 羽恭

舞 卜的

跪 捌

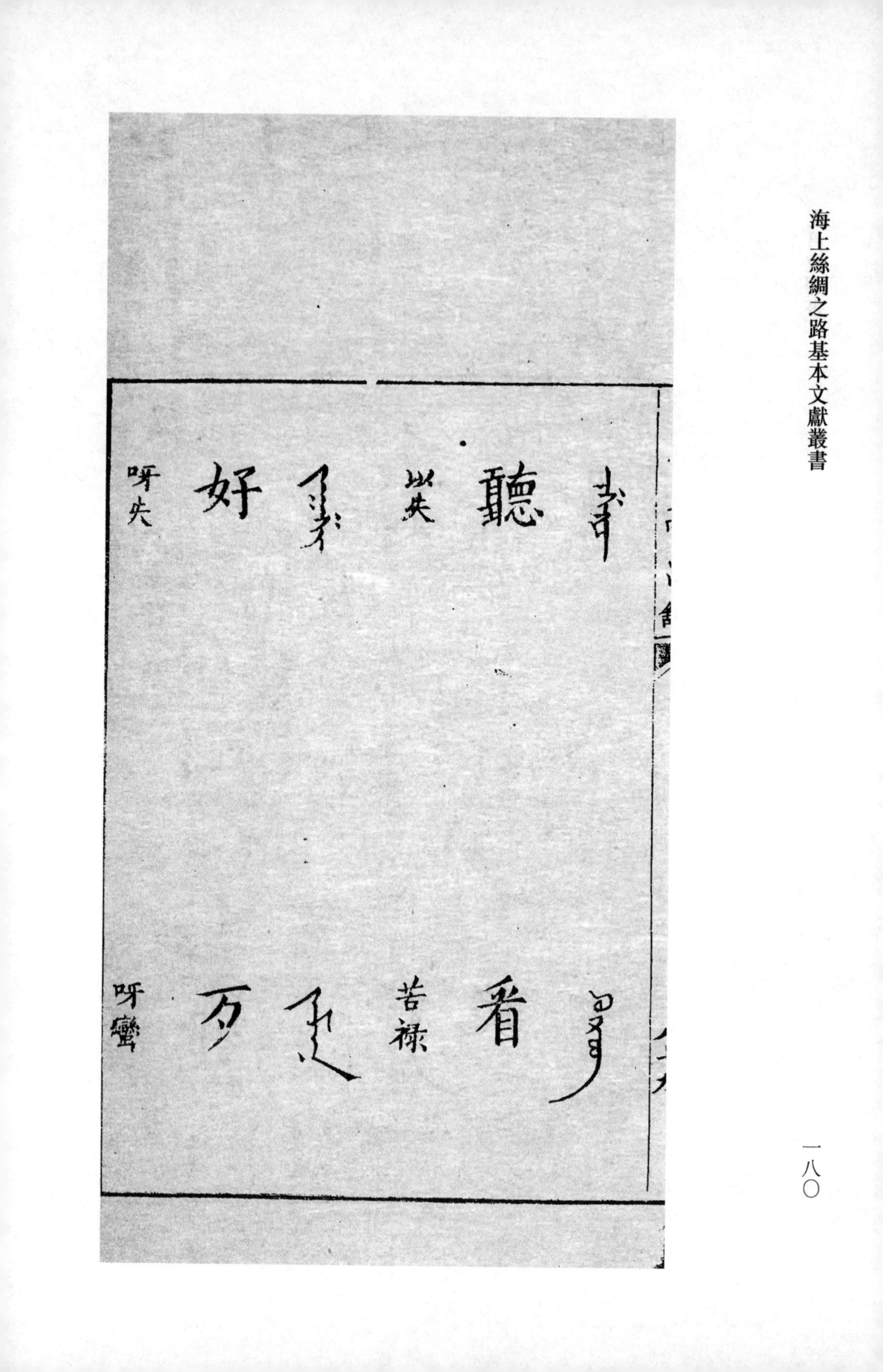

聽 以失

好 呀失

看 苦祿

歹 呀鑾

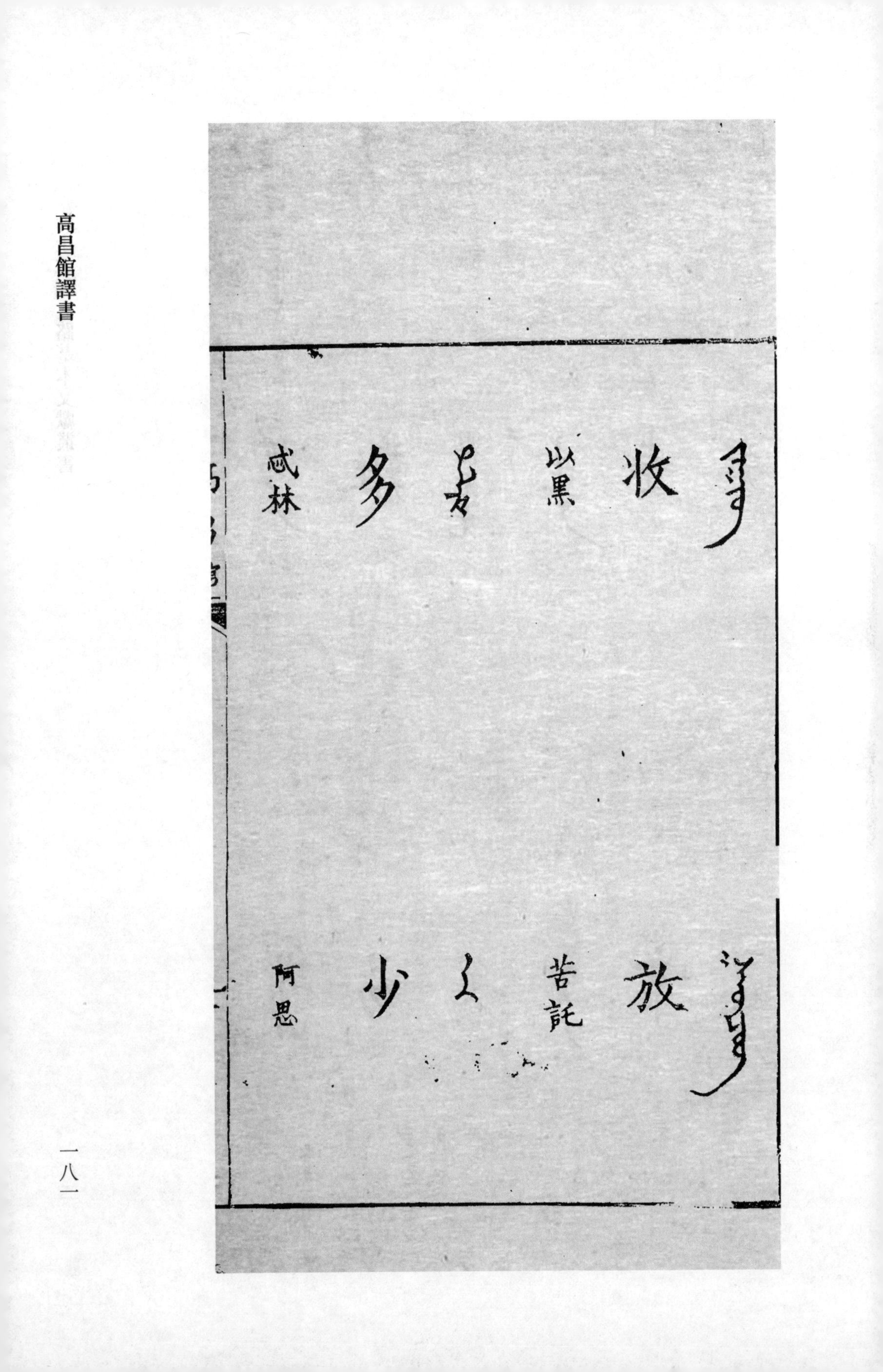

收 以黑

多 忒林

放 苦託

少 阿思

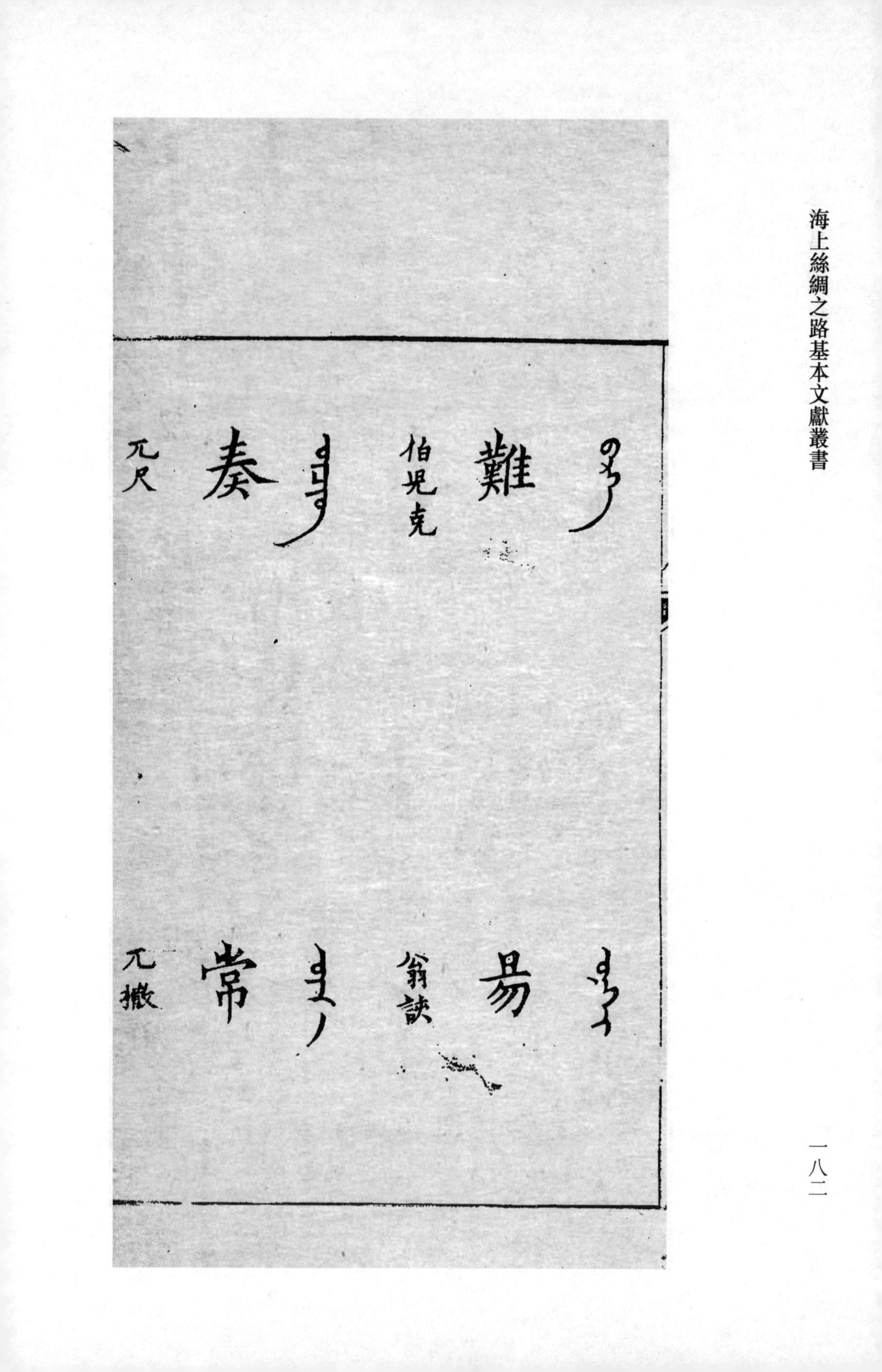

難 伯兒克

奏 兀尺

易 翁讀

常 兀撒

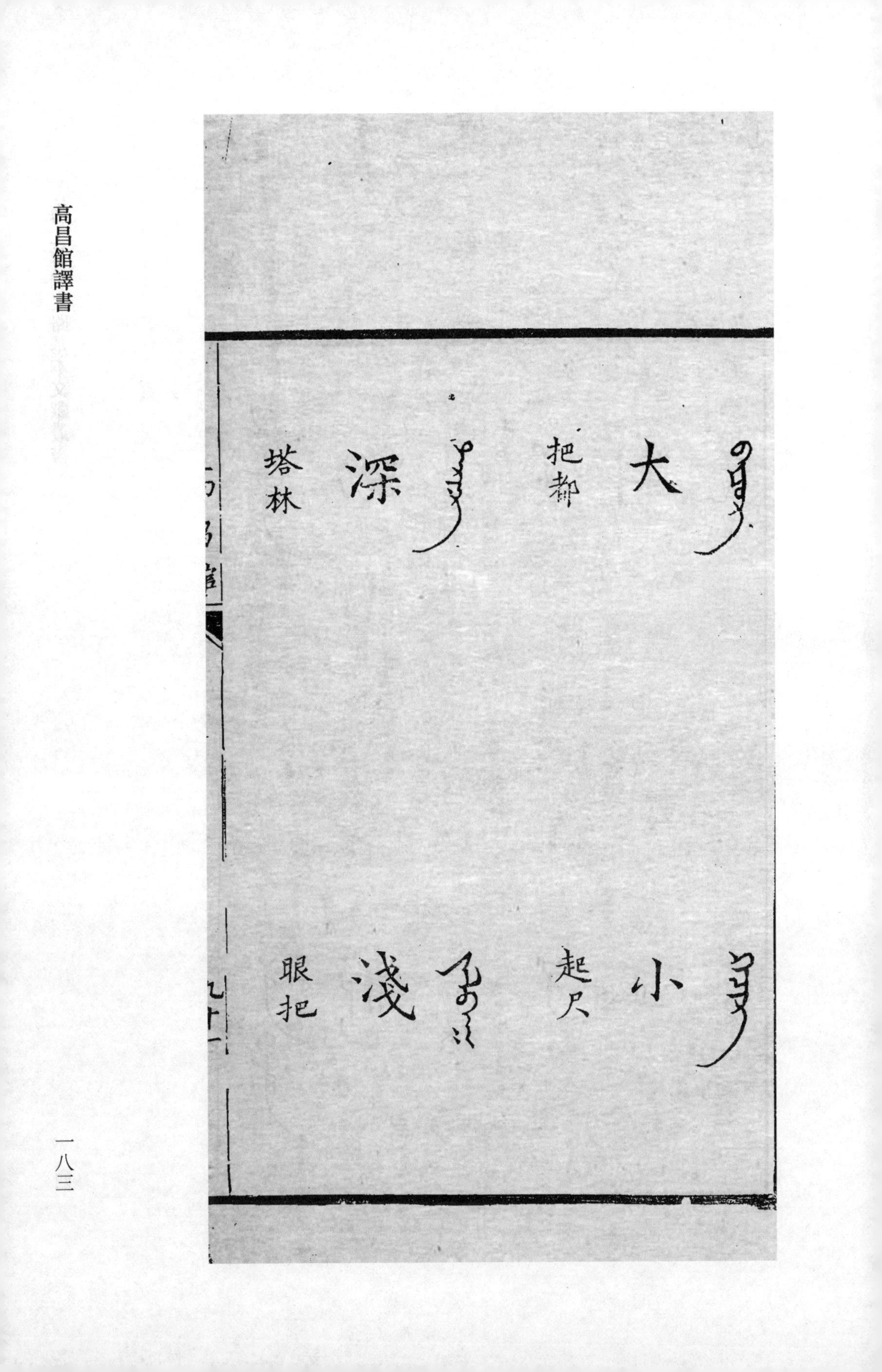

大
把都

深
塔林

小
起尺

淺
眼把

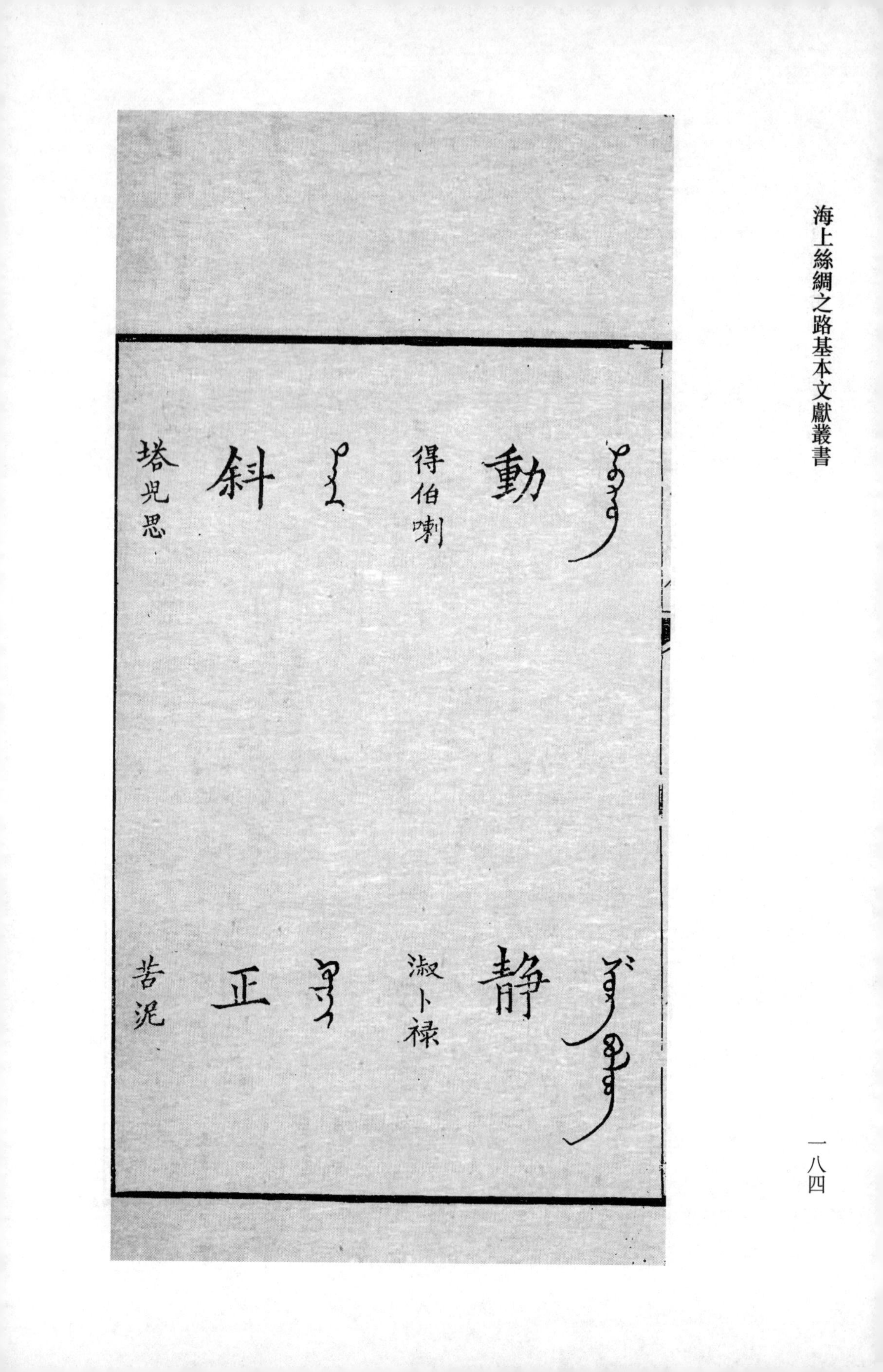

動
得伯喇

斜
塔兒思

靜
淑卜祿

正
苦泥

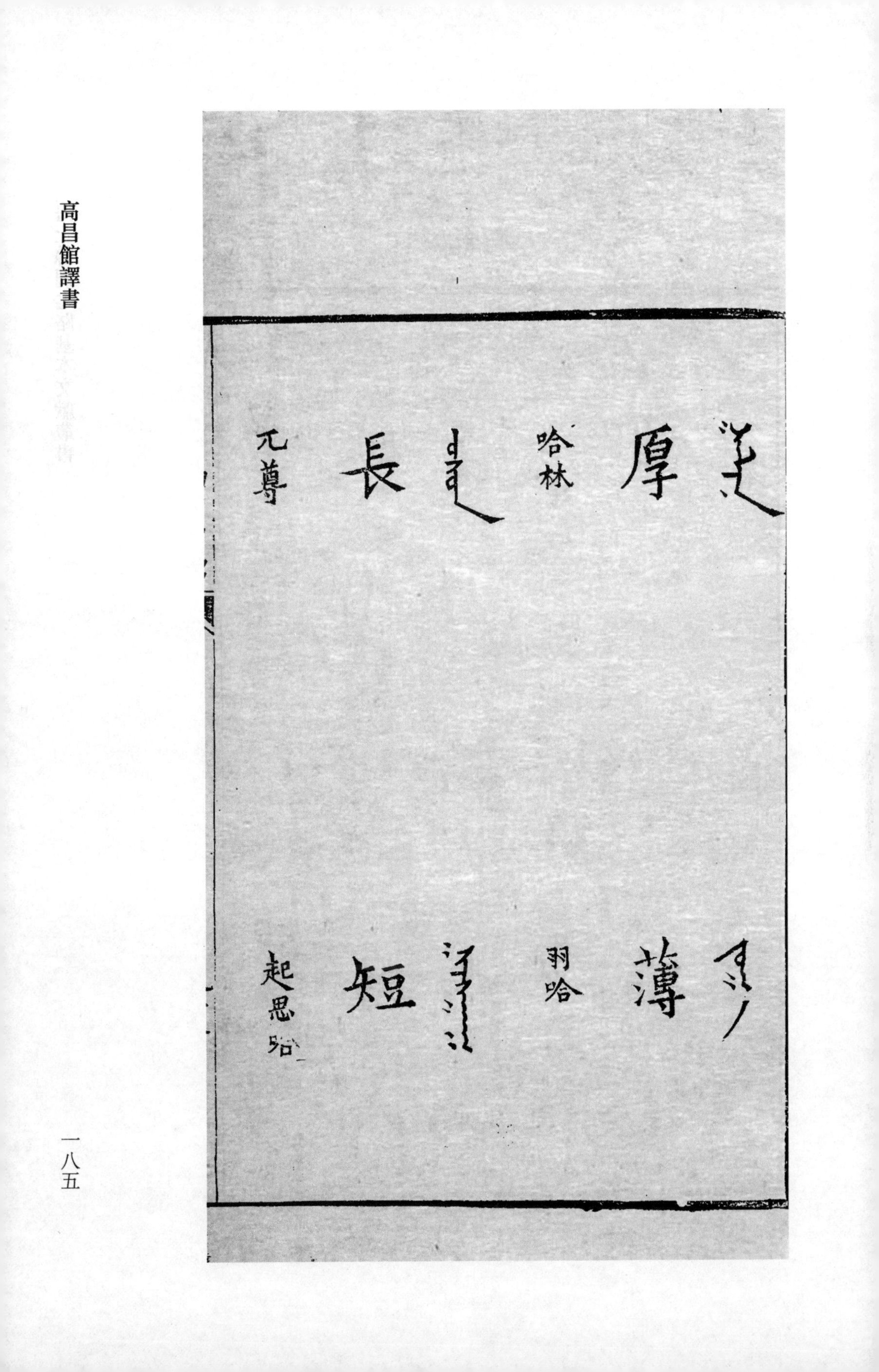

厚 哈林

薄 羽哈

長 兀尊

短 起思哈

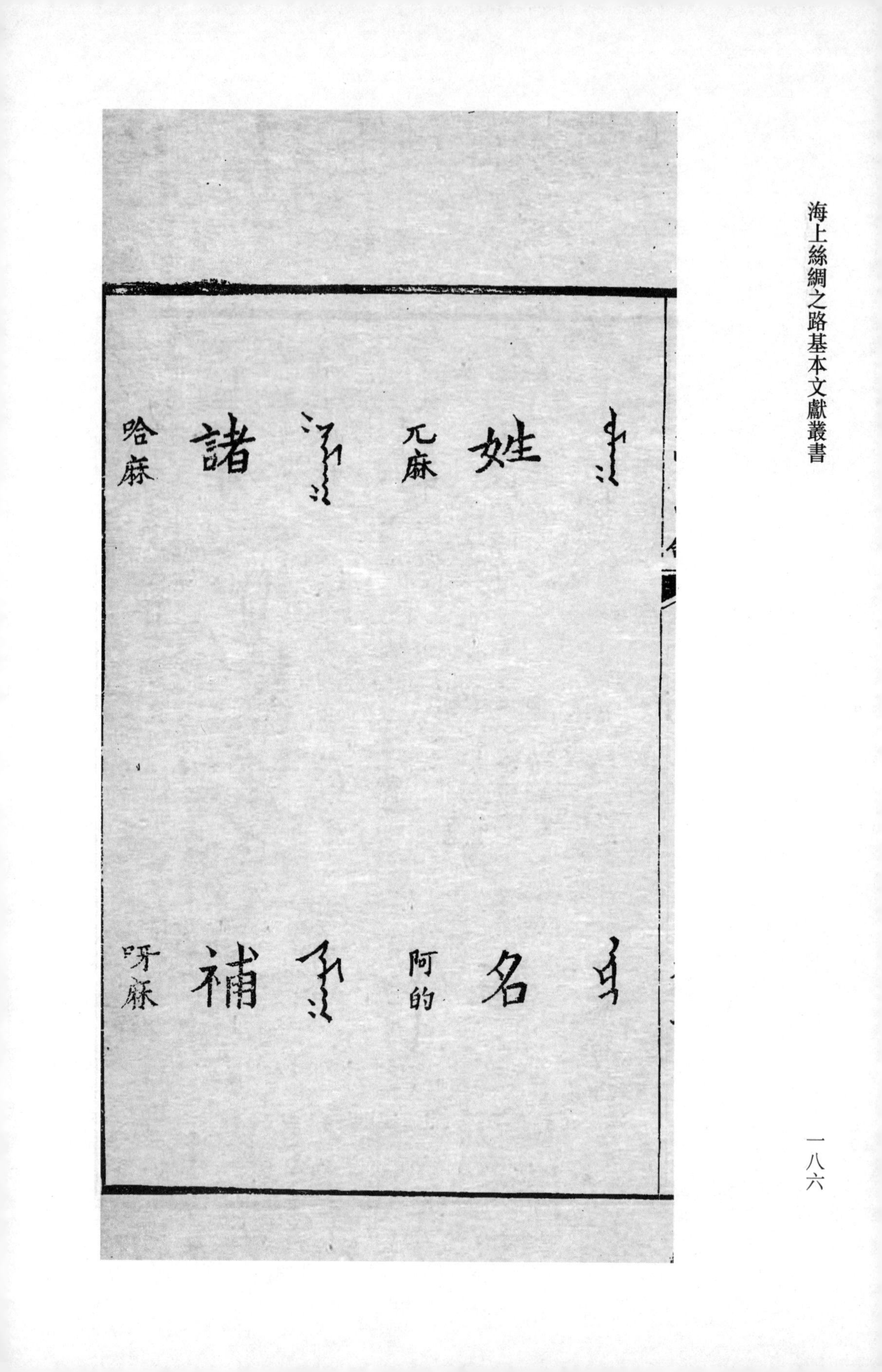

姓
兀麻

諸
哈麻

名
阿的

補
呀麻

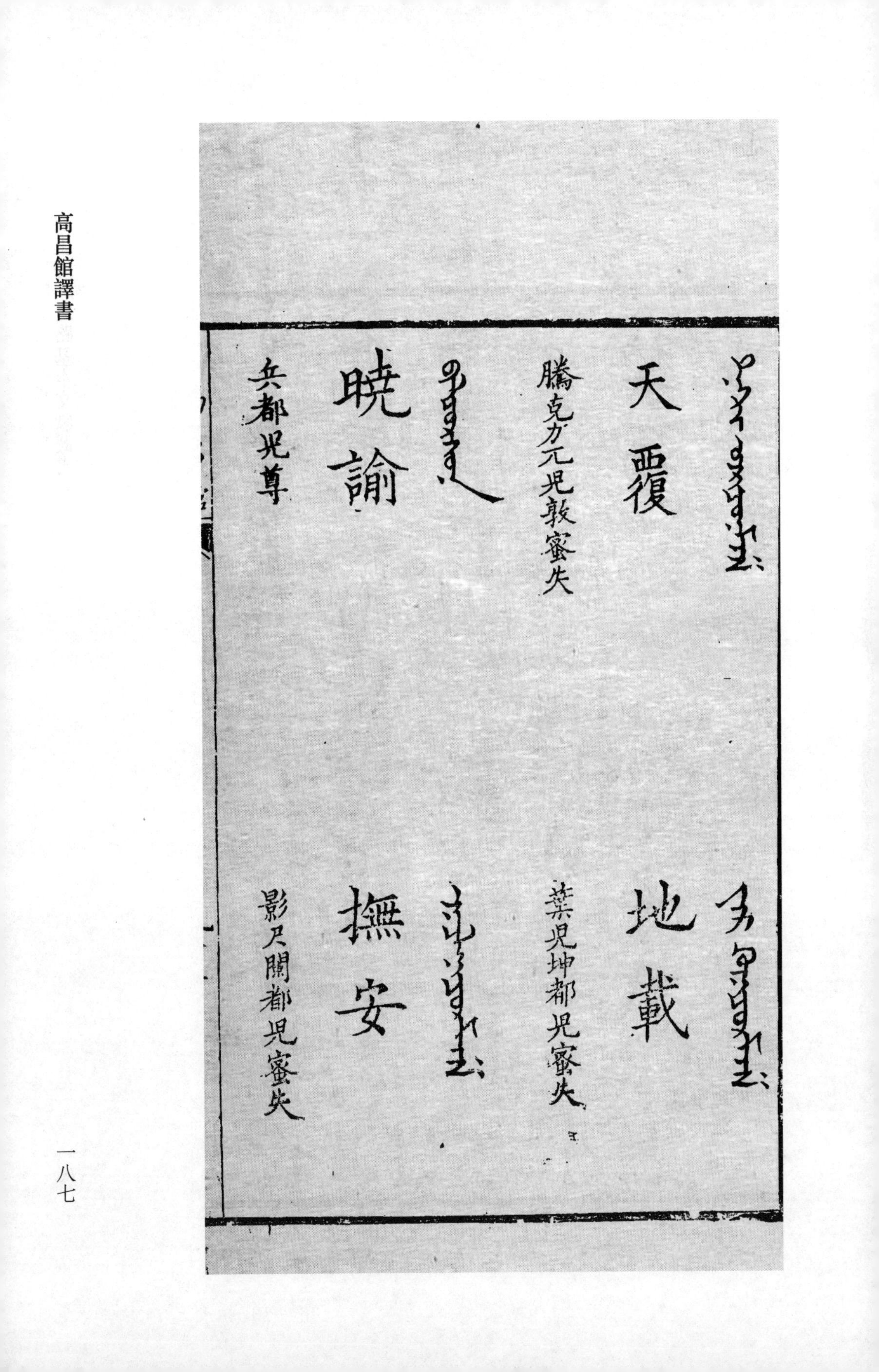

天覆

騰克力兀兒敦蜜失

地載

葉兒坤都兒蜜失

曉諭

兵都兒尊

撫安

影只關都兒蜜失

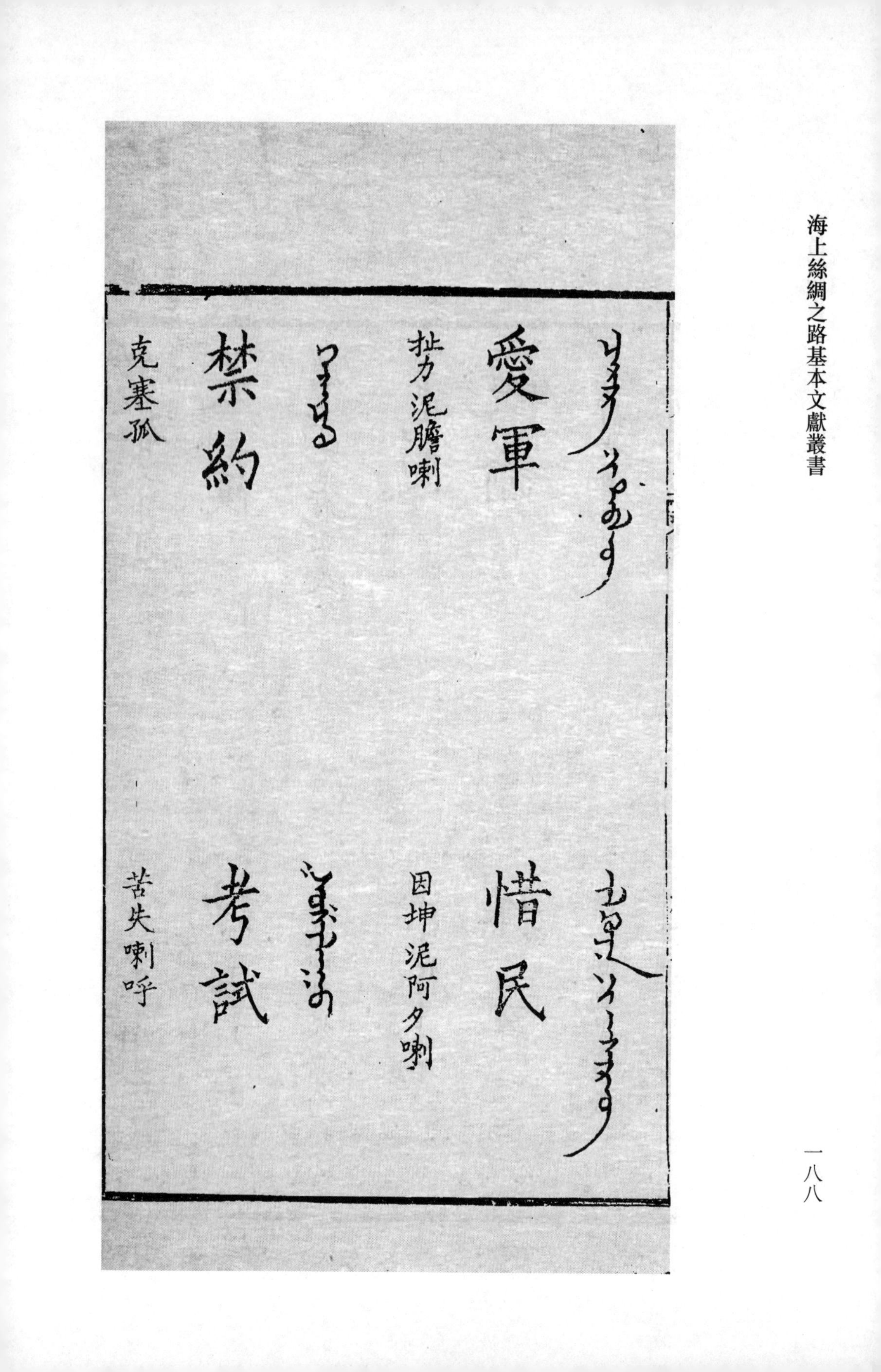

愛軍

扯力泥膾喇

禁約

克塞孤

惜民

因坤泥阿夕喇

考試

苦失喇呼

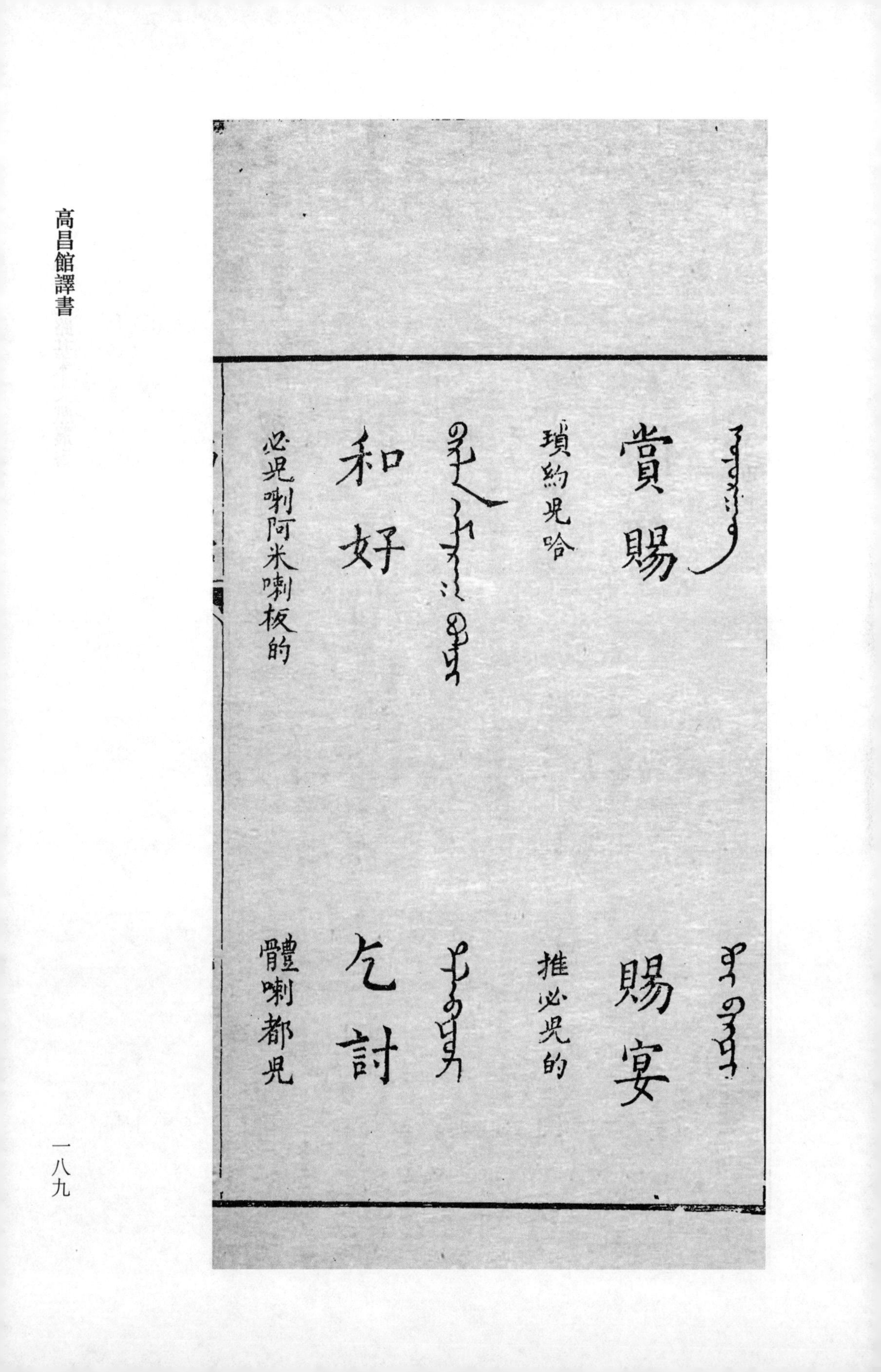

賞賜
瑣約兒哈

和好
必兒喇阿米喇板的

賜宴
推必兒的

乞討
體喇都兒

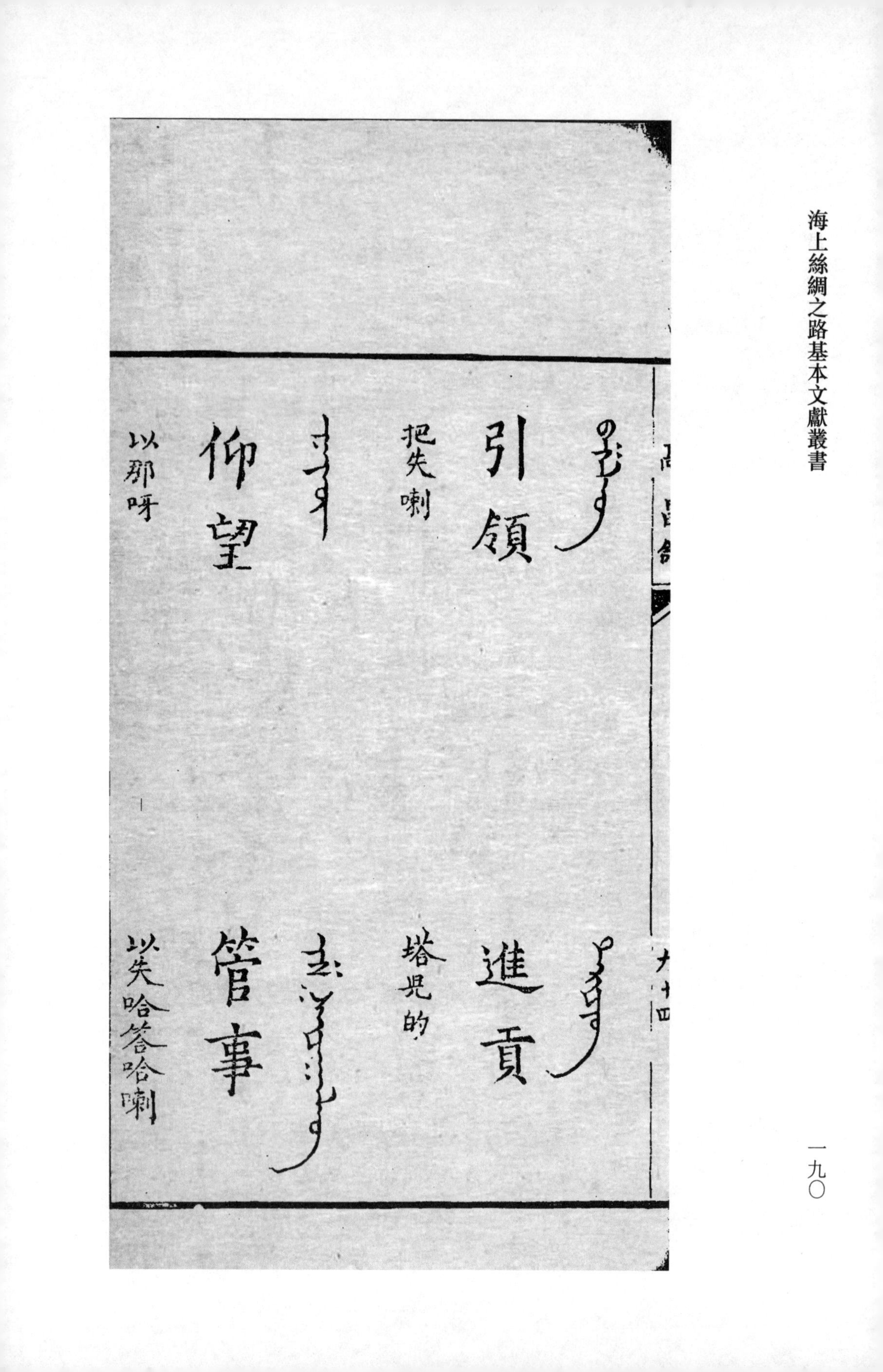

引領
把失喇

仰望
以那呀

進貢
塔兒的

管事
以失哈答哈喇

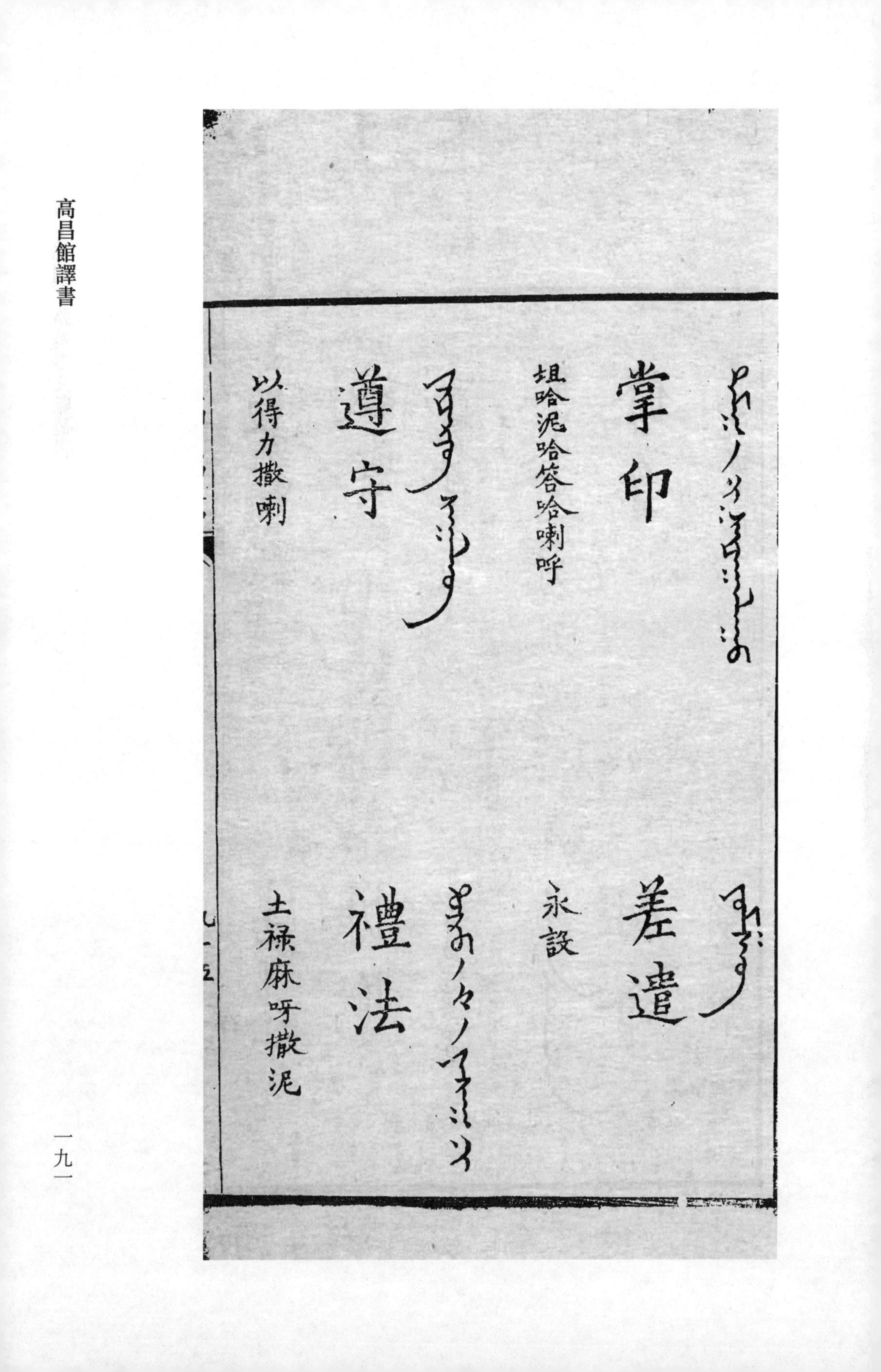

掌印

坦哈泥哈答哈喇呼

遵守

以得力撒喇

差遣

永設

禮法

土祿麻呀撒泥

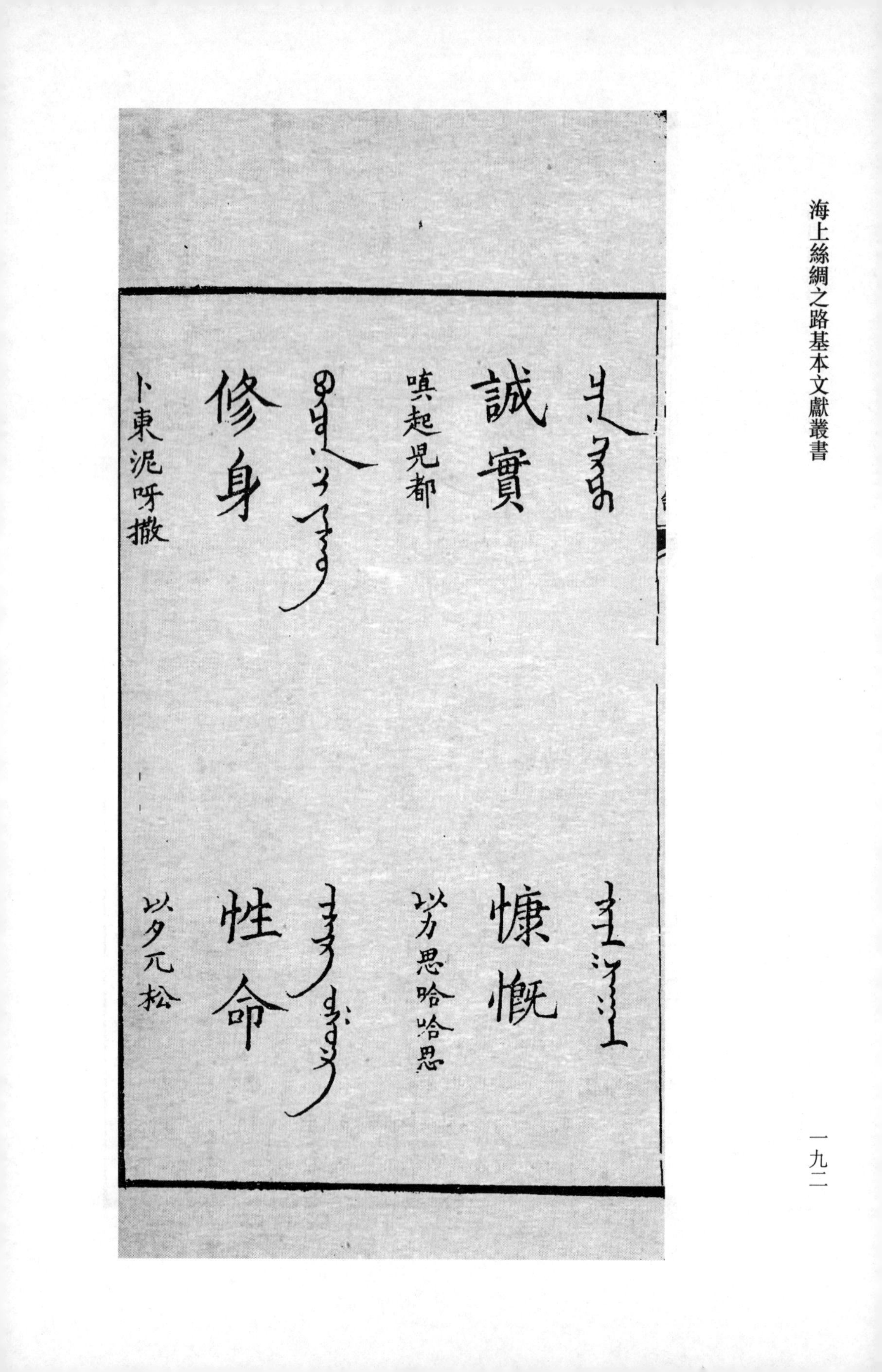

誠實
嗔起兒都

修身
卜東泥呀撒

慷慨
以力思哈哈思

性命
以夕兀松

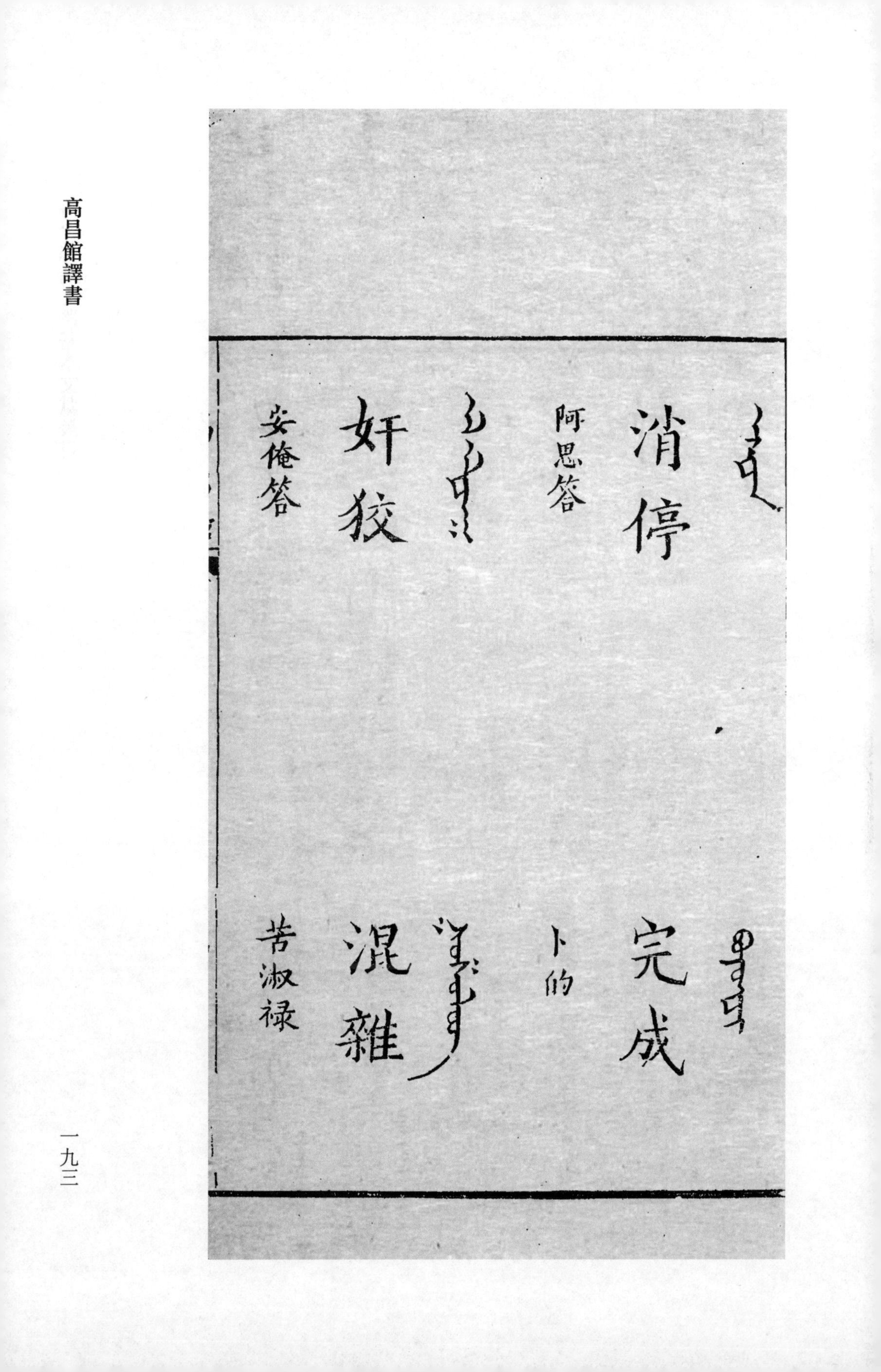

消停
阿思答

完成
卜的

奸狡
安俺答

混雜
苦淑禄

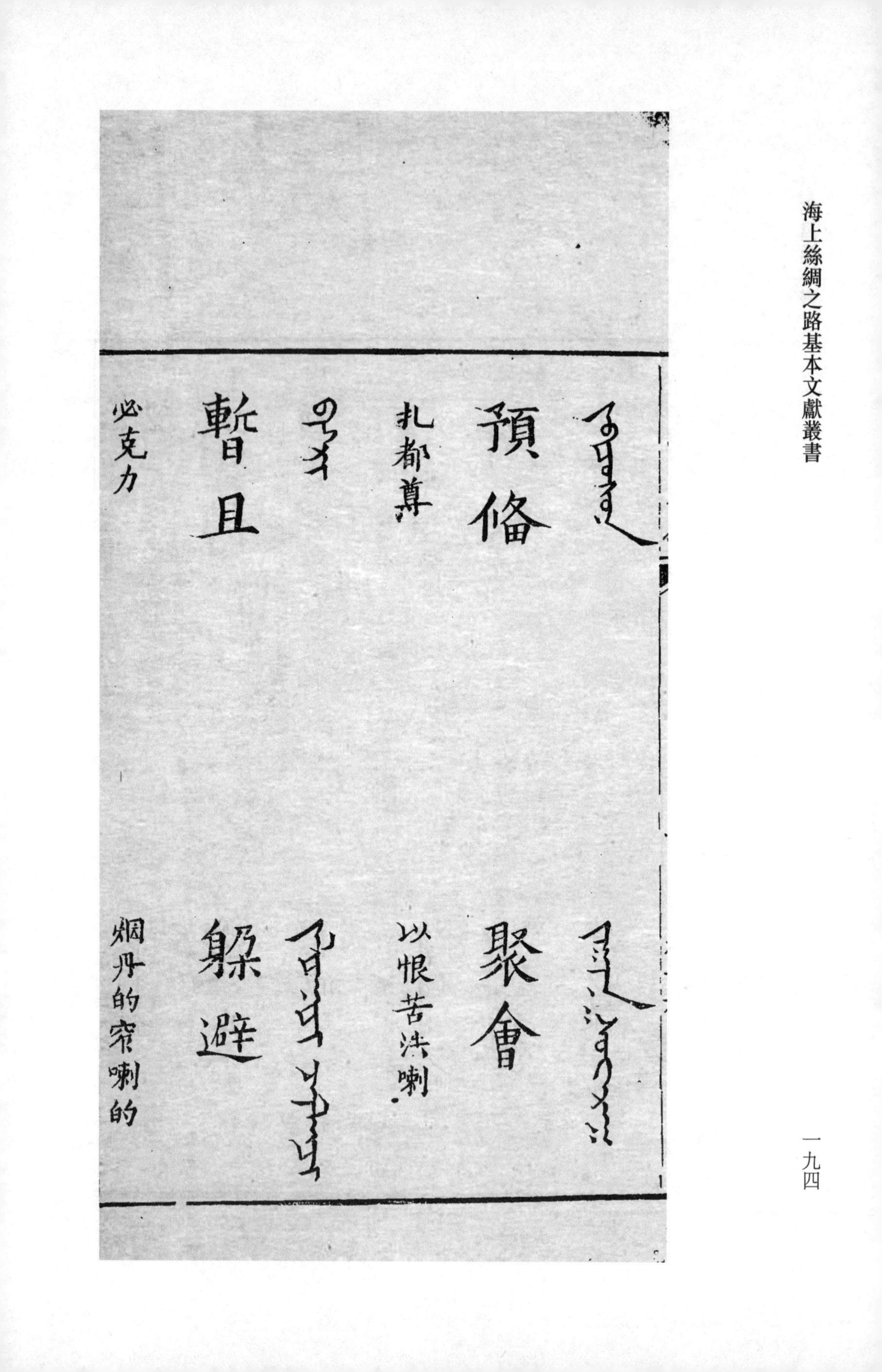

預備
扎都尊

暫且
必克力

聚會
以根苦洪喇

躲避
烟丹的窕喇的

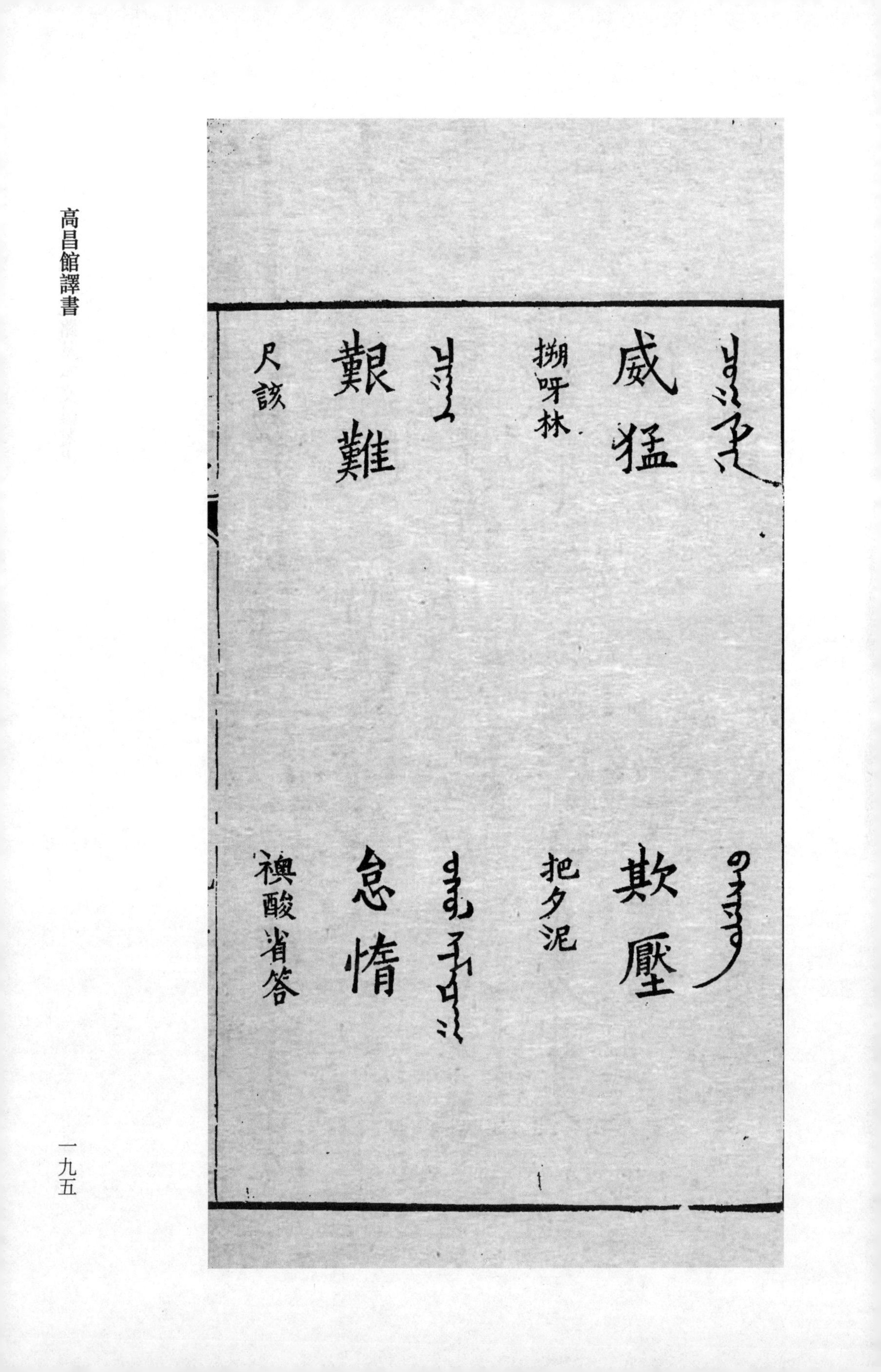

威猛
捌呀林

艱難
尺該

欺壓
把夕泥

怠惰
襖酸省答

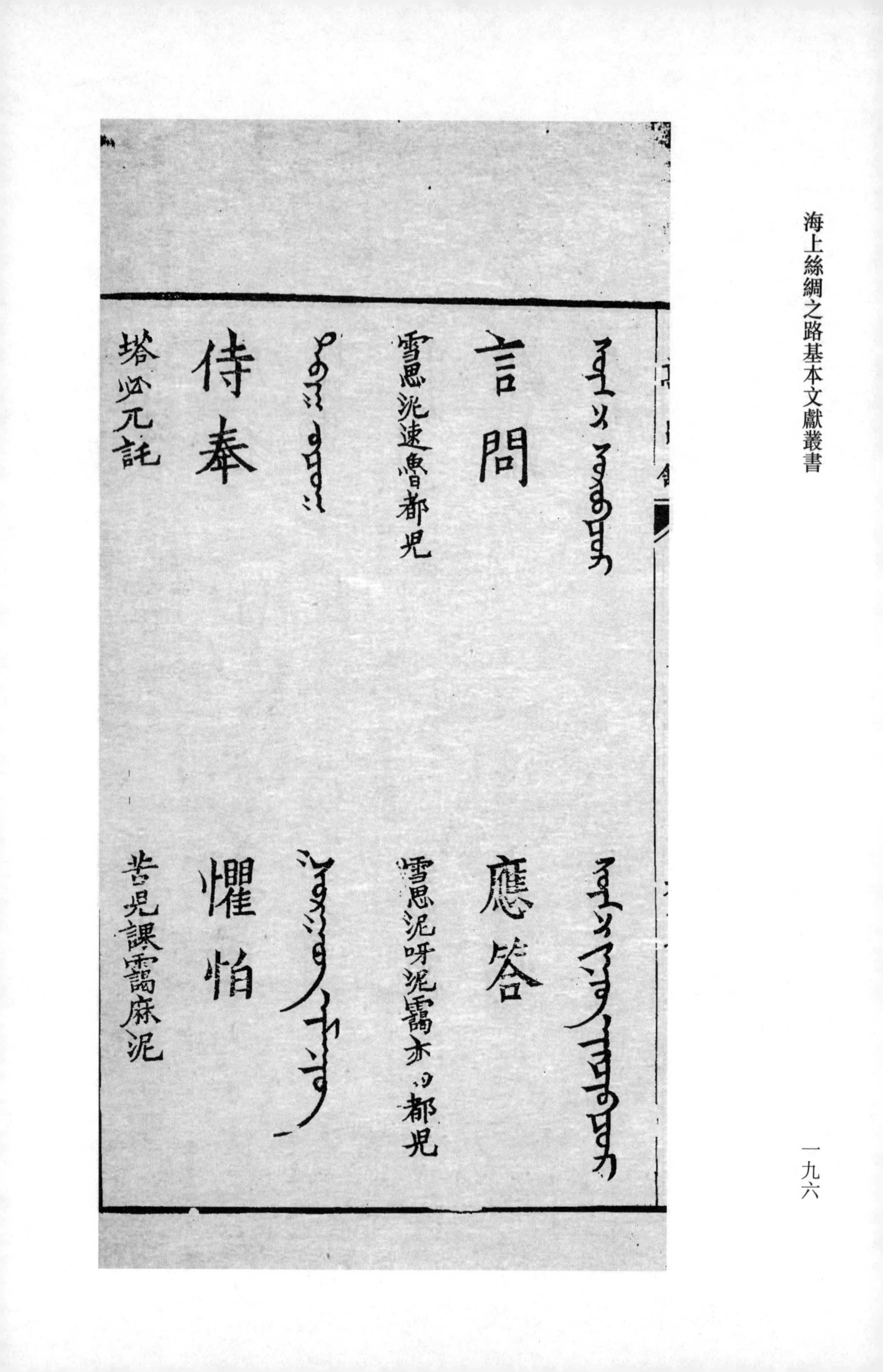

言問

雪思泥速魯都兒

侍奉

塔必兀託

應答

雪思泥呀泥靄亦日都兒

懼怕

苦兒課靄麻泥

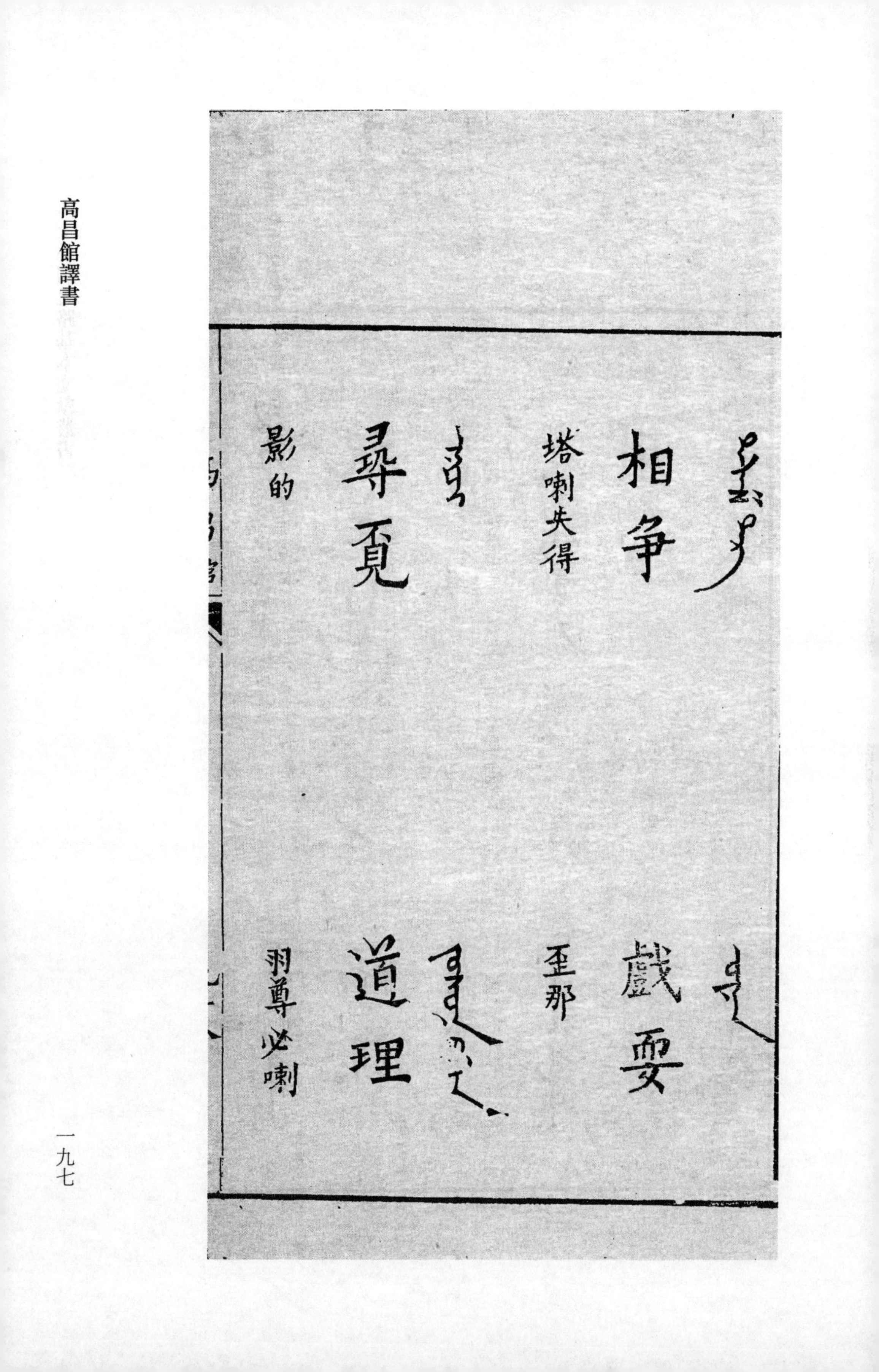

相争
塔喇失得

尋覓
影的

戲耍
歪那

道理
羽尊必喇

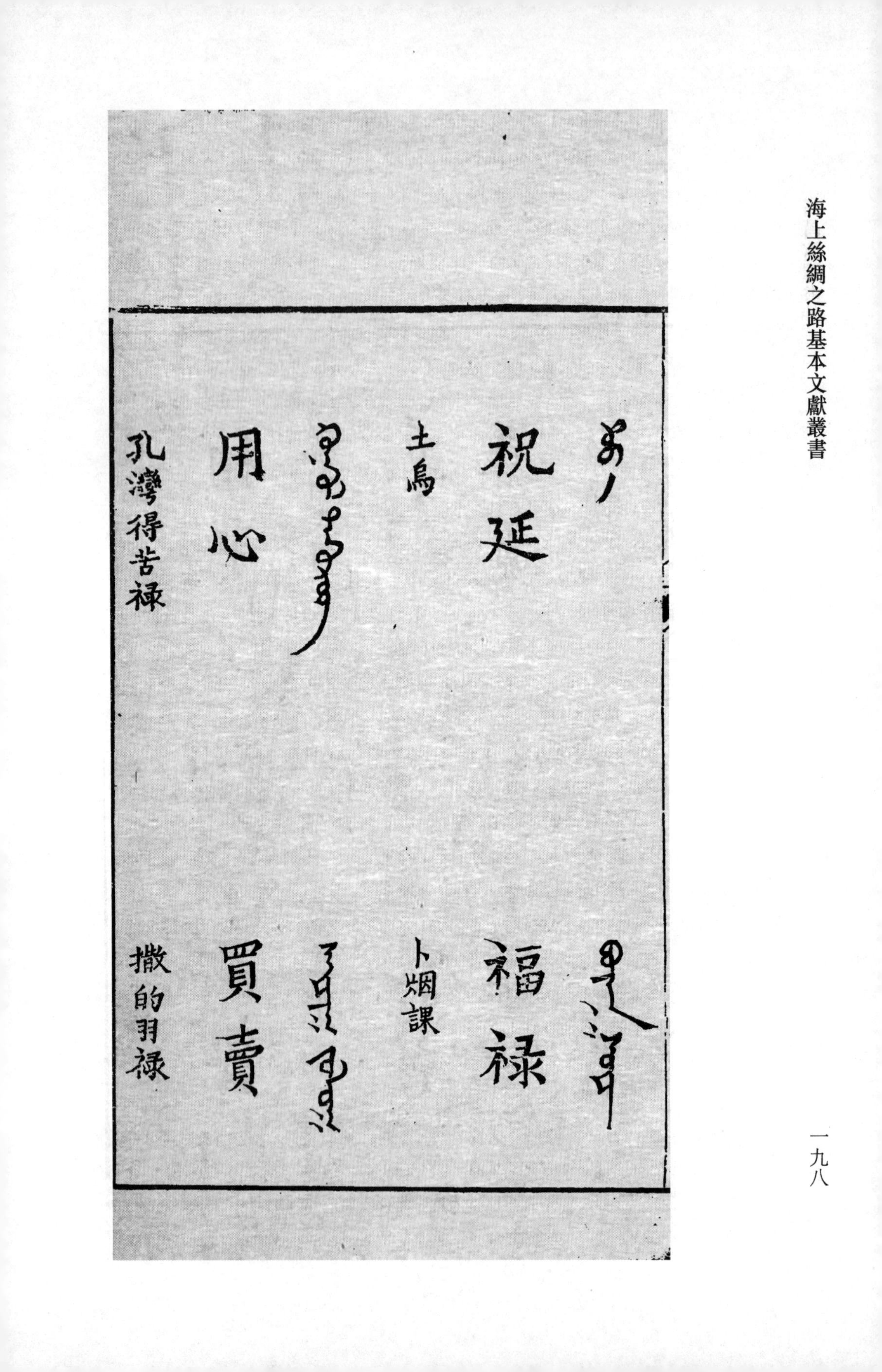

祝延
土烏

用心
孔灣得苦祿

福祿
卜烟課

買賣
撒的羽祿

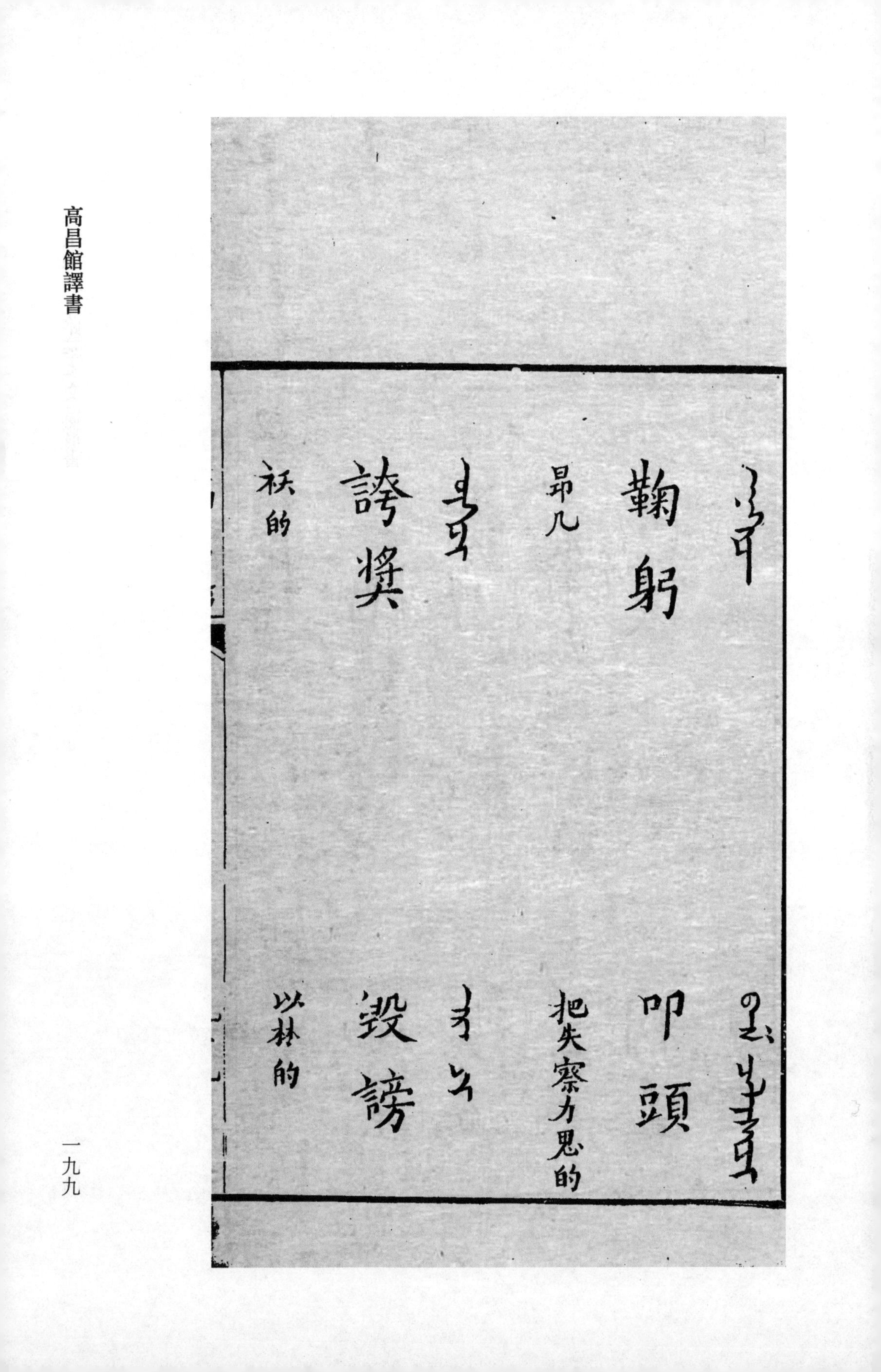

鞠躬 昂兀

叩頭 把失察力思的

誇獎 袄的

毀謗 以林的

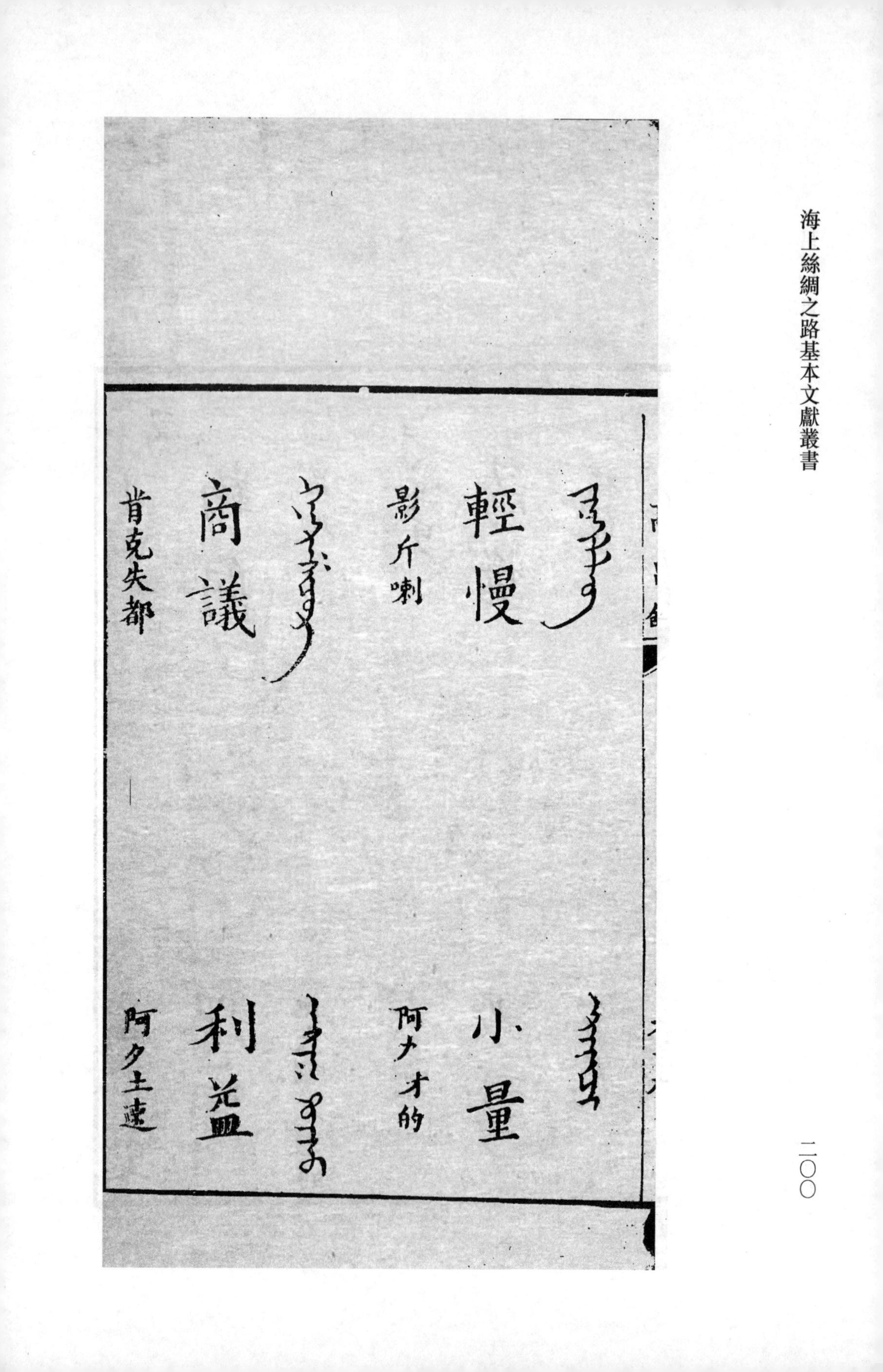

輕慢
影斤喇

商議
肯克失都

小量
阿ナ才的

利益
阿夕土達

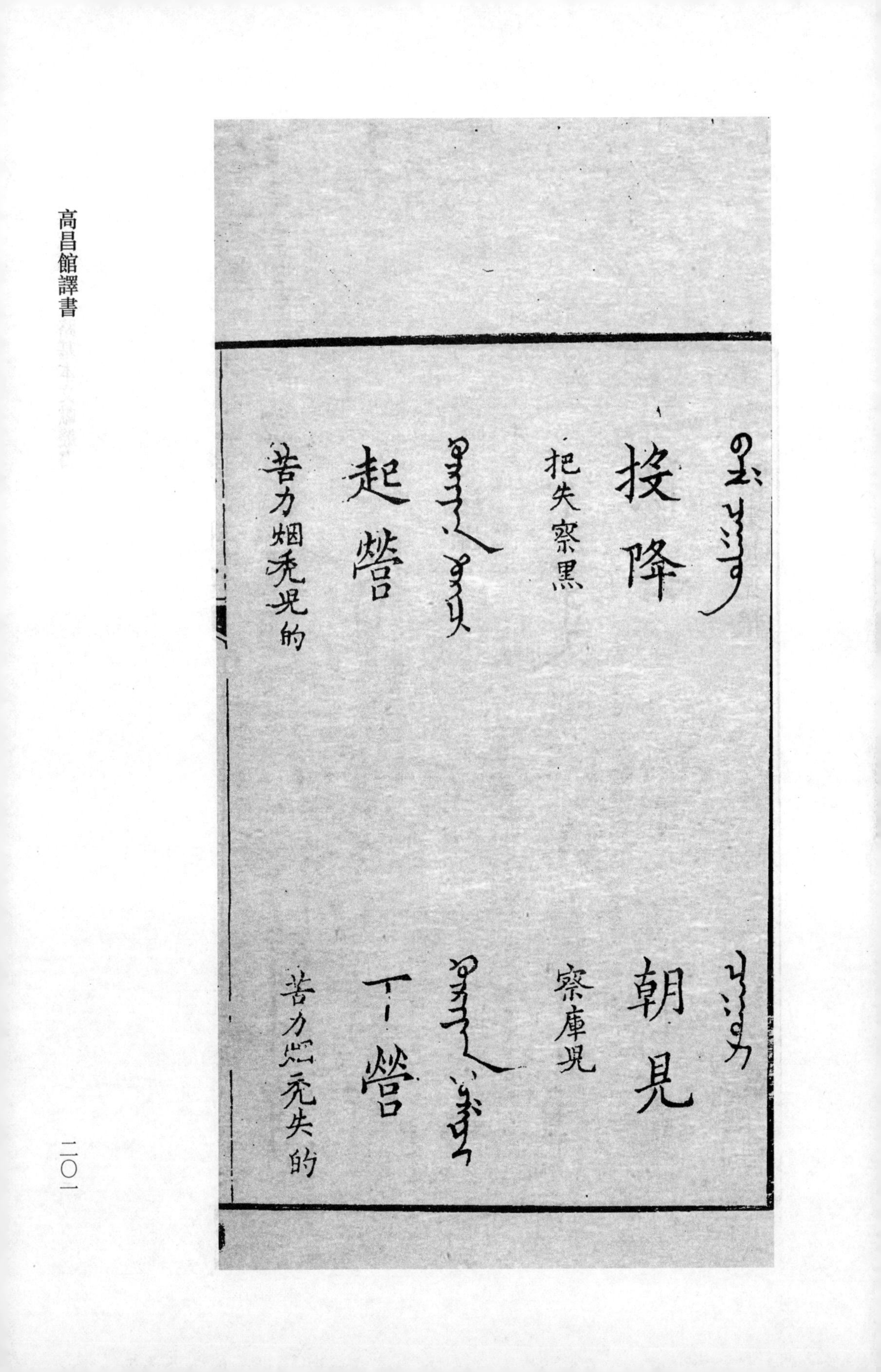

接降
把失察黑

朝見
察庫見

起營
菩力烟禿兒的

下營
菩力烟禿失的

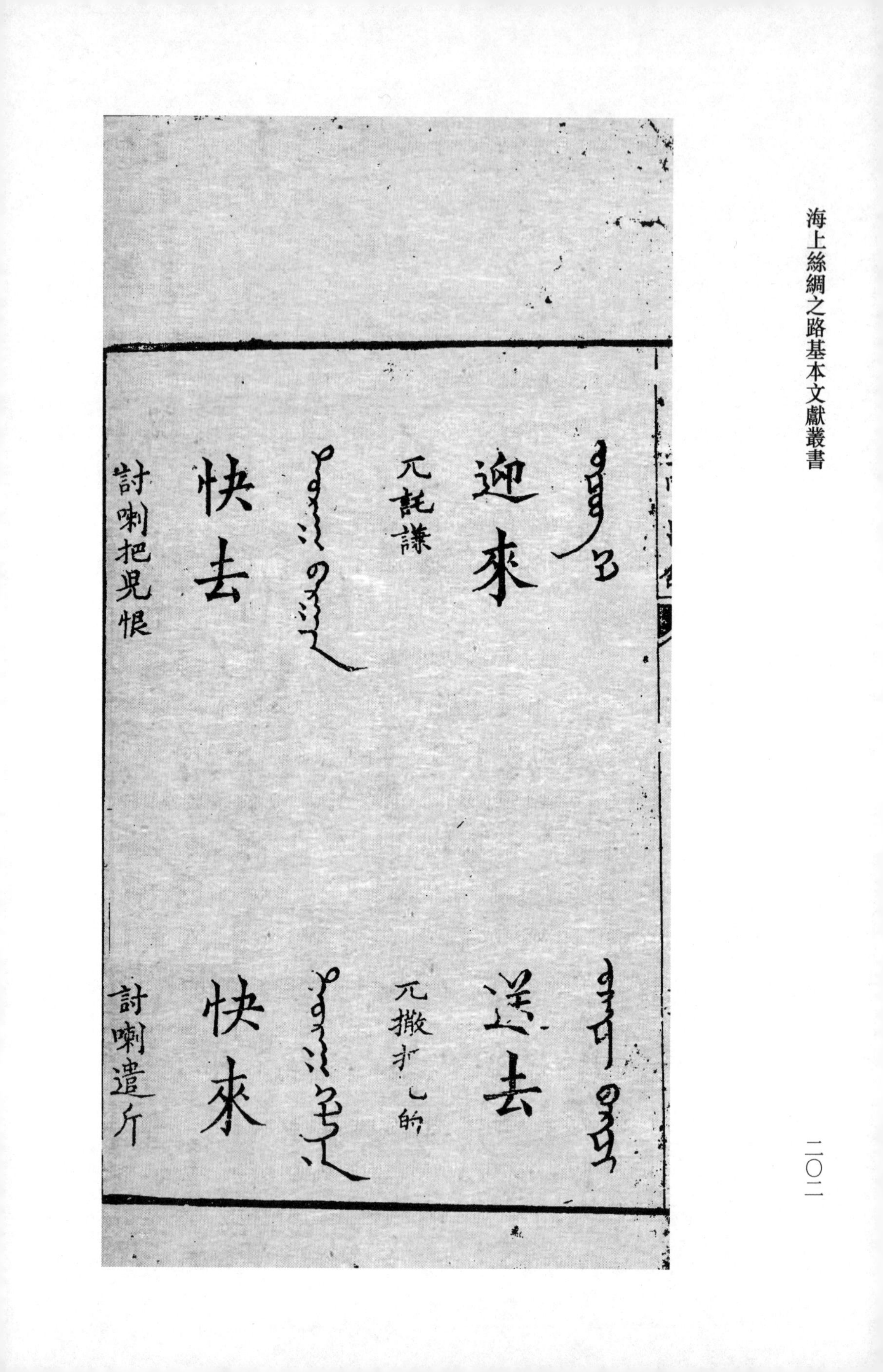

迎來

兀託謙

快去

討喇把兒恨

送去

兀撒扎的

快來

討喇遣斤